乡村振兴系列丛书

乡村振兴模式

创新与实操

主编　中国市长协会小城市（镇）发展专业委员会
阡陌智库
城脉研究院

中国农业出版社

图书在版编目（CIP）数据

乡村振兴模式创新与实操/中国市长协会小城市
（镇）发展专业委员会,阡陌智库,城脉研究院主编. —
北京：中国农业出版社,2020.9
ISBN 978-7-109-27099-2

Ⅰ.①乡… Ⅱ.①中… ②阡… ③城… Ⅲ.①农村 –
社会主义建设 – 研究 – 中国 Ⅳ.①F320.3

中国版本图书馆CIP数据核字(2020)第 130148 号

乡村振兴模式创新与实操
XIANGCUN ZHENXING MOSHI CHUANGXIN YU SHICAO

中国农业出版社出版
地址：北京市朝阳区麦子店街 18 号楼
邮编：100125
责任编辑：张林芳
版式设计：王　晨　责任校对：周丽芳
印刷：北京中兴印刷有限公司
版次：2020 年 9 月第 1 版
印次：2020 年 9 月北京第 1 次印刷
发行：新华书店北京发行所
开本：700mm×1000mm　1/16
印张：17.75
字数：350 千字
定价：78.00 元

编 委 会

执行主编：蒋晨明　葛柱宇　黄东江

撰　　稿：贾兆恒　李雁飞　李　冰

党的十九大站在中华民族伟大复兴的高度，从国际国内两个大局出发，在对世情国情农情深刻研判的基础上，提出了乡村振兴战略。这一战略是习近平新时代中国特色社会主义思想的重要内容，是习近平关于"三农"工作新理念、新思想、新战略的集中体现，是新时代中国"三农"工作的总抓手，也是新时代中国"三农"工作的出发点和落脚点。

可以说，新时代乡村振兴的集结号已经吹响！

在这样一个伟大而神圣的时代节点上，阡陌智库认为，谁能精准把握政策动向、谁注重区域发展顶层思维、谁能打开思路汲取智慧、谁擅长利用资源借力发展，谁就能在乡村振兴这轮大潮中收获成功。对于政府而言，将可能由此确立区域发展新的定位、新的机遇、新的业绩、新的增长点；对于企业而言，将可能由此进入乡村这片更广阔的天地，获取更大的社会效益和经济效益。

但，由于乡村振兴还是一个全新的概念，它区别于之前的"三农""新农村建设"等理论，有着更深层的社会意义和战略思考，所以，摆在基层政府、企事业单位面前的问题和挑战也很多。怎样理解乡村振兴？乡村振兴有哪些路径与方法？又有哪些可资借鉴的案例？阡陌智库在大量调研中发现，这些问题正在困扰着很多业内政府人士和企业决策人士。

十九大报告提出，"农业农村农民问题是关系国计民生的根本性问题，必须始终把解决好'三农'问题作为全党工作重中之重。要坚持农业农村优先发展，按照产业兴旺、生态宜居、乡风文明、治理有效、生活富裕的总要求，建立健全城乡融合发展体制机制和政策体系，加快推进农业农村现代化"。这些可以理解为乡村振兴战略的总纲，尤其是"产业兴旺、生态宜居、乡风文明、治理有效、生活富裕"的二十字总要求，更是明确的发展目标。其中，"产业兴旺"又是重中之重，产业不兴旺，其他都无从谈起。所以，找到实现"二十字方针"尤其是"产业兴旺"的钥匙，对各级地方政府与企业来说，都十分重要。

阡陌智库发现，在这样的时代背景下，各地都在积极实践，很多地方政府企业探索出了一些好的做法。但也有个别地方政府企业走向极端，有的是对中央精神领会不够，完全在等、靠、要，缺少主动性的思考与探索；有的则过于快进，缺少思考沉淀和深入研究，即盲目出台一些政策和上马一些项目，导致出现政策空洞无物，项目价值缺失等问题。

按照中央要求，"各地区各部门要树立城乡融合、一体设计、多规合一理念，抓紧编制乡村振兴地方规划和专项规划或方案，做到乡村振兴事事有规可循、层层有人负责"。阡陌智库发现，关于"城乡融合"发展，这是乡村振兴的重要理念基础，但这一理念在部分地区还停留在概念层面，实际动作中仍旧有单一的城市情结、传统的开发情结，需要尽快从观念上做根本扭转；对于"抓紧编制"的要求，也应当谨防运动式的工作推进方式，以免出现"萝卜快了不洗泥"的情况，也要避免陷入"规划规划，墙上挂挂"的尴尬局面。

基于以上政策背景与现实问题，中国市长协会小城市（镇）发展专业委员会、阡陌智库、北京城脉研究院决定编撰这本《乡村振兴模式创新与实操》图书，就是希望通过这本图书，向更多基层政府和有关企业提供大量运营模式分析及实战案例，为大家提供一本乡村振兴的实战"工具书"，切实助推全国各地的乡村振兴。其中，尤其侧重于"产业兴旺"这一中央核心要求。

此书在编撰过程中，编辑部听取了部分专家和地方政府负责人的宝贵建议，认真遴选了大量有价值的"干货"和案例。其中部分资料参考了国家有关部委网站的权威信息及部分媒体报道素材，在此一并致谢！

目录

第一章

DIYIZHANG

GUANYU DINGCENG SIWEI

关于顶层思维

如何利用"445"策略体系做好乡村振兴

■ 编者按

聚焦于乡村振兴的阡陌智库于十九大之后正式宣布成立。阡陌智库依托于中国市长协会小城市（镇）发展专业委员会的大量资源、北京城脉文化的大量项目案例，迅速展开了系列理论与实践研究。本文由阡陌智库创始人、中国市长协会小城市（镇）发展专业委员会副主任委员、北京城脉文化CEO蒋晨明在国内部分论坛上的系列演讲整理而成。

乡村振兴在全国如火如荼地开展，有些地方探索出了一些经验，更多地方仍在困顿之中。那么乡村振兴到底该如何推进，尤其是如何才能走出具有特色的发展道路？

结合中国市长协会和北京城脉文化的大量资源与项目案例，我们总结出一个"445"策略体系，希望借用这个体系，能够为众多地方的乡村振兴赋能。

大家可能好奇这个"445"是什么？"445"是一个多元的体系，是我们团队在这些年的大量项目服务中，逐渐创立的思考逻辑和完整的策略体系。它包括：以SWOT分析为基础的4个维度，它解决的是"我是谁"；以"四性法"分析为基础的4个路径，它解决的是"我要到哪里去"；以及以实操手法为导向的5个窍门，它解决的是"我怎样去"（图1）。

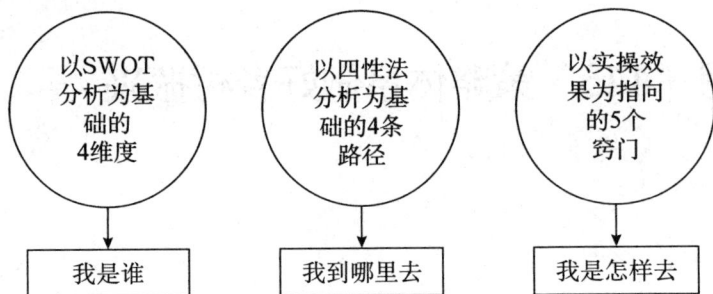

图1 "445"策略体系构成

一、顶层思维与"政治创意"

在展开"445"策略体系之前，我们先要强调一下顶层思维的重要性。因为"445"策略体系的核心就是来解决顶层思维的系统化策略。

关于基层政府和具体项目运营的顶层思维，目前看，仍旧是乡村振兴在区域推进中最重大的障碍之一。

什么是顶层思维，说白了就是三个问题：我是谁，我要到哪里去，我怎样去。

我们到各地去调研，或者有关市县的人士来找我们咨询沟通，往往面临这样的尴尬：对方说你们在北京认识的资源多，能不能介绍一些到我们这里来投资。你问

他你们的优势是什么，凭什么让人家去你那里投资？或者说你有什么可以让我说服别人去你那里投资的条件？其实各地的答案没有本质区别，无非是成本低、政策优惠等等。但这些条件都不具备足够的吸引力。如果某个地区一下子就能说出自己的独特性，我们就会比较感兴趣，有意愿也有信心帮他引荐对接的资源。

所以如果说基层政府在乡村振兴中存在着误区，那么首要的就是这个误区：缺少顶层思维，缺少对自我定位的构建，而是盲目地去推进各种工作。其实，无论是区域经济的发展，还是乡村振兴，第一步要做的，并不是"找钱"，而是"找自己"。

对于政府与企业来说，在顶层思维上，都应当关注"政治创意"。"政治创意"是温铁军老师的提法，温老师有一次讲到浙江湖州市安吉县的发展路径，说当年安吉的GDP主要靠工业，一家大型水泥厂就贡献了40%的财政收入，但因为在太湖流域，在流域治理中被迫炸掉了。这一个厂被炸的结果，是县政府的财政基本也炸垮了。怎么办呢？当时国家已提出摆脱盲目的GDP崇拜，在这样的背景下，安吉的领导不甘心落伍，就下决心做绿色、做生态、做乡村，回应长三角地区的生态消费需求。结果成功了。我们在2013年曾专程去湖州市做过调研，当时的湖州市委负责人带我们去安吉调研，确实乡村建设、环境生态都很棒，甚至山区道路的设计都很讲究，那时候还没有全域旅游这个概念，但其实质就是围绕生态做了一篇农旅结合的全域旅游的大文章。

尽管这是一条被"逼"出来的发展路径，但温铁军老师认为，这仍然是极好的"政治创意"。

在阡陌智库看来，这里所说的"政治创意"，即最高层次的顶层策划。我们常说一个区域发展或者一个项目运作，要有规划、投资、建设、运营几个环节。其中往往会忽略第一个环节，就是策划。必须先有策划，才能有规划。没有策划的规划，就可能没有"魂"。"政治创意"就是策划，就是"找魂"。

对于乡村振兴来说，"政治创意"，就是在国家大的乡村振兴战略背景下，让一个地方迅速形成乡村振兴的模式效应、凸显政府业绩和产业发展业绩的创意。

这里当然要有两点说明：

第一个要说明的，是明确自身的定位，再围绕这个定位做好发展规划，从而获得政治认可、政策支持、市场追捧，一个地区的前途与钱途也就解决了。还是拿安吉举例，"政治创意"绝对不是面子工程，也不是空喊口号。你研究透了政治要求，其实就是深刻领会中央精神，"政治创意"的核心就是使你更加聚焦于中央精神。

再一个说明，是再次强调"政治创意"是关于顶层的思考，所以必须要有全局意识，不能就区域而区域、就项目而项目，要擅于跳出区域看区域、跳出个体看个体，要放眼全中国，甚至有时需要对标国际。所以它是一件专业性很强的工作，应当由专业团队来完成。就拿开民宿这件具体的事来说，为什么你开的叫"农家乐"，一晚上几十块钱还卖不出去；大师开的却叫"民宿"，一晚上几千还订不上房呢？因为视野不同，经验不同，思考方式不同，对产品、服务、营销的理解都不同。

如果大家明白了我说的顶层思维与"政治创意"，我们下面再来讨论"445策略体系"就能更加清晰。

二、用SWOT分析"我是谁"

作为一种战略性的系统分析工具，SWOT在企业战略中使用得较多，但对于政府而言，其逻辑与价值同等重要，只是政府对此工具应用较少。

SWOT工具按照学术的解释是这样的：SWOT分析法，即态势分析法，就是将与研究对象密切相关的各种主要内部优势、劣势和外部的机会和威胁等，通过调查列举出来，并依照矩阵形式排列，然后用系统分析的思想，把各种因素相互匹配起来加以分析，从中得出一系列相应的结论，而结论通常带有一定的决策性（图2）。

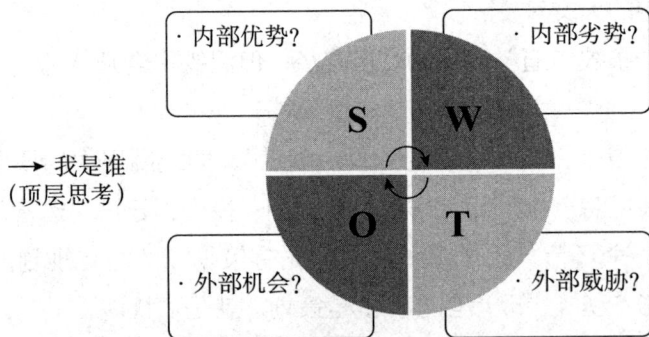

图2 SWOT分析

虽然SWOT分析里的很多内容，在政府日常思考中都会涉及，但其逻辑性和系统思考的深度，仍然是很多基层政府较少运用的。

对于中国基层政府的决策者来说，更注重实践经验，很多市县的领导也都是从基层一步步干上来的，他们经验丰富，工作扎实有效，执行力很强。但往往也有局限性。局限主要体现在两点，一是时间上的，这是个客观因素，基层政府的工作事务繁忙，"上面一张嘴，下面跑断腿"。中国市长协会调研组经常到各地去考察，每到一个地方，我们都能体会到基层政府的不易，加班加点是常态。记得某市里有个文学爱好者，写了篇散文，就是讲政府大楼里不灭的灯光，微信阅读量高达10万+，大量公务员跟帖评论诉说加班经历。在这样的工作压力下，往往会不由自主地陷入具体事务中，顶层思考的时间和精力会在不经意间就流走了。第二个局限是空间上的，很多基层政府经常不能跳出本区域去思考问题，这跟视野有关。尤其是在县域，县里和乡镇工作者许多都是本地人，思维惯性极强，县领导虽然有些不是本地人，但也多是周边县市的。

以上现实，导致SWOT分析在政府中较少运用，越是基层越不了解SWOT，也没时间去思考SWOT。这就导致一个致命的问题：每天都忙于大量事务，尤其是忙于应付上级各种要求，但自我定位模糊，自身问题看不透看不全看不真，自我优势也认识不清，发展方向上难以找到创新突破的路径。

比如我们曾经在一个地方调研，同行的专家特别认真，要跟当地政府和企业代表深聊，结果开成了头脑风暴会，大家你一言我一语，围绕SWOT的四个核心问题，内部的优势与劣势、外部的机会与风险，一条条讨论、梳理并形成共识，得出结论。这样，一个地区发展的问题与路线图一下子清晰了。我当时就感慨，如果县

委书记、县长们能安心坐下来，跟专家、企业一起来讨论这样的顶层设计问题，就太有价值了。

事实上，市里也好县里也罢，每年也都开过不少这样的发展座谈会，但到底有多少是走过场的啊。有时候是政府领导走过场，听取各界意见成了必要的工作环节，意见不见得真能听进去；有时候政府领导是真想寻求些智慧，但各界人士却走过场，生怕说错话得罪领导，于是你好我好大家好，废话说了一箩筐，没有实际价值。

所以利用SWOT分析"我是谁"，我的建议有两点，一是基层决策者要重视，要擅于用这个工具来梳理思路，无论是市、县、乡镇还是村一级，都可以使用这样的工具思考问题。二是擅于用好外脑，让外脑帮助当地一起来进行SWOT分析，使之更有实效，更能解决实际问题。

SWOT分析无论对于以市为主体的区域经济发展，还是以县为主体的乡村振兴，都具有重大价值。我们今天讲的是乡村振兴，这在全国都是一个崭新的课题，越是新课题越要深度思考，也越具有创新空间，SWOT分析的价值就越大。在乡村振兴中，谁重视SWOT、谁擅用SWOT，谁就能更快地找到"我是谁"，并在自我定位的基础上创新发展路径。

当然，对于基层尤其是乡镇和村，SWOT这个概念可能比较陌生，但它其实也很容易理解，咱不用这些英文字母的话，道理就跟下棋一样。下棋最重要的是什么，就是要布局。

三、用"四性法"分析"我要到哪里去"

分析清楚"我是谁"只是第一步，关键是明确"我要到哪里去"，也就是路径在何方。"四性法"是我们城脉团队包括阡陌智库一直以来使用的分析工具，也是我们从若干项目案例中总结出的一种独创的思考方法。

"四性"之一就是独特性。独特性就是你区别于他人的特质。这种特质，要么是别人没有，要么是很少人有；要么是很多人有，但在你所在的省份、地区还没有人有，至少也算是在某个区域具有独特性（图3）。

从旅游推广上，我们很容易就能看到"独特性"的价值。比如，国内有多少地区的Slogan里有"生态宜居""好山好水""醉美"这些词？不计其数。也许这样的描述对于一个地方是准确的，但没有体现出独特性，受众就会无感。但"老家河南""好客山东"这样的品牌，就具有独特的气质。

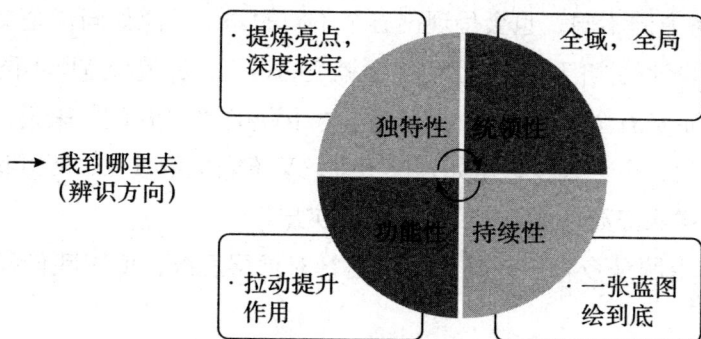

图 3　"四性法"分析

在乡村发展上，我们可以拿现在很火的陕西袁家村举例。他们走的就是独特性的道路。自 2007 年开始，他们就看到了食品安全这个切入点，从民俗小吃切入，逐渐将民俗体验这个文章做大了。那么袁家村就成了民俗体验的代名词。像莫干山，成了精品民宿的代名词；乌镇，成了互联网的代名词。这些都具有独特性。

第二性叫统领性，就是你的定位、发展路线要能够统领工作大局，至少要紧扣区域发展的核心，抓住牛鼻子。而且，要考虑从古至今，从产业到人文的各种基因。

第三个叫功能性，就是要对当地的产业、文化、生活等有实际的拉动作用。你要走什么道路，具体的实施方案及可能的结果预判，要有一个可量化的结果。

第四个是持续性。持续性，对于中国国情来说，十分重要。一条道路定下来，就要一张蓝图绘到底，不能朝令夕改，也不能因地方上领导更迭而经常发生变化。我们经常遇到这样的情况，说某某地方某个项目，新换了领导停工了，甚至是一个区域本来定的要往东发展，新领导一来就要向西发展了。这里面要考量的因素当然很多，一方面是看你的路线质量，如果一方领导只考虑自己在任期间的发展，那就会失去持续性，路线被修正则是正常的；另一方面考验地方执政者是否具有"持续性思维"，不能为了自己新官要烧几把火而轻易否决前任的决策。

四、五个窍门解决"我怎样去"

明白了"我是谁""我要到哪里去"，我们再来看"怎样去"，也就是看方法。我们的"445"策略体系应用在不同的项目方向上，"五个窍门"的具体内容也就会有所不同。比如针对产业发展、文化旅游、乡村振兴，就会呈现出不同的"五个窍

9

门"。具体业务方向不同，也会呈现出五个不同的窍门，比如同样是文化旅游的项目，关于顶层设计的窍门，与关于传播营销类的窍门，那就会有所不同。

为什么一定是五个，而不是三个、十个？因为作为"窍门"来说，实际操盘中很多，如果只说三个会太少，但如果说十个，又不能集中重点。所以我们遵守"五个"定律，这样保证数量足够多，而且重点突出。

今天讲的主题是乡村振兴，主要也是针对顶层思维，所以我们提供如下五个"窍门"：

一是独辟蹊径法——大家都没做，我去做，从而走出独特路径。

上面讲的安吉，就是典型的独辟蹊径法，就不再展开说了。但独辟蹊径要注意一点，就是要瞄准大的政策背景，不能为了追求眼球效应而乱来。

二是共性突破法——大家都面对共同的问题，我在我的地盘上找到了突破点。

中国的区域发展，虽然面临的现实不尽相同，但有很多共性的问题，比如今天讲的乡村振兴，这就是大家都在思考和探索的方向，在这个大方向上，先要思考共性问题有哪些。

阡陌智库认为，乡村极为复杂，要想面对乡村振兴顺畅推进各项工作，至少须具备三个条件，一是好的带头人，也就是村支书这个角色，或者有威望的乡贤类角色。目前凡是做的好的乡村，基本上这都是必要条件。这也是中国式问题需要中国式方案来解决的一个体现。那应当怎样解决带头人问题？这是一个课题。二是必须由农民自身的参与，不能是"被振兴"的局面。这也是个课题。三是必须找到一个好的介质用以连接城乡，才能让乡村里该出来的出来，城镇集聚的要素该下乡的能下去。这个好的介质是什么，也需要破题。

这些共性问题如能在某个区域突破，成为国内的典型模式，那你的"政治创意"就成功了。

三是贴标签法——大家都在做，唯独我做得好，就赶紧贴上标签。

比如，很多地区都在做乡村旅游，而且做乡村旅游都离不开民俗，但一提乡村民俗，国内谁做的好？袁家村。袁家村已成为中国乡村民俗旅游的样板和代名词，也就是说，中国乡村民俗旅游这个标签已贴在袁家村身上了。据说现在陕西有几十个村都在学习袁家村，这些模仿者都有一个进村的城门、都有只毛驴在拉磨、都有个戏台在唱戏、都有个小店在卖酸奶……但成功者寥寥无几，大家看完袁家村再去看这些村已经没意思了。

同理，乡村土特产、乡村电商、乡村农舍改造等等，这些都是各地在做的事情，谁做的好并且迅速为自己贴上标签，谁就能占领制高点。

那么怎样为自己贴上这个标签？主要手段就是营销。营销不是一般的宣传，涉及顶层策划、爆点创意、传播策略，等等。无论如何操作，总归是要达到一点，就是占领心智。

四是扬长避短法——抓住自己最优势的一面做大做强，通过扬长避短做到以长补短、以长带短。

我们曾为菏泽服务过，就拿菏泽的情况举例。菏泽是山东省内相对落后的地区，但近几年对电商很重视，发展迅速，一批乡村电商和产业电商崛起。这种不依赖于资源和招商引资的路径比较适合菏泽发展。菏泽就抓住电商不放，不断强化，既承办了中国淘宝村高峰论坛，又做到了腾讯为村互联网平台的全域覆盖。乡村电商与产业电商的成功，使菏泽成为新旧动能转换的典型。目前整个山东省都在强力推动新旧动能转型，电商的发展就成为菏泽新旧动能转换的一张名片，并带动诸多产业转型。

需要强调的是，我们说"扬长避短"，并不是说要"一俊遮百丑"，而是通过"扬长避短"，实现"以长补短、以长带短"的目的。

五是以点带面法——先做好单点，再触发全局。

这里说的"单点"有两种情形，一种是针对空间上的。乡村振兴这个课题很大，乡村数量众多，要想一口吃成大胖子，一下子解决所有乡村问题是不现实的，那就要有"案例思维"，就是先做出单点的样板出来。比如河南新县，在乡村建设上思考的比较早，而且是以西河村等几个单点为示范，探索成熟的发展模式，并以"中国乡村复兴论坛"为引爆点，放大西河村的单点效应，再触动更多乡村去行动。再如临沂朱家林田园综合体，这一个单点火爆起来以后，整个临沂市的田园综合体就遍地开花了。

另一种"单点"是针对领域说的，比如莫干山。现在一提到莫干山，大家想到的是民宿。民宿成了莫干山的标签，这和袁家村代表民俗乡村游是一样的道理。但今天的莫干山可不仅仅是民宿，它是以民宿为带动，整个区域的乡村经济都发展了起来。据报道，在民宿经济拉动下，全镇有近 3 000 人返乡创业，餐饮、农产品、市场营销、规划设计、环境工程等相关行业，都跟着发展起来了。

以点带面的核心，是要有"IP思维"，其实就是为当地塑造一个具有IP效应的引爆点。

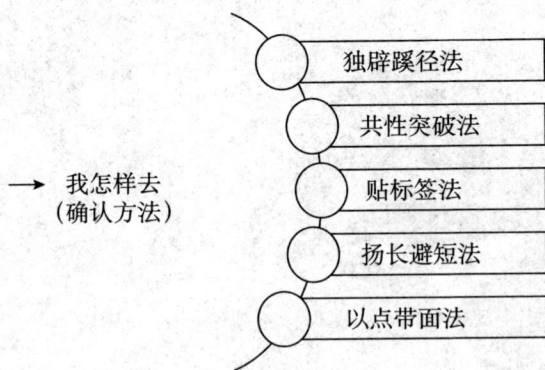

图4 五个窍门

独辟蹊径法

共性突破法

贴标签法

扬长避短法

以点带面法

→ 我怎样去
（确认方法）

总之，以上所讲的SWOT分析（核心的四个方向）、四性法、五点窍门，就是用来解决"我是谁""我到哪里去""我怎样去"的问题，我们简称这一套工作方法叫"445策略体系"。希望这个"445策略体系"能为中国乡村振兴助一臂之力！

第二章

关于特色农产品

第一节 模式分析

一、农产品产业模式分类

农产品从田间到餐桌，要经过产前、产中、产后、流通和消费五个环节，这五个环节构成农产品的产业链。农产品的产业链又长又宽，一家企业要想靠自己的能力和资源做好每一个点，形成一个完整的自主控制的产业链，是个很大的挑战。

由于农产品产业链的复杂性，而每一个节点又都能产生价值，所以，有很多种产业经营模式。农产品经营模式总结为四大类：农产品产业链经营的"点"模式，农产品产业链经营的"线"模式，农产品产业链经营的"面"模式，农产品产业链经营的"体"模式（图5）。

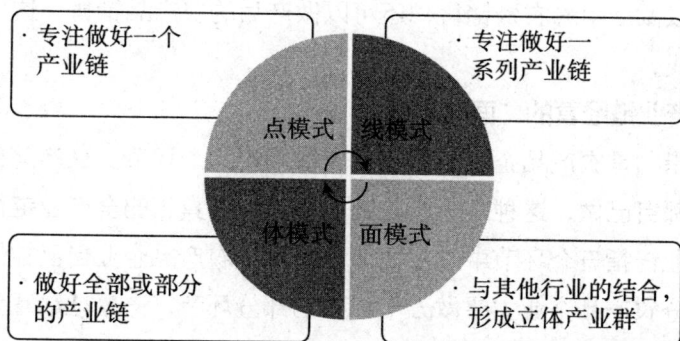

图 5 农产品品牌模式

1. 农产品产业链经营的"点"模式

农产品产业链经营的"点"模式指的是农产品企业只专注于做好一个产业链五个环节上的某一个点。例如，在产中环节，企业既可以只做农机服务，成为专业的农机服务商，也可以只做田间管理服务，组织一个品种的种植能手合作社，成为专业的一个品种的种植管理服务商。在产后环节，既可以只做农产品产后储藏，做专业的储藏商，也可以做保鲜技术提供商。

农产品企业在每一个环节的每一个节点，都可以做精做强。农产品经营的"点"模式又可以分为"主点"模式和"配套"模式，"主点"模式指的是在一个环节里占主要地位的节点，例如产前的育种、产中的种养殖、产后的商品化处理等，"配套"模式指的是给主要节点提供配套支持和服务的节点。

2. 农产品产业链经营的"线"模式

它指农产品企业专注于做好一系列的节点，这些节点相互关联，形成一条线。农产品产业链经营的"线"模式既可以是做好一个品类的一个环节，做完这个环节的所有节点，每一个环节都可以单独形成一"线"模式，例如做蔬菜种植商、做水果渠道商等。这些只做一个品类的一个环节的模式，叫做"单"线模式。

第二种是"复线"模式，也只做一个环节，但做的不是一个品类，例如在产中环节，农产品企业既种蔬菜又种水果，还搞养殖，在流通环节，既有批发市场，又有专卖店，还做直销等。

第三种是"专业"线模式，就是在农产品产业链的各种专业技能里，选择一种技能，然后在两个或者两个以上的产业环节做，例如销售技能，既可以做产前的种子销售，也可以做产中的农资销售，还可以做产后的农产品销售，这样就形成一种以销售为主的线。

3. 农产品产业链经营的"面"模式

这种模式指的是农产品企业做全部或者部分的五个环节。从产前到消费五个环节每一个节点都自己做，这种是全产业链模式，其实真正的全产业链很难。本部分内容谈的全产业链指五个环节中的主要节点都是由农产品企业自己控制，配套的节点外购。大部分农产品企业主要做五个环节的部分环节，一般把最重要的掌握在自己手中，一个是产中环节，另一个是消费环节，把生产和销售控制在自己手里。

4. 农产品产业链经营的"体"模式

这种模式是指农产品行业和其他行业相结合的模式，形成一个立体的产业群。

无论是想进入农产品行业的企业，还是正处在农产品行业里的企业，都必须面对一个共同的问题：农产品的产业链这么复杂，我该怎么做？

建议一：先看看口袋里有多少钱。从其他的行业转行进入农产品行业的企业家，他们认为做全产业链，一定有前途，前期投入了几千万元，甚至上亿元，结果前途还不知道在哪里。农业是个投资大、周期长、效益低的产业，不能奢望自己的一个想法立刻就能实现，做好长期的准备，才是农业企业家最需要的。进入行业前先看看自己的口袋里有多少钱，包括融资能获得多少。做农业，想做什么不重要，重要的是有多少钱，才能决定能做什么。

建议二：企业家要懂做的行业。不懂的别轻易做，即使做也要从小做起。不能什么炒得热，就立刻冲进去，首先要看自己是不是了解，不然有可能以失败告终。

建议三：怎么选择合适的农产品产业链的经营模式。首先根据资金的多少以及自己对农产品产业链各个环节的理解，确定企业的目标是什么，然后根据目标、资金和理解的程度选择先从哪些点做起，最后再扩张到其他的点、线、面、体。

二、农产品资本经营模式

农产品订单融资通常是指在订单农业生产过程中，企业或者农户凭借买方产品

订单作为授信依据，由银行或者其他金融组织提供专项贷款，企业或者农户将获得的资金用于购买订单农业所需材料并组织生产，由贷款提供方对资金流和物流实施监控，在农产品交付并收到货款后立即偿还贷款的业务。是指农户在农业生产经营过程中，按照与农产品购买者签订的契约组织安排生产的一种农业产销模式。

从理论上讲，订单农业是一种生产组织方式的创新，符合供给侧结构性改革的要求，有助于农业生产过程中土地、劳动力等生产要素的优化配置，推动农产品供给结构更好的适应市场需求变化，促进农业现代化、产业化发展。从实践意义看，订单农业既有助于改变"小农经济"的高投入、高污染、低效率、低收益等问题，达到缓解环境压力、增加农民收入等目的，又能有效避免盲目扩大规模化种植带来的市场波动风险，起到稳定农产品市场价格和粮食产量、促进第一产业发展的作用。

农产品订单融资业务有两种基本模式如图6所示：

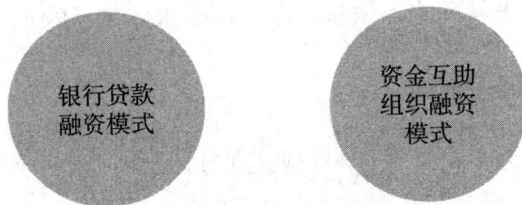

图6 农产品订单融资业务的两种基本模式

1. 农产品订单银行贷款融资模式

农产品订单银行贷款融资主要是指订单农业生产经营主体凭借农产品订单向银行业金融机构进行融资。

一般运行模式为：生产经营主体获得农产品订单，以订单为依据提出贷款申请，银行对农产品订单进行审核并发放贷款，生产经营主体组织订单农产品生产，订单农产品交付后以货款优先偿还贷款。从涉及主体看，又分为两类：第一类是生产主体融资，直接从事农业生产的企业或农户以获得的订单进行融资，用于购买生产资料；第二类是经营主体融资，订单农业组织、销售企业以获得的大额农产品订单进行融资，用于流动资金周转。

2. 农产品订单资金互助组织融资模式

农产品订单资金互助组织融资是指订单农业生产主体通过设立资金互助组织等方式，为资金互助组织社员提供订单农业生产贷款。一般运行模式为：订单农产品生产组织者（农业企业、专业合作社）组织设立资金互助组织，农户加入资金互助组织成为社员，在订单农产品生产过程中可以向资金互助组织申请贷款，用于购买生产资料，在订单农产品收获并交付销售以后，在货款中直接扣除贷款，剩余款项再支付给农户，贷款全程封闭运行。

三、农产品品牌模式

农产品和一般的工业产品不一样，有很多种品牌模式，一般来说，农产品的品牌有以下四种模式，如图7所示：产地品牌、品种品牌、企业品牌和产品品牌。

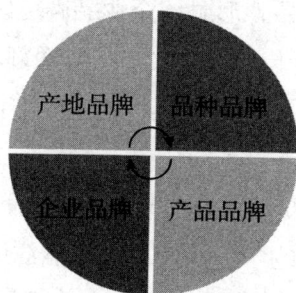

图7　农产品品牌模式

1. 产地品牌

指的是拥有独特自然资源以及悠久的种养殖方式、加工工艺历史的农产品，经过区域地方政府、行业组织或者农产品龙头企业等营销主体运作，形成的明显带有区域特征的品牌，一般的格式是"产地+产品类别"。特别对于立志进行区域特色农产品产业化的企业，产地品牌更是必不可少。

首先，农产品的本质是"农"，其品质和区域的地理自然环境紧密相关。其次，在消费者心里，好的区域自然环境就是好农产品的产地，这样一个好的产品就很容易得到消费者的信任。最后，一个产地品牌具有整合区域生产资源的能力，因为消费者只认这个产地的牌子，农产品企业也就更容易做大做强。所以对于农产品企业来说，一有机会，一定要想方设法注册产品地理标志，打造产地品牌，或者成立协会。

2. 品种品牌

指的是一个大类的农产品里的有特色的品种，可以成为一个品牌，也可以注册商标。品种品牌一般的格式是"品种的特色+品类名字"。"品种特色+品类名字"

这样的品种命名规则才是农产品企业打造专有品种及品种品牌的利器。可现状是，很少有人把一个品种的名字作为一个品牌来打造，这里面就是一个思维误区的问题，大家习惯把企业名字作为品牌来打造（企业品牌），或者给产品另外取个好听的品牌名字（产品品牌），而没有把握住农产品的品质，其本质上来源于品种，只要占领了品种品牌资源，企业就相当于告诉消费者，本企业的产品就是最好最有特色的产品。

3. 企业品牌

指的是以农产品企业的名字注册商标，作为品牌来打造。中粮和首农就是一个企业品牌，打造的企业整体的品牌形象。企业品牌可以用在一个产品上，也可以用在一个企业品牌下的多个产品上，对于农产品流通领域来说，还有一种渠道品牌，也属于企业品牌这一类。渠道品牌就是一个渠道的名字。

4. 产品品牌

指的是对于一个或者一种产品起一个名字，注册一个商标，打造出一个品牌。这是农产品企业做好品牌规划的不二法门。企业能注册产地品牌的，能注册地理标志的，一定先注册地理标志。如果地理标志大家都用的时候，再考虑注册品种品牌，用品种品牌打造区域产品品牌里的特色品牌。只有在前面两种情况出现不合适，或者不可行的情况下，才考虑打造企业品牌和产品品牌。一个产品品牌下可以有很多品种、企业和产品品牌，一个企业品牌下面也可以有很多产品品牌，这就是四种品牌之间的关系。

四、农超对接模式

农超对接，简单地说，就是农户、专业合作社、家庭农场等与大型连锁超市、农产品流通企业签订意向性协议书，发展农产品从产地到超市、菜市场直供农产品的新型流通模式。农民卖菜难，亟待与需求方直接见面。希望能以合适的价格，迅速销售出他们的产品。市场指导生产，需超市与农产品短距离对接。其本质是将现代流通方式引向广阔农村，将千家万户的小生产与千变万化的大市场对接起来，构建市场经济条件下的产销一体化链条，实现商家、农民、消费者共赢。

农超对接是国外普遍采用的一种农产品生产销售模式，目前，亚太地区农产品经超市销售的比重达70%以上，美国达80%，而中国只有15%左右。任何农产品与超市对接，最首要是食品安全必须过关。我们之所以把食品安全排在首位，是因为其关乎民众生命安全，是最大的民生利益。具体来说，食品能不能入驻超市，主要看两个方面，一是资质；二是包装标识。

商品和资质必须符合国家要求：合作社的产品入驻超市，必须提供三证（或三证合一），食品流通许可证，一般纳税人资格证书，企业执行标准，生产许可证，商标注册证，条码证书，绿色、有机、无公害、原产地、老字号等各类证书，经省、地（市）局以上政府部门授权认可的计量认可，审查认可的检测部门出具的商品质检报告，生鲜商品在实际送货时，应按进货批次提供检疫证明商品检测报告。

目前，国内"农超合作"模式，区别主要在于超市与农产品对接方式的不同。目前主要是超市+专业合作社+农户，超市+中介型农产品公司+农户这两种模式。

如果超市直接与传统的合作社对接，表面上可以降低超市的采购成本，但是由于传统意义上的合作社没有配送中心，这就变相增加了超市的物流运输成本，农产品公司的出现解决了这个问题。农产品公司既对产品的质量安全负责，又承担了产品的包装和运输，产品到了超市，经过检验合格后，就可以直接上架销售。因此，超市更倾向于和流通体系健全的农产品公司进行合作。

这种模式的关键在于中介型农产品公司，它们主要承担物流采购和配送的功能，还会根据合作基地所在地方的情况与第三方物流公司进行合作，在包装技术、

货物摆放方法等方面都有一套完整的标准。如果运输途中温度或湿度不稳定造成损耗，都由第三方物流公司承担。由于这种农产品公司能够确保产品质量，使得农产品的损耗控制在5%以内，这远低于目前我国鲜活农产品在流通中10%—15%的损失率。

这种模式的不足之处在于，中介公司参与利润分配，对超市而言，其成本相对较高。虽然，农超对接是有政府主导，但农业经营者才是农超对接的执行者。尤其，农产品的标准化和安全是农业经营者的重中之重。

五、农产品+电商模式

国内传统农产品流通销售过程（从农产品产出到消费），通常要经历农产品经纪人、批发商、零售终端等多层中间环节，这类方式具有信息流通不畅、流通成本过高的严重问题，直到互联网的出现，恰好改进了其弊端，并将农产品的流通渠道变成网络状，进而衍生出以下5种不同的农产品电商模式，如图8所示：

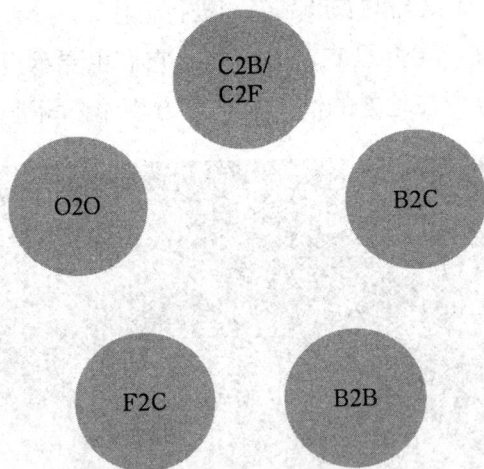

图8　农产品+电商模式

1. C2B/C2F模式（即消费者定制模式）

这类模式是农户根据会员的订单需求生产农产品，然后通过家庭宅配的方式把自家农庄的产品配送给会员。这种模式的运作流程分为四步：第一步是农户要形成规模化种植及饲养；第二步是农户要通过网络平台发布产品的供应信息招募会员；第三步是会员通过网上的会员系统提前预定今后需要的产品；第四步是待产品生产出来后，农户按照预定需求配送给会员。

盈利方式：收取会员费，即会员的年卡、季卡或月卡消费。优势：提前定制化生产，经营风险小。劣势：受制于场地和非标准化生产的影响，市场发展空间有限。

2. B2C模式（分平台型B2C和垂直型B2C两种）

即商家到消费者的模式，它是经纪人、批发商、零售商通过网上平台卖农产品给消费者或专业的垂直电商直接到农户采购，然后卖给消费者的行为。此类模式是当前的主流模式，它又可以细分为两种经营形式：一种是平台型的B2C模式，如天猫、京东、淘宝；一种是垂直型的B2C模式（即专注于售卖农产品的电商模式），如我买网、顺丰优选、本来生活等。盈利方式：产品销售利润、平台入驻费用、产品利润抽层等。优势：中介角色，无须承担压货的风险，劣势：对平台的流量、供应链要求高。

3. B2B模式（即商家到商家的模式）

这类模式是商家到农户或一级批发市场集中采购农产品，然后分发配送给中小农产品经销商的行为。这类模式主要是为中小农产品批发或零售商提供便利，节省其采购和运输成本的模式。盈利方式：产品采购批发差价利润、服务费用。优势：无须承担压货的风险、链接上下游，发展空间大。劣势：对平台的流量、供应链、信息服务要求高。

4. F2C模式（即农场直供模式）

即农产品直接由农户通过网上平台卖给消费者的行为。盈利方式：产品售卖利润。优势：可以快速建立消费者的信任感。劣势：受制于场地和非标准化生产的影响，市场空间有限。

5. 农业社区O2O模式

也就是线上线下相融合的模式，即消费者线上买单，线下自提的模式。盈利方式：产品售卖利润。优势：社区化模式，物流配送便利快捷，劣势：地推所需成本较高。

六、互联网+可视农业模式

"可视农业"主要是指依靠互联网、物联网、云计算以及雷达技术及现代视频技术，将农作物或牲畜生长过程、手段和方法呈现在公众面前，让消费者放心购买优质产品的一种模式。既能解决食品安全问题，又能解决农副产品销售难的问题，还能得到产前订单，让农产品能够升级，卖到好价钱。

在生态环境优良的基地及田边地头，装上监控系统设备，使农产品的生产方式全面呈现在网络上，不仅实现对农产品的远程监管，而且达到让消费者都能放心购买的目的。通过科学有效的互联网行动，来解决食品安全问题、农副产品无销路、好产品卖不到好价钱等问题。

随着物联网等现代信息技术与农业的结合，可以想象，在未来的可视农业中将呈现以下模式。

物联网技术下的工业化种养殖。互联网进军农业以来，一直在做的一件事就是农业工业化，让农民学会标准化种植。现在，物联网技术下的精准农业，将有效解决农业工业化种养殖的问题。精准农业已经在一些规模化农业企业得到应用，尤其是一些已经具有良好市场基础的高端农产品。

农业由于种养殖期长，市场预测偏差大，无论是农民还是农业企业，都很难对第二年的行情做出准确判断。基于大数据支持的市场分析将大大提高市场预判的准确性，降低种养殖企业风险和生产型企业原料成本。

基于大数据分析的产品研发，也将大大提高新产品的成活率。每年糖酒会，我们都能看到一大批新推出的食品或加工农产品，但其真正能活下来的却了了无几，大部分食品企业或者农产品加工企业，对新产品的研发并没有很清晰的市场调研，通常是别人做什么跟什么。通过大数据的精准分析和调研，能够更加有效的分析当前消费者真正的需求点，提高新产品的市场生命力。

互联网应用到农业领域已经成为当前农业发展的大趋势，并且已经在农场管理、农场运营、产品生产跟踪、产品销售等领域逐渐普及，无论是城市还是偏远农村，我们都能见到互联网应用于农业的影子。就目前发展形势而言，互联网对我国农业发展起到了巨大的推动作用，相信在不久的将来，我们的农业会更快与国际接轨，越来越现代化。

七、"农产品+众筹"模式

农业众筹的概念，其实质是采用互联网和社交网络革新原有的农业生产流程。从类型来讲，可分为平台型、消费型和权益型。

在国内，农业众筹被解释为由消费者众筹资金，农户根据订单决定生产，等农作物成熟后，将农产品直接送到消费者手中的一种模式。对于其他众筹，农业众筹因其特殊性，让更多的消费者为之好奇，也让更多人及企业都参与到农业众筹中。农业众筹有以下类型，如图9所示：

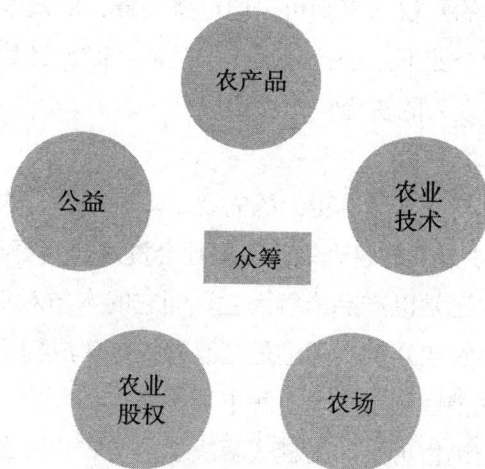

图9　农业众筹

1. 农产品众筹

目前国内最常见的农业众筹模式是农产品众筹，即：由销量决定产量。农场作为项目的发起方，在众筹平台上发起项目，筹集资金，并根据需求进行种植和管理，待农产品成熟后直接配送到用户手中。

2. 农业技术众筹

实际上，农业众筹可以发生于整个农业链条的各个环节，农业众筹还可以筹技术。从农业技术这个点切入，给了我们许多参考和想象，可以是一个发展的方向。国内可以考虑这些农业技术的众筹，类似于杂交水稻的增产技术，粮食在整个世界都占据重要位置，粮食增产技术当然也格外受到青睐；类似于引种蓝莓等新型农作物的种植技术，这项技术的价值点在于，该农作物被世界公认有价值并具有极大的稀缺性，通过该项引种技术可以解决稀缺性问题；有机化肥农药技术，随着有机食品的热度逐渐升温，围绕着有机，会形成一条系统的产业链。

3. 农场众筹

农场众筹是一个新的方向，但不可避免地要遇到这样的问题：我们众筹的是土地、农畜产品还是参观采摘？这要围绕着农场的个性化特色来做文章，围绕着该农场的商业价值来分析。

4. 农业股权众筹

我国由于农村劳动力外流，导致农村已有耕地被闲置或者被劳动能力不强的留守人群去经营。而农业的股权众筹则可以通过将闲置、低效率的土地集中起来，以经济组织中最为高效的企业形态进行规模化的经营生产。当然我们也可以在端午众筹一个粽子品牌，集合众人的资金，然后回报股权。

5. 公益众筹

公益众筹在农业方向上其实有更大的需要，除了教育，农业实际上也需要"希望工程"，比如西北治沙、农村建设等，以使社会资源得到更有效的配置。

农业众筹目前主要还是以产品众筹为主，而它的本质对用户来说就是团购+预购。有分析人士指出，农业众筹实际上是把原有的零售流程倒置，将销售前置，使得农业生产者可以根据销售预定情况了解市场的需求和行情，并可以提前在判断销量后组织生产。这种先销售再生产的模式解决了一些农户资金不足的问题，也在一定程度上将销售风险掌握在可控范围之内，而其中既作为投资者又作为消费者的用户一方，也可通过事前对项目的了解进行考量和选择。

八、社群营销模式

农产品＋社群营销，是基于相同或相似的兴趣爱好，通过某种载体聚集人气，通过产品或服务满足群体需求而产生的商业形态。载体有微信、论坛、微博、QQ群等多种平台。随着流量红利的结束，互联网营销依靠大平台的时代已经过去，把品牌和社群掌握在自己手中的企业正在开启新的营销时代。

社群建立起来之后，企业就可以加入生态系统，打破传统增长和延伸的天花板，这是与传统模式的根本性不同的。人，才是品牌真正的壁垒，社群让企业精准"抓人"成为可能。

农产品是做社群经济的天然沃土。农业和农产品是天生充满体验和参与感的产业，每个人味觉、嗅觉，都具天生的反应能力，每个人对食品都有着分享的本能。尤其是社群时代，随时互动、实时分享有了充分的技术支撑。

1.每个品尝过的消费者都能成为发言者

对于农产品来说，每个品尝过的人都可以成为发言者，这种发言相比一些技术产品门槛低、消费者多、可比性强、易于产生多角度的互动和评论话题有说服力得多。

2."吃货领袖"的号召力和聚集力

网络信息大爆发时代，信息选择成为难题，意见领袖就显得尤为重要，而"吃货领袖"相对其他行业不但更多，而且更容易产生号召力和聚集力。关于怎么吃、去哪吃等话题，消费者永远希望有人能够给予更精准的建议。

3.地缘文化的共鸣

农产品是地缘文化的典型载体，在社群里讨论特产的同时，无形中必然会设计当地的风土人情，有人情就有感情，有感情才有共鸣有信赖，继而有销售。

当然，不是所有的产品都适合社群营销，不是所有的产品都必须做社群营销。做好社群营销应该选择什么样的产品呢？

一般来说，如果选择价格太高的产品，消费者接受速度慢，培育期过长。但如果推广低端产品，利润空间又太低。所以，一般来说，社群营销可以选择中档产品。

其次，回归价值的新机遇，选择真正的高性价比产品。随着消费的不断升级，消费者在用自己的主权思想选择适合自我的产品。因此，产品要回归本质，要凸显价值，要用产品说话，首先要让消费者对产品有感觉。

这需要对产品营销进行顶层设计，要站在产业的高度，运用系统思维，对产品营销的点、线、面以及各要素统筹规划，以便集中优势资源。

九、跨界餐饮模式

农产品与美食具有强关联性，所以农产品的发展，要与餐饮行业跨界并进。主要有以下几种模式，如图 10 所示：

图 10　跨界餐饮模式

1. 被动型模式

常见的模式是把农产品直接供进餐饮店，这种模式属于被动型模式，双方只是一种供销关系。在进餐饮渠道的时候，如果仅仅只是提供原料，农产品企业的竞争优势不会很强。农产品企业怎么去和其他的原料供应商竞争，怎么去和其他的菜品竞争，还得从企业自身的原料出发，开发出适合餐饮渠道的特色菜品，这样农产品企业相当于是餐饮企业的菜品研发单位，自然更有竞争力。

2. 合作型模式

合作型模式主要是解决农产品企业与餐饮渠道之间的利润分成问题，也就是说，农产品企业给餐饮企业新增多少利润或降低多少成本，然后双方分成，它们不是一般的买卖关系。这种合作关系，比较受餐饮企业的欢迎，只是目前这样操作的农产品企业比较少。因为，大部分农产品企业，供应给餐饮企业的产品同质化严重，同时他们对餐饮渠道的理解也局限在价格、关系等常规思维里，很难去主动创新模式。这种合作型的模式，适合大路货的农产品企业，这是农产品企业不断加强自身组织能力的一种新模式，因为这种合作型模式决定了他们之间不仅仅是供求关系，也会促使农产品企业完善自身组织，实现与餐饮企业的对接。

3. 主动型模式

农产品企业自己做餐饮店，卖以自己的产品为主的菜品，带动其他餐饮店销售自己企业的农产品。也许很多人会认为只有很有特色的农产品才能这么做，其实不一定，普通的产品也可以，只是有特色会更好，因为特色是个绕不开的话题。

同时要把餐饮店和餐饮企业当作渠道或者平台，把农产品的体验、农产品的消费和农产品互动嫁接在餐饮店里，从而破解农产品销售和推广的困局。例如一家乡村食材体验店，表面上是做餐饮生意，能吃到乡村原汁原味的东西，实际却卖的土鸡、土鸭、土猪肉、鸡蛋、鸭蛋等农产品，并通过店内宣传、互联网留住客户和鼓励消费。

十、认养农业模式

认养的概念，是指发起众人合伙认养一（头）、（颗）、（亩）农产品（植物、动物），根据需要认购的数量或部位，一起享受认养的乐趣，共同获得优质产品。

认养农业是近年来新兴的农事增值发展模式，一般指消费者预付生产费用，生产者为消费者提供绿色、有机食品，在生产者和消费者之间建立一种风险共担、收益共享的生产方式。这种生产方式打破了优质农产品走向市民餐桌的障碍，实现了

土地与餐桌的直接对接。

认养农业的出现不是一个偶然，而是现代农业发展中，对消费者需求的满足和对消费市场探索中而出现的模式。近些年，城市居民对着农村种植业和乡村生活的兴趣是与日俱增的，认养农业恰恰满足了消费者这一需求，城市居民可以在农村认养一块土地，工作的闲暇之余可以体验种植收获的喜悦，这不仅是一种健康又时尚的生活方式，更是对绿色健康食品的追求，真正实现了从农田直接到餐桌。

认养农业的奥秘就在于，人们只需要通过 App 就可以认养包括农田、菜地、果树、禽畜等各种农产品，人们在手机上安装 App 软件，通过认养基地在各个项目区安装的高清摄像头，24 小时监控自己的果蔬禽畜，查看水稻、蔬菜等农作物的长势，观察动物的生活环境等等，并且还可以随时到实地去进行种养体验。而当地农户则必须严格按照双方在合同中签订的种植标准，将绿色无公害、甚至有机农产品在收获之后直接配送到消费者的家中。

事实上，认养农业的卖点并不是只有农产品，它还可以与旅游、养老、文化等产业进行深度融合。它把城市居民作为目标客户，以体验、互动为卖点，将特色农产品、旅游景点、风情民宿进行整合包装，再打包兜售。在帮助现代都市人认识农业、体验农园观光需求的同时，增加农民收入，带动农业生产健康有序的发展。

第二节　实操案例

一、社会化营销——"褚橙"

同样是橙子，为什么"褚橙"却成了众人眼中的励志橙，它是怎么做到的？

首先，它被赋予了褚时健大起大落的人生经历；其次，在对产品深入分析理解的同时，定义消费群体，满足个性化的要求，用让用户参与进来的方式，建立起自己的营销方案，通过这些过程褚橙走向成功。

很多人意识到农产品最大的两个问题：一个就是标准化，另一个就是品牌附加值。长久以来，所有农产品都是被当作普通田间地头的东西，通过层层的中间渠道再进行销售，并没有变成真正意义上的商品。既要做出标准化，又要让用户为了一些文化价值和产品本身之外的东西买单。

"褚橙"作为农产品标准化在 2012 年 9 月份日均单数是 70 单，在当时是非常小的新生事物，如果从云南本地把这些产品运到北京来，一车是 5 千箱，按照每天 70 箱的销量，要卖将近 100 天，在当时来讲是没有太大把握的一件事情。但是到 11 月份经济观察报发出了关于褚老的一些报道后，经济观察报、微博第一时间做出转发，微博发出来 10 分钟后，王石就转发了这条微博，他还引用了巴顿将军的一句话：一个人的高度不在于他走得多高，而是在于他低到谷底以后能反弹到多高。王石周围的一些商界朋友都迅速做了一个转发，当时百度的搜索量获得了迅速的提升。接下来不到一周的时间里，到的第一车 20 吨货很快就销售一空，从日均 70 单，一周之内上升到日均 500、600 单，最高达到 700、800 单。之后，经过迅速调整策略，发现在整个"褚橙"微博传播中有一个词被大家反复提到就是励志。

2012 年最大的特点就是参与传播或者购买者，发现基本上是以 60 后的企业家为主，这些人对褚老的故事比较了解，他们会参与到整个传播中来，并且有很多人把"褚橙"买回去当作自己企业的礼品和员工福利。因此 2013 年褚时健企业定的目标要销售将近 3000 吨，而 2012 年销量只有 200 吨，翻了十几倍的销量。如果 2012 年是"褚橙"元年，那么 2013 年则是全年营销能力的展现。

"褚橙"的社会化营销源于对产品的理解：了解"褚橙"到底是什么？做农产品营销，最重要的是一定要解读清楚，售卖的产品到底是什么东西。首先"褚橙"是一个好的商品，其次这个商品具有全世界最好的代言人，第三就是食品，食品做电商有一个好处，特别易于分享，不管是办公室同事之间，还是亲戚在一起，都可以分享，这种分享在中国文化环境里面是非常自然的一件事情。如果是别的商品就不会，比如服装，基本上不会有一个女生穿了一件特别好的裙子，然后跟自己的朋友说你也去买一件，这样就撞衫了。

随后的一个社会化营销策略就是把 80 后作为一个传播和消费主体。推出个人礼品概念，重点突出个人与个人之间的分享，在互相送礼过程中，把产品推销出去。根据这样的分析，在 2013 年制定"褚橙"营销的主题就叫传承。从传统媒体发布端，通过微博进入自媒体传播。将所有自媒体充分利用来进行传播，主打人群是 80 后。制定了一整套广告文案和传播素材，第一阶段告诉大家"褚橙"是褚时健种的冰糖橙，把褚老的人生做了一个总结：人生总有起落、精神终可传承。85 年的跌荡人生，75 岁再次创业，耕耘 10 载，结出 2400 亩累累橙果；21:1 黄金甜酸比，是中国人欣赏的甜。

对"褚橙"的营销做了一个策略性的分析以后，实际操作上非常重视包装，当时还是比较革新化的做这件事情。在为"褚橙"做的设计上，把褚老头像做成黑白背景，用他一生为产品做背书，整个画面橙子是亮色。在整个包装里面做了说明书，做了一个预售卡，"褚橙"的销售期是一个月，在 2013 年 10 月份就做了一轮预售卡的销售，作为个人礼品的传递。个性化定制延长传播时效，瞄准了主力人群是 80 后，选择了代言对象就是韩寒。韩寒获得 2013 年赛车年度冠军，韩寒本身对褚老非常尊敬，他在采访中把褚老作为一个植入，基本上所有的采访他都会提到"褚橙"。如果给 80 后讲，可能很多人不理解，但如果通过韩寒的嘴向 80 后转述，大家都很乐意接受。

二、单品全产业链——齐峰果业

齐峰果业是陕西一家主要从事猕猴桃种植、生产销售的现代化农业公司，公司以单品全产业链为品牌切入点，发起成立陕西宝鸡眉县齐峰富硒猕猴桃专业合作社，积极探索猕猴桃种植标准化。

1. 线上线下同时做

齐峰果业尝试在淘宝销售，同时也在阿里巴巴国际网站上销售。随着合作社和公司持续壮大，齐峰果业认为电商应该是传统企业很好的销售渠道，齐峰猕猴桃在当年 9 月登陆天猫，但在运营过程中代运营团队只想着赚钱、拿利润，没办法理解企业的品牌战略，发展步调不协调。2014 年 6 月，齐峰果业从天猫店收回运营。在尝试运营过程中，齐峰总结了电商的三个作用：一是提升品牌，二是提供了新的销售渠道，三是消费者每一次评价倒逼齐峰果业产品和服务升级。

2. 中国式标准化：从品牌到果园托管模式

品牌建设从基地开始：基地种植、收购、分包、冷藏、储存、销售每一步都建立全产业链的标准化。全国 12 个批发市场，档口都由齐峰果业团队自己操盘。产品包装品牌化运作，以此在批发市场做差异化的营销，把品牌做大。同时，对产品分层，普通产品针对批发市场，有机产品进入全国 11 个直营店，针对高端客户。

国内水果尚未走到大农业阶段，猕猴桃在眉县的种植规模为数十万亩，全国仅数百万亩。而果农对农业的理解，也支撑不了所谓大农业的要求——这也是国外种植园模式难以融合国内农业的原因。企业规范带动下松散的果园托管模式，才能影响到足够多的果农做标准化。

齐峰果业开始在当地推广果园托管模式。这一模式有四个环节：一是让果农接受种植标准化技术的培训；二是齐峰果业订购优质农资、农肥给果农以补贴；三是齐峰果业成立机械服务队服务果农；四是负责收购。这样的模式基本能把农业的标准化做出来。

3. 不懂农业的资本和互联网会制造伤害

团队真正懂农业，是做电商成功的重要因素。农业需要静下心来打持久战，农业的工程太复杂了，做轻资产是做不出来的。不懂农业的资本落地，对农业是一种伤害。纯电商从线上往线下走，产品把控不了，肯定会遇到瓶颈。因此，能够把控产品的传统企业如果踏踏实实做电商，把细分市场产品做到极致，有成功的机会。怎么让网络跟农产品结合得更紧密，而且不影响品牌和产业，要不断思考农业出路，为电商补短板的过程中，农业电商、农业品牌未来的方向是，传统农资企业和大平台、互联网大企业融合。齐峰果业可以成为纯网络电商和原产地供应商结合的借鉴案例。

三、打造时尚IP ——"陶柒柒"黄桃罐头

2015 年在大众创业、万众创新的氛围中，郭静萌生出创业想法。由于出生于农村，加上国家对于"互联网+农业"给予优惠政策，她将目标投向了农产品市场，选择了儿时爱吃的黄桃罐头。在选择黄桃罐头时，给它起了人性化名字——陶柒柒，像一个有点淘气、带着灵气的女孩。希望陶柒柒是女孩心目中的自己，将少女从懵懂到知性的变化过程，在产品上进行诠释。在宣传主题上以美食诱惑、时尚街拍、吃穿搭配为主，打造"互联网+农业+时尚"品牌。

深谙互联网营销之道的郭静，邀来顶尖设计师，为"陶柒柒"黄桃品牌设计了新颖、时尚的包装。在IP进化过程中，"陶柒柒"有绿、黄、粉和紫四种主题颜色，罐上各绘着一个拥有大众脸的漂亮女孩，分别代表着清新、活力、优雅、知性四种性格。以此来引发更多女生的共鸣，激发她们的购买欲。同时，郭静通过微博、微

信公众号和朋友圈等为"陶柒柒"策划了丰富的线上征集、优惠推广、热点营销等活动，包括利用黄桃罐头回忆 80 后童年、情人节系列推广营销等。还会经常通过直播等手段，利用美女、桃花美景、精致罐头产品等场景，来推广和营销"陶柒柒"IP。

从用参与激发用户归属感开始，陶柒柒黄桃罐头想办法获取了第一批粉丝，也就是种子用户。陶柒柒在朋友圈给大家说，我要做黄桃罐头，大家一起取一个品牌名字吧。因为好玩，又有参与感，大家就会非常愿意参加。很多人在朋友圈留言，也有很多人私信，就这样就有了陶柒柒的诞生。

品牌要和粉丝产生互动，很重要的一点就是品牌本身要有态度。陶柒柒赋予了一个全新的理念——人人都是陶柒柒。所以在做设计的时候，做了一张大众脸，陶柒柒的特点跟很多女孩子很像，所以她们都能在陶柒柒身上找到一些跟自己相似的点，从而产生共鸣。同时，还赋予了陶柒柒一个很好听的延伸，叫作会旅行的陶柒柒，这样特别能引起爱旅行的女孩子的关注。这也是赋予陶柒柒的产品营销场景。除了产品本身的质量以外，产品还要有故事性，有可以挖掘和感受的共鸣点，让产品带有明显的记忆标签。这样"故事＋场景＋产品"的组合，就会激发消费者的购买需求，大家对产品也会有更多归属感。

用贴心服务打造极致产品。市场上很多 12 罐装的罐头，这是针对大众市场的产品，一个女孩子提着是十分吃力的。所以陶柒柒针对女孩子做出了一个 8 罐装的产品，大家提着轻松，送礼也很高大上。暴力物流也是考量的一个因素。因为黄桃罐头是铁罐产品，很多商家忽略了产品在运输过程中由于暴力物流导致的瘪罐和爆罐，造成很差的体验感。陶柒柒一上线，就推出了泡沫装的包装，提升产品体验感。让服务做到极致，这是陶柒柒品牌服务上的定位。你需要的，你没有想到的，都替你提前想到了。

多沟通打造暖心用户交互。你有没有跟用户真正聊过天？你有多少关键意见领袖？对客户要以诚相待，跟客户以心交心地沟通，是陶柒柒在 IP 打造中的最重要内容。做产品输出，不是每天发完微博，你就什么都不管了。要考虑用户感受，要考虑内容输出之后用户的感受和反馈。随着和客户的沟通越来越多，陶柒柒的关键意见领袖也越来越多。每个人背后都会隐藏着资源和机会，如果你没有很多关键意见领袖，你会发现自己做的很多工作特别困难。

精准活动落地陶柒柒 IP 精神。黄桃罐头是很多 80 后童年的记忆，陶柒柒通过微博公众号进行不定期的征集活动，让粉丝再次参与。回忆童年是永远不过时的话题，让粉丝与品牌融为一体。同时，陶柒柒还不定期地举办热点营销活动。比如情人节在泉城广场做了一个为爱表白的活动，五六百个不明真相的吃瓜群众现场围观，微博当天阅读量达 20 000+，成功吸粉 300 多人。这些娱乐的玩法，让陶柒柒用极小的投入，赢得了口碑和营销的胜利。

四、黑猪专家——"膳博士"

"膳博士"创建于 2003 年，以黑猪专家为品牌定位，全力推进中国第一的黑猪高端生鲜品牌发展战略，贯通高端黑猪肉的全产业链品质管控，实现从牧场到餐桌的无缝对接。依托优质种猪资源的核心竞争力，以国家级原种场——嘉兴黑猪原种场和两头乌原种场为基础，四大院士科研实力为背书，形成了"膳博士"金标、"膳博士"黑标、"膳博士"红标三大商品系列，满足不同消费人群的需求。

"膳博士"曾联手阿里系新零售重要成员大润发，推出一款既具有网红性质，又极大推进供应链＋零售平台直供模式探索的产品——钻典黑猪。"膳博士"和大润发联合开发的协生质黑猪，项目的发起以大润发为主，"膳博士"则主要完善后

端供应链。这款协生质黑猪肉，主要引入一家台湾的饲料养料——协生质。其技术方案，类似猪饲料的营养剂，能让饲料得到营养和其他综合品质的大幅度提升。再配合膳博士在黑猪品种和养殖上的尖端技术，才得以成功开发出这款生猪产品。

对于"膳博士"来说，协生质黑猪肉发挥了"膳博士"在生猪品种和养殖技术上的优势。"膳博士"的内三元黑猪（母本就是嘉兴黑猪），是"膳博士"研究院独有的杜巴嘉（杜洛克、巴克夏、嘉兴黑猪）杂交猪种。

从供应链效率优化和品控角度来说，代养模式的好处，在于将原来的前端做一站式整合：技术研发培育——原产地种养殖——基地加工——仓储配送，全部交由供应商完成，包括对经销商、贸易商环节的过滤。而供应商愿意参与进来，前提条件自然离不开零售渠道商通过包产包销的代养模式对供应商利益的保障。

五、网红小吃——"黄飞红"

一个单一的产品，没有品牌优势，没有渠道，甚至没有销售的经验，如何找到突破缺口，开辟出属于自己的市场？这是许多区域性的小品牌都面临的问题。出自山东烟台的"黄飞红"麻辣花生迅速蹿红，成为许多都市办公室的流行食物，一时不少人竞相推荐，可谓是一个奇迹。尤其是在休闲食品市场更迭频繁的今天，一个单一品类产品在没有任何广告、营销等宣传手段支持下，能够迅速得到白领等高端人群青睐，作为一个只是地方性产品，"黄飞红"花生的成功之道颇耐人寻味。

1.产品质量是一切的根本

"黄飞红"能够吸引消费者，首先还是其产品口味的独特性。事实上大多数人也是因为好吃，味道像"水煮鱼"才被其吸引的，以及它那颇具神采飞扬的名字，在网上搜索关键词的时候，一度"黄飞红"甚至超过"黄飞鸿"。基于产品原料是黄豆、小麦、脱皮花生等，它们外观都是黄色的，所以叫"黄"。而辣椒是红色，"黄飞红"寓意是，给传统产品带来一抹红色而显得喜庆而热情洋溢。因为定位高端，黄飞红按照每盎司28到32颗的规格来选择花生，果仁色泽鲜艳，保证颗粒饱满，大小均匀。同时，选用的四川花椒和麻椒也是市场上很难买到的品种。对于原材料的筛选，从源头上进行严格的管控。专门派技术人员到进行花生筛选的工厂做监督工作。由此才保证了所生产的口味符合现代都市人的习惯。

2.精准定位是成功的保证

调味品或者菜肴的路线很窄，市场火起来的速度会很慢，而休闲食品路线无比的宽，一个点打穿打透就可以迅速爆炸。重点强调和塑造花生的休闲食品特性，处处包装这个概念，定位的创新是"黄飞红"最大的亮点。他们选择麻辣的口味正是基于川菜在中国大江南北的适应性与普遍性，认为这样的口味能够满足大多数人的需求。

3. 创意传播是成功的利器

"黄飞红"的口碑传播都是消费者的主动行为，这一点非常难能可贵。首先当然是得益于社会化网络，特别是微博在国内的热潮。但又离不开其所定位的目标消费群体：喜欢传播又具备传播能力的一个庞大人群；然后还得益于这个产品的性质，休闲食品健康、时尚的话题，正好是适合传播的话题，也是做促销的好工具。而且，这样的产品和话题，还特别对那些办公室易感人群的口味。外加"黄飞红"在传播过程中也制造了一些噱头，在黄飞红麻辣花生包装上有几行文字，告知消费者"花椒要珍藏"，可以收集起来炒菜，都是一些比较适合撬动传播的噱头。

其实即使谈到其非常规的销售方式，我们如果放在常规的语境来分析的话，那也不过是一个渠道的问题，也即"黄飞红"为自己找到了一个很好的销售渠道和赢利模式。所以我们一方面不必神化"黄飞红"，一方面也要看到其成功背后所具有的一般价值。一个企业成功以后，很多事情事后再说，似乎怎么说都对，其实，如今看"黄飞红"当初的抉择，会发现他们之所以选择这条路子，实际上也是被逼无奈，最先做推广的时候，几乎没有经销商肯接手，它们也没有超市的渠道，为此才想出通过网络的渠道来销售，后来的成功也是出乎他们的意料。从这也可以看出，企业在发展的道路上，总是会面临着许多问题和机遇，关键是如何评判和把握。倘若能够抓住身边的机遇，那么一些不利的因素，也会在瞬间转化成为有利的因素。许多区域品牌在发展的道路上，都会思考如何快速提升企业，要做的事情很多，千头万绪，往往无从下手，其实只要回归市场，回归消费者，许多事情就变得显而易见，就如"黄飞红"一样，当他们发现了自己的目标消费人群之时，便发现了属于他们自己的一片蓝海市场。

六、养生谷物——"沁州黄"

沁州黄小米，是明清两代的皇家贡米，也曾经是支援八路军抗战的救国粮。同时，沁州黄小米，还是中华民族重要的传统养生谷物。但就是这样的名米，上世纪八十年代初却面临着绝种的危险。当时"沁州黄"谷种严重退化，沁县农民几近弃种。在"沁州黄"小米集团的前身——沁州黄谷子研究协会和沁县沁州黄开发服务中心的努力下，经过保种、选育、优化、推广，"沁州黄"不仅走出了绝种的险境，而且为今天惠及全国奠定了良好的种质资源基础。

早期由于种植"沁州黄"的经济效益不好，沁县仅有千余户还在种植"沁州黄"，"沁州黄"又一次面临农户弃种的危险。时任乡党委书记的石耀武调任"沁州黄"开发服务中心担任主任，亲自带领员工走村串户，凭着对农民、对农业的熟悉和热爱，更凭着村干部和群众对他的信任，通过设置保护价激发农户积极性的大胆决策，让沁县一村村、一户户又重新种起了"沁州黄"。"沁州黄"小米集团深谙农户所难，提出"公司＋基地＋合作社＋农户"的经营模式，和村民签订订单合同，老百姓种多少公司收多少，真正改变了沁州牌沁州黄小米"米在闺中人未识"的境况。不仅让农民收入有所保障，也让全国各地更多消费者品尝到了天然纯正的"沁州黄"。

石耀武带领沁州黄开发服务中心组建公司，与中国农业科学院、山西省农业科学院谷子研究所、山西农业大学等专业院校合作，成功选育了"沁黄2号"优良品种，经省农作物品种鉴定委员会审定通过，并在全省大面积推广种植。公司确定了"公司＋农户＋基地＋标准化＋品牌"的农产品品牌经营模式，严格实施统一地块标准、统一种植品种、统一技术规程、统一配方施肥、统一订单收购的"五统一"种植管理模式，建设了谷子恒温贮藏库和具有国内先进水平的小米加工生产线，产品包装采用充氮和真空两种形式，确保了产品的安全、新鲜、洁净，同时采用信息化手段建立了产品追溯体系，对原料生产、产品加工、运输、销售等各环节实施全过程跟踪和监管。

曾经早些年，"沁州黄"被判定为通用名称之后，不仅沁县出现十几个生产"沁州黄"小米的小厂家，而且在太原、交城、天津、大连、河南等地也出现了多个生产"沁州黄"小米的厂家，一些不良厂家没有基地、也不搞科研，产品也只是一味地模仿，导致市场上"沁州黄"小米鱼龙混杂、真假难辨，严重损害并侵犯了"沁州黄"小米集团的合法权益，严重损害了"沁州黄"小米在全国消费者心目中的形象，也影响了"沁州黄"小米的健康发展。因此，"沁州黄"小米集团专门邀请品牌运营专家重新梳理品牌，重新设计产品包装，凸显"沁州黄"品牌，增加法人代表头像，用企业的诚信和董事长的人格为"沁州黄"品牌和产品担保代言。现在消费者想要购买地道的"沁州黄"小米，只要认准包装上的三个重要标志：

①"沁州"牌商标，②"中华人民共和国生态原产地保护产品"标签，③法人代表头像。

七、天生就是礼品——"好想你"

一个卖枣的品牌，叫"好想你"，近些年引起人们关注。这个特色农产品是如何运作的呢？

1. 天生就是礼品

这个透着温馨、浪漫、直白的名字大家都容易记得住。从寓意上分析，"好想你"天生带有礼品品类性质的内涵，自然成为馈赠亲朋的一个"贴切的理由"。"好想你"赞助河南电视台品牌栏目《梨园春》，随着该栏目在全国的逐渐叫响，"好想你"红枣也被消费者熟知。在销售网点选择上，火车站、飞机场、旅游景点，凡是游客出入的地方，都有"好想你"产品展示，使得"好想你"被更多的外地游客接受。随后，有邻家女孩之称的演员杨紫成为"好想你"品牌代言人，通过影视、车体、户外等各种形式进行品牌传播。

2. 河南的红名片

得到官方的认可并推广，无疑成为"好想你"品牌营销的又一大亮点。在全国两会期间，河南省委领导连续三年推广河南的特产，其中就有对河南的感情很深，怎么表达"好想你"。以前，"好想你"红枣最多是送送亲戚朋友，但自从省领导推介后，渐渐变成了河南礼品，大家觉得送外宾都不丢面子。

3. 搭航神八传播品牌

2011 年 11 月 5 日，神舟八号飞船在酒泉卫星发射中心完美升空，这次飞船飞天搭乘了特殊的乘客——"好想你"红枣种子。此次航空育种，对于加快推动全国红枣产业的发展、促进枣果产量和提高枣果品质登上新台阶，具有重大科研意义，对于"好想你"品牌美誉度更是极大的提升。

4. 商业模式：谁在卖与怎么卖

"好想你"渠道布局是：专卖店引领，电子商务、商超、流通、出口"五驾马车"并进。这是"好想你"列出的理想渠道结构模式。20 年来立下汗马功劳的品牌专卖店模式还会得到加强，因为这是企业立身安命之本，其他渠道模式也会不同程度得到加强与重视。

5.特许经销商模式的利与弊

2010 年，"好想你"特许经营（经销商）模式实现销售收入占总销售收入的
91.86%，商超模式销售占比 4.8%，直营模式销售占比 1.61%。公司的销售网络主
要由 300 多家经销商及 2 000 多家门店组成。

特许经销商在市场开发初期扮演了举足轻重的角色。前期采用经销商模式，有
利于公司对费用的把控，以及销售规模迅速扩展。然而，在经销商管理模式中，由
于经销商具有独立经营权，拥有商品的所有权（买断产品），可以多品种经营，不
受或者很少受品牌商的限制。"好想你"连锁加盟店由特许经销商负责，后者可以
自建专卖店和发展专卖店。"好想你"的赢利严重依赖特许经销商。如果经销商出
现问题，不仅影响销售，也将影响企业声誉和品牌形象。不少挂着"好想你"招牌
的加盟店同时销售其他品牌的枣制品，而且优先推荐竞品，这并不奇怪，因为竞品
的利润率高于"好想你"。对于加盟店，多赚钱才是王道。

6.文化：做大枣文章

"好想你"作为中国枣业第一股，出彩之处不仅表现在产品研发、品牌传播与
商业模式创新上，还把红枣的营销上升到文化层面，做到了对弘扬红枣产业文化的

高度引领。

"好想你"通过红枣文化的营销，实现了企业规模的不断扩大。"好想你"依托新郑红枣数千年的历史渊源，筹建了全国乃至全球第一个红枣博览中心；借助新郑18万亩百年古树和枣乡风情，连续举办了红枣文化节，典雅而有古韵的打枣仪式，与黄帝故里拜祖仪式遥相呼应，成为河南城乡游、生态游的一个特色游，结合现代化的生产车间，被文化和旅游部认定为全国观光工业示范点。

"好想你"聘请能工巧匠，把大量废弃的大肚子枣树雕塑成一座座精美的佛像，号称"万佛苑"。参观者在佛像中穿梭，仿佛进入佛门静地，忘却了烦恼。这个举动，既是对枣文化的一种延伸，也使得新郑的枣文化旅游项目增添一个吸引人的景点。

打造枣文化活动的背后，是"好想你"对于红枣文化的系统性梳理。红枣文化与"好想你"的高端化战略相得益彰，使得"好想你"的品牌知名度和忠诚度大幅提升，也促进了枣文化的传播，促进了红枣业的迅猛崛起。

八、食品界的"LV"——"卫龙"

世界上有这样一种零食，吃完一袋还想再来一袋，红遍大江南北老少皆宜，是食品界屹立不倒的网红，是很多人都吃过的——辣条。

零食网红，谈到市场面上的辣条，辣条界的巨头"卫龙"常被提起，不仅在国内，还风靡卖到国外去，成为感动老外的零食网红，就连普京也都在吃。同等的规格和质量的辣条，在国外市场却价格不菲，竟然高达12美元，折合人民币就是76元，老外都直呼快吃不起了，被称为零食界的"LV"。

出生在湖南省平江县的刘卫平只是一名高中毕业生，21岁在小县城创业起家，创立了"卫龙"食品，对于平江县来说，很多人以制作一种用大豆做成的平江豆腐干为生。1998年，大豆价格涨了两倍，很多做平江豆腐干的人难以承受成本上涨，整个县城豆腐生意陷入黑暗。同年，经营麻辣生意失败的刘卫平回到了平江县，开始从食品上准备打"翻身仗"，于是就选了面筋和辣椒，还在里面加入了糖，辣条由此诞生。

1. 果断改变、产业升级

2005年，央视相继曝光一些非法作坊的生产行为，其中包括辣条中违法添加添加剂霉克星，和肮脏不堪的生产环境。一夜之间，风靡70后—90后的辣条，被套上"垃圾食品"的臭名，辣条行业也遭受了史无前例的打击。辣条还处在风口浪尖，刘卫平就意识到：只有食品安全才能保住辣条事业。于是在别人降成本、保利润的时候，他斥巨资对工厂生产线进行升级改造，2014年，"卫龙"实现了厂房全自动化生产。

"卫龙"辣条比其他的辣条贵，是从改造那年开始的，但升价遭到了消费者的排斥。刘卫平却没有退缩，并采取一系列行动来征服消费者，通过拍摄，主动对外公开"卫龙"的生产环境，融进互联网元素，通过网红直播等进行车间直播"辣条是如何炼成的"高峰时期直播间高达20万人。消费者渐渐相信物有所值，接受"卫龙"的升价，而刘卫平借机又宣传了"卫龙"食品的质量。

"卫龙"天猫旗舰店2015年才上线，在搜索占比就已高达40%～50%，这很大程度归功于"卫龙"自己就是一个网红。卫龙能成为网红，绝非偶然。2015年10月，卫龙模仿电影《逃学威龙》拍摄了一段恶搞视频，持续不断把"辣条"和"卫龙"两个字炒火。此外"卫龙"还携手暴走漫画，这两者简直是天生一对，一堆逗比表情包横空出世，不但使"卫龙"网络搜索量迅速增加，更让其旗舰店销售量猛增。在苹果7发布的那一天，所有模仿苹果的设计里，"卫龙"算是掌握了精髓，隆重推出了"辣条7"。新款红米手机上市，"卫龙"又把自己改成了"小米风"，从冷淡灰变成了大红，小米的宣传语是"为发烧而生"，"卫龙"就改成"为辣味零食发烧友而生"。可以说，"卫龙"的每一次营销活动，都充满了话题性，可以引爆网络，让网友们自行传播，不仅效果突出，还节省了不少营销费用。一系列的努力，几年的坚持，使刘卫平成功地帮正规生产的辣条洗掉"垃圾食品"的恶名，并一手将昔日5毛钱、包装粗劣的辣条，打造成国内外公认的零食奢侈品。

2. 我们又能从卫龙辣条的成功中学到什么？

（1）反向思维、不走寻常路。辣条起源于湖南平江，自从辣条走红后，无数企业都来平江开辣条生产厂。但是，平江交通不便，而且缺乏辣条的主要原料——面粉。在别人还在平江为劳动力和原料发愁时，刘卫平却凭着劳动力和面粉这两个优势，迅速脱颖而出，从小工厂变成了大企业。

（2）有危必有机。2005年央视曝光一些非法作坊的生产行为，对于不少辣条企业来说是一记重击。无奈之下，不少企业通过各种方式压缩成本，结果，成本越压缩，辣条的质量越不过关，质量不过关，吃辣条的人也更少，然后企业再压缩成本……形成了一个恶性循环。然而，刘卫平却看到了危机中的商机。他投入大量资金，打造干净卫生的生产环境，提高辣条的质量，成功打响了卫龙这一品牌。

（3）打造优质产品。产品是企业的根本，有好产品的企业才能在激烈的竞争中存活下来。譬如格力，即便有董明珠这样的营销高手，也必须有朱江洪这样技术牛人把控产品关，才能打造出今天的格力帝国。刘卫平和他的"卫龙"就做到了通过巨额投入，从生产环境到产品外包装都重新设计打造，以优质的产品赢得了消费者的信赖。

（4）贴近消费者，做好互联网营销。好的产品，需要好的营销，好的营销，就必须贴近自己的消费者，并且善用互联网。"卫龙"辣条就是从年轻人的喜好入手，根据热点话题，针对性地进行造势。可以说，"卫龙"辣条的逆袭，除了食品本身既好吃又可靠，更因为他们擅长造势，做热点营销。

九、颠覆传统——"flowerplus花加"

在互联网加持下，鲜花电商开始利用自身的物流、供应链等优势，赋能传统鲜花模式，助其改革。

1. 降损以拉低成本，保障鲜花品质

降损的重点在物流环节，而物流的包装、设备的不足都可能引起鲜花的额外损耗。所以鲜花电商基于降损的思考，开始研制一些有效降损的包装。"flowerplus花加"为降低物理损耗，发明了环保周转箱。以此种周转箱装载鲜花，一来周转箱承压可将鲜花整体的物理损伤降到零，二来周转箱不仅可折叠使用方便，还可反复利用，这样便节省了纸箱式的耗材成本，为公司节约开支，并且更为环保，契合国家倡导的环保理念。这种环保周转箱不仅保障了鲜花品质，还能节约成本，意味着盈利空间也会扩大。而花加独立研发制造的此种既环保又实用的周转箱，在一定程度上打破了鲜花运输的降损魔咒，大规模地利用后，也推动了传统鲜花行业的发展，更进一步降低了耗损率。

2. 软硬件基建完善，一站式的供应链，精准把控全程

除了在降损方面的贡献外，鲜花电商通过物流和供应链等，也在为传统行业实现全面赋能。"flowerplus花加"采用低温冷藏运输方式，由产地经过干线运输至分布在全国的鲜花加工基地，再从基地分拨至各大快递配送站点，最后配送至消费者手中。无论是预冷处理、低温运输、存储、加工时严格精准的温度控制，还是生

产、运输、加工效率的严格要求，花加都完整把控着鲜花供应链，这样既保障了鲜花品质，也提升了鲜花的前期配送效率。另外在软硬件上，鲜花电商的物流系统和物流设备都在不断升级。"flowerplus花加"的七大鲜花加工基地，为了在技术上实施改革，引进了荷兰先进的半自动化生产线，还有沃尔沃15米高配冷藏运输车以及防震测试仪等。这样的一站式全程冷链运输让物流周期更短，而软硬件设备保障让鲜花受损程度更小甚至可为零，可谓完胜传统鲜花行业模式。

3.物流精细化布局，终端服务更完善

最后一公里一直是物流行业的痛点，而鲜花电商们在配送点上的布局也越来越完善。其鲜花直采预冷处理装箱后，便直接配送到相应的全国七大加工基地，与快递公司深度对接，获取其配送半径和地理围栏，进行最优路由分配，将鲜花订单直送到离用户最近的快递公司站点，避开了快递公司分拨中心，以减少装卸搬运次数，尽可能降低鲜花损耗。据悉一般客户从下单到收到鲜花的时间不超过36小时。正是鲜花电商通过完善软硬件基建、终端服务，提高物流效率，来完备一站式供应链，以此降低各个环节上可能会对鲜花造成损耗的概率，才能让用户更快地收到完好无缺的鲜花。可以看出，鲜花电商正在引领传统鲜花行业走向变革。

综上，"flowerplus花加"这种鲜花电商平台的物流+模式，其冷链物流的完备程度以及一站式供应链，不仅能帮助传统鲜花行业解决鲜花易受损、配送效率低下等痛点，且在品控与服务等方面的优势也值得参考和借鉴。未来，在这些头部鲜花电商的引领下，新技术和新设备将不断融入到供应链中，鲜花零售生态也将得到不断完善，从而为整个鲜花行业注入更强的生命力，并推动整个鲜花行业走向信息化、国际化的道路。

十、"中国蔬菜之乡"——山东寿光

1.基本情况

山东寿光被称为"中国蔬菜之乡"，农业产业化程度非常高，农民专业合作社、农业龙头企业、家庭农场等新型农业经营主体数量众多。2012年，山东寿光被中国人民银行确定为全国唯一试点地区，开办农产品订单融资贷款业务。试点一年就向30多家新型农业经营主体、3600多户农户发放农产品订单融资贷款9亿多元，支持订单农业生产近13万亩。

2.寿光订单农业产业链分布

寿光订单农业产业链涵盖主体众多，当地政府和人民银行出台金融、登记、合同等配套扶持制度并建立信息平台，农业生产主体（农户）与农产品需求方签订订单合同，银行机构创新贷款产品、提供农产品订单贷款支持，保险公司创新保险产品、提供农业保险和贷款保证保险，农产品需求方向相关平台提供履约信息，以山东寿光蔬菜产业集团商品交易为代表的线上线下交易机构向全国各地销售农产品。

3.农产品订单融资业务模式

山东寿光模式主要采用农产品订单银行贷款融资模式，运作机制为：

经营者持经政府部门登记的订单向银行申请贷款；银行根据生产者资信情况发放农产品订单贷款；生产者利用银行贷款生产并交付订单农产品，订单买方向履约登记平台提供生产者履约情况；生产者偿还贷款，不能按时偿还的，由保险公司代偿（有保险的）或按传统方式解决（无保险的）。

4.山东寿光模式特征

政府大力扶持。如出台《农产品订单登记管理办法》等一系列制度，建立"农

产品订单登记系统"等三个登记系统，划拨财政资金 1500 万元参与组建订单融资贷款保证基金。

金融创新力度大。金融机构参与积极性很高，当地银行出台专门制度、开办农产品订单融资贷款，人保财险公司出资 10 亿元，专门用于试点并推出贷款保证保险。

风险分担机制完善。以"贷款保证基金+保险超赔"模式实现风险分担，由政府（贷款的 1.5%）、保险机构、生产者（贷款的 1%）共同设立贷款保证基金，生产者无法偿还贷款时，由贷款保证基金偿还，不足部分由保险公司（90%）与银行（10%）共担。

第三节　阡陌解读：农产品营销的"六个一体系"

乡村振兴二十字总要求中，"产业兴旺"最为重要。乡村有什么产业？哪些产业亟待提升？当然最重要的是农产品。

乡村旅游固然好，田园综合体与特色小镇也不错，但这些项目都要依赖很强的区位优势以及自然或文化禀赋，绝大多数乡村并不适合发展乡村旅游。广大乡村依然是农业、农村、农民的"三农"综合体。在原有"三农"的概念中，农业是唯一涉及产业的概念，耕地是农业的载体，也是所有乡村共有的最基本的依赖型资源。这也就决定了，这片耕地上的农产品是所有乡村都要共同面对的产业兴旺课题。

现实中，我们看到、听到大量有关农产品滞销的新闻事件，也注意到大量特色农产品本应有广阔的市场空间，而消费端，广大消费者却对高质量的农产品翘首以盼，供给严重不足。分析供需之间的矛盾，原因相当复杂，非本文要展开论述的核心，但农产品的生产和营销，确实是阡陌智库在大量地市走访考察以及操作项目中，最为重视的一项工作。

阡陌智库对此的基本认知是：一是农产品问题不解决，乡村振兴的"产业兴旺"就无从谈起。二是农产品的生产与销售，比任何一件标准化工业产品都要复杂，需要一个科学的体系进行支撑。阡陌智库对此进行了专门研究，提出了"六个一体系"，作为考量和推进农产品发展的系统化思考维度，如图 11 所示：

一个品牌化的顶层设计

一条生态化的生产流程

一个个性化的VI体系

一组IP化的推广策略

一个电商化的销售系统

一套六产化的运作方案

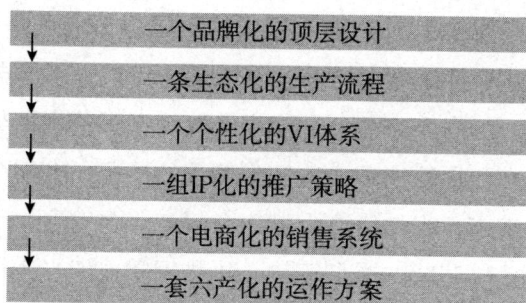

图11　"六个一体系"

一、一个品牌化的顶层设计

阡陌团队一直强调顶层设计的重要性。即首先要回答"我是谁"。这看似是一个简单的问题，但也是最难的、最容易被忽视的问题。

任何乡村的任何特色农产品，要想打出名声，提升销售收入，必须站在顶层的高度来思考自身的定位。在此方面，思考的维度包括以下内容：

1. 自身产品的优势到底是什么

要考虑产品的稀缺性（是不是你独有的）；产品的质量（如果大家都有，你是否具有品质优势）；产品的价格（如果没有品质优势，你的产量与价格是否有优势）

2. 自身产品的劣势到底是什么

自我的清醒认知，对于市场拓展会是重大利好，站在市场角度、消费端的角度来审视自己的产品，就会发现若干问题，一一分解，然后一一化解，从而将劣势最小化。

3. 外部市场的机会是什么

分析国际与国内两个市场的趋势，以及相关国家政策的走向，找到有利于自身产品发展的外部市场空间。如果你的产品与整个趋势不符，则可以立刻停止发展。

4. 外部市场的风险是什么

这就要分析你的竞争对手，既要分析同区域的不同产品发展状况，又要分析同类产品在不同区域的发展状况，做到纵向、横向、时间、空间多重研究对比，冷静分析可能存在的市场风险，并在第一时间将之化解。

如此，经过缜密分析之后，一个农产品品牌的架构才能渐渐清晰起来：它是高端产品还是应当走中低端路线？它面向国内甚至国际市场还是仅面向本区域市场？它应当是餐桌食品还是走休闲零食路线？它依靠电商平台还是走线下商超？

这些问题搞明白，一个农产品的顶层设计才算有了基本框架，然后才能实施若干具体的动作。现实中，往往出现一些本末倒置的情况，有很多反面的典型。比如阡陌智库调研的一个地市，当地盛产大桃，乡村产业要发展，所以政府要求大家扩大种桃面积，春天就搞桃花节，看似不错，热热闹闹，但当大桃丰收季节来临，大量桃子却烂在地里。根本原因，就是没有为大桃这个产品进行顶层设计，只想到了简单的传统的逻辑：扩大生产—提高销量—提升收入，却没有对同区域、不同区域的大桃市场进行调研分析，更没有确立自身的特色定位，也没想好随着产量的增加如何拓展更新的销售渠道。

二、一条生态化的生产流程

传统的农业生产流程，在乡村振兴战略的大背景下，必须进行革新。需要革新的方向有很多，其中重要一点，就是要革新传统的生产观念，注重生态化的产品打造。

传统的农业生产观念，目前仍然占据着市场的主流，依靠大量的农药化肥保证产量和规模化生产。在乡村振兴新的战略理念下，生态两个字尤其重要，它不仅是指生态宜居的环境，也包含对生态化生产的产品追求。

另外从消费端的需求来说，城市是农产品的目标客户所在地，城市人群现在需求的不是量，而是质，大家宁肯花贵一点的价钱，也想要买到绿色食品。

举两个例子，一个是正面的：阡陌智库正在服务的泰安良心谷田园综合体。良心谷利用3万多亩的丘陵荒地改造成了有机良田，种植了有机茶、有机菊花和有机粮食。良心谷的使命是要成为中国有机农业的探索者、先行者、引领者，所以它严格要求生产和加工流程，通过了全球各大检测机构的有机认证。如此大面积的有机农产品生产，在国内少见。这就是良心谷的最大独特性。它所生产的有机产品，虽然价格比同类产品贵，但因为严格的认证和纯正的味道而受到市场热捧，所以它就成功了。

另一个例子是反面的，媒体报道的某家超市，出售号称有机的蔬菜，但媒体暗访发现，这只不过是普通蔬菜假冒了有机概念而已。价格比普通蔬菜虽高出好几倍，但销售仍很好。

这一正一反的事例都说明：农产品市场上，生态化的有机或绿色安全食品，供给严重不足。要想"产业兴旺"，就要认真研判市场趋势，就要往生态化方向发展才有前途，紧抓传统思维，以产量为目标的污染食品，既不利于人们身心健康，也与市场需求不匹配。

三、一个个性化的VI体系

VI系统即视觉识别系统，它是以标志、标准字、标准色为核心展开的完整的、系统的视觉表达体系，它可以将一个产品的理念、文化、品质等抽象概念转换为具体符号，使之具有传播力和感染力，然后更快速、也更深度地被公众接受。

VI体系，在既往人们的认知中，这都是城市高档产品才有的，农产品哪有什么VI体系，也根本不需要这个，大米、面粉、水果，不就是装个袋子或盒子，上面写上产地信息就可以了。但今天的农产品，已今非昔比。人们对于VI体系的认知也已今非昔比。如果没有一个符号化的标识化的体系建设，就谈不上品牌化。

VI体系对于农产品来说，至少可以起到两方面作用：

一是价值化。对于农产品尤其是特色农产品来说，它的优质、独特性是它的价值所在，VI体系在整体视觉形象上，就给予了品质的匹配，使物品的价值通过可视化的手段予以彰显。我们常说，一看包装就知道这个东西是好是坏，其实就是产品价值的VI化。否则，一个好的产品，没有优质成熟的VI体系，很有可能导致被认为是"地摊货"，价值被低估。甚至，容易被一些不法商户假冒。

二是超价值化。VI体系经常可以起到溢价作用。一套优质的VI设计，可以最大程度地讲述产品背后的故事，故事才是产品最能打动人的核心，有故事的产品，消费者对其的价格敏感度就会相应降低，就有了溢价空间。另外，从视觉形象上看，无论是网店形象展示，还是商超柜台展示，VI体系都能起到敲门砖的作用，一眼就能打动消费者，从而产生消费的欲望。

当农产品与文创相结合时，VI体系的重要性会更加突出。比如，阡陌智库正在与安徽一家景区，联手研发设计文创产品，将景区特色、农旅内容与伴手礼结合。阡陌服务的海南琼中县畜牧美食产品，通过巧妙的VI设计，将畜牧产品（如山鸡、野猪）、产地的乡村旅游等进行打通，实现农产品与乡村旅游双丰收。阡陌还与北京"右原创生活实验室"合作，联手制作了"柿柿如意中秋包袱"，通过手工柿染的包裹和内置的精巧设计，将柿子与当地精品特产结合，使中秋礼品不再是枯燥无味的月饼礼盒，而是变得更有情趣和特色。阡陌还正在与张家口原生态的蜂蜜产品合作，通过VI体系的设计、包装的改进使之更加人性化，更能彰显来自大山深处"父亲的温暖"，并借助新媒体的手段进行故事化的传播。

四、一组IP化的推广策略

有了好的产品，还得有好的推广策略。在今天流行的推广方式中，IP化是重要的一个方面，所以是"六个一体系"中的一个重要支撑。

社会对于IP的解释有很多，我们可以将它简化，在这里就可以简单地理解为爆点营销、有影响力的事件、有噱头的故事等。

一方面，在今天这样的注意力经济时代，必须采取IP化的推广策略，好的产品才会有好的曝光与营销效果，才不至于被更多声音"淹没"。另一方面，乡村农产品具有IP化推广的天然优势，即乡村故事有很多可以讲述的空间。如农产品的种植故事、老农民的田园故事、农产品的生态环境、村庄背后的历史文化，等等。此外，活动是塑造IP的常用手法，即通过一场活动，形成事件化营销，放大传播声量，带动相关农产品的销售。如果很多基层政府或企业对IP这个概念感觉不太容易理解的话，就可以简单地拿身边的"XX节"举例。比如某种水果是当地特产，水果采摘季，很多地方都会搞节庆活动。这就是一种IP化的活动，只不过这种方式相对比较传统而已，我们也可以理解为最原始的一种IP化活动。

我们为什么说是一组IP化的推广策略，因为推广和营销，不是一朝一夕能够完成的，更不是由某一个单体事件来完成的，所以应当是一组，它涉及每年重磅的IP活动策划，也包括日常化的持续性的IP营销。

另外还要注意一个问题，那就是IP策划的目的，归根结底是要做IP传播的。策划的创意再好，没有好的传播手段和渠道，那创意也会大打折扣。就拿一个简单的水果节举例，创意再好，活动环节设计再有趣味，如果不懂得媒体的运作，尤其不熟悉自媒体、新媒体的运作的话，就会事倍功半。

五、一个电商化的销售系统

传统的农产品，销售也是传统的，主要靠线下完成，包括批发商的收货、菜贩子进货、赶大集卖货等。如今，电商已成为一个农民不得不掌握的销售工具。那么对于一个区域的产业来说，也就要建立电商化的销售系统。

阡陌智库团队曾为菏泽产业电商服务，为当地产业电商的龙头企业天华集团梳理了产业架构，确立了中国产业电商引领者的战略定位与特色模式。在这个过程中，我们看到听到了大量电商故事，也见证了产业电商的巨大能量。可以说，没有电商系统的支撑，任何一个行业都无法与今天的市场真正接轨。

农产品的电商系统是一个很专业的设计，并非上网开个账号这么简单。一是你要熟悉电商的营销规律，掌握方法和技巧，这与线下的操作截然不同。二是你要熟悉各大电商平台的运作机制和合作机制，找到最适合自己产品的合作平台。

六、一套"六产"化的运作方案

"六产"这个词儿有点奇特,所谓1+2+3,或$1 \times 2 \times 3$,都等于6。它反映的就是一二三产的高度融合。在新的市场背景下,农业已不再是单一的"一产"的范畴,而是可以延展到"二产",并与"三产"产生大量关联的产业。

阡陌智库认为,今天的市场,无论是乡村业务还是非乡村业务,都将而且正在呈现出两跨的趋势:一是跨界,对乡村振兴来说,种植、旅游、教育、文创、科技等,正在快速地融为一体,以前的割裂式的社会分工关系正在被颠覆。二是"跨产业链",各产业链之间的边界越来越模糊,还拿阡陌服务的良心谷田园综合体来说,3万亩有机种植是传统的"一产",综合体里还有国际标准的加工车间,这是传统意义上的"二产",菊花开了搞采摘节,这成了旅游观光和农事体验,这叫"三产"。那整个田园综合体算是一产二产还是三产?标准答案,可能也只能用"六产"来界定。

所以,农业产业要想兴旺,不能再是单纯地依赖传统的种地,要将很多环节打通,这就要求有一套完整的体系,按照"六产"的概念进行设计,分环节、分步骤逐一落实执行。"六产"化的操作可以视为一门实践科学,做得越多体会越多经验越多,然后就可以根据经验来不断修正既定的"六产"化体系,使之不断完善成熟。

■ 小结

以上"六个一"体系,每个"一"都是一个独立的子体系,涉及农产品发展的某一重要方面,同时,六个子体系叠加在一起,又构成一个大的整体体系。任何一个地方的农业发展,无论是地方政府或主导企业,谁能够科学建立并深度执行这套体系,则是区域之幸。

这里还要强调两点:

一是要确立全流程营销的理念。这是阡陌智库一直以来都强调的观念,也是基于上述跨界与跨产业链的基本认知,我们认为,营销将是未来各行业深入骨髓的发展动力。为什么叫全流程营销,就是说从顶层设计开始,就要有营销的思维,一直贯穿产品销售的全部过程。在传统的思维模式中,生产与营销是割裂的,营销只是一个任务单元、一个单一的步骤,生产流程结束后才可能开始营销。而现在,项目初始就要考虑营销，怎样定位才可能达到更佳营销效果，这都是顶层设计尤为关注的内容。即便生产流程中，也随时可以穿插营销任务，比如一个CSA（社区支持农业）项目，种植、采摘这些都是生产流程，但都可以植入营销的好戏。

此外，阡陌智库团队认为，营销是由营和销组成的，营更侧重于传播效应，营造和影响舆论及评价，销更侧重于销售效果，让东西卖出去。所以，全流程营销既是一种理念，也是对结果负责的一种目标导向的方法论。

二是要与专业团队合作。谁都知道农业复杂，不仅是难做，而且涉及体系和环节众多，涉及的专业知识领域也很庞大。因此，任何一个地方政府或农业企业，都要强化合作或借力意识，在种植、营销、电商、文创、旅游等相应环节与相应的专业团队建立战略合作。通过与专业团队的合作，提升产业的运营效果。

为此，围绕以上"六个一体系"和联合体平台资源，阡陌智库发起了一项名为"香村行动"的计划，目的就是让中国优质农产品叫得更响，吃得更香，最终实现GPCB（政府＋农户＋消费者＋企业）四方共同受益（图12）。

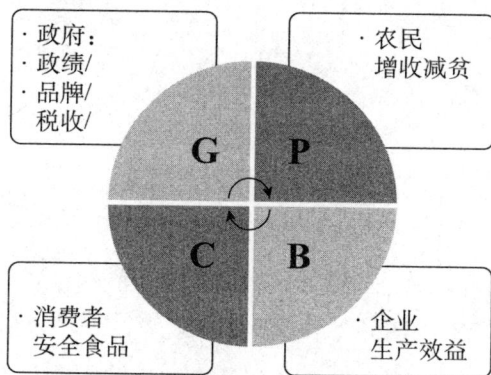

图12 "香村行动"四方受益

第三章 DISANZHANG
TIANYUAN ZONGHETI

田园综合体

第一节　模式分析

一、田园综合体的顶层设计

1. 田园综合体设计原则。

（1）多规合一原则。进行田园综合体设计并不是简单地规划布局，而是需要了

解乡村的生态环境、经济发展以及社会因素等，进行多规合一设计，需要满足国家政策中关于产业、文化，以及发展模式等方面提出的新要求，充分体现特色和创新，包括特色产业融合、特色文化旅游、土地开发模式创新和生态利用模式创新等。这就要求田园综合体的规划必须体现城镇规划和国民经济和社会发展规划、土地利用规划、旅游规划、生态规划、文保规划等多种规划的衔接（图 13）。

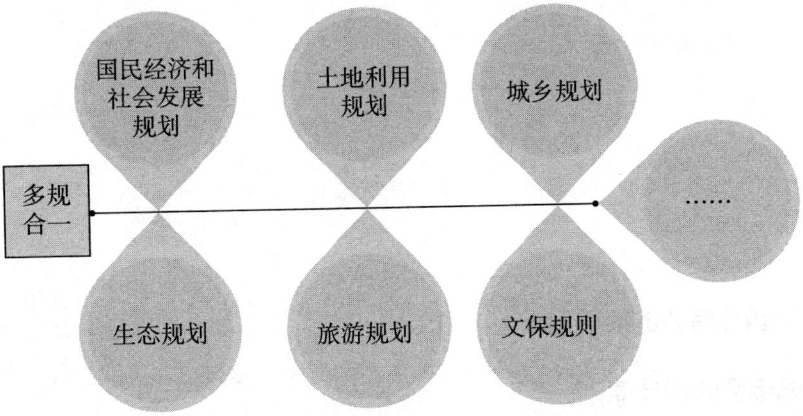

图 13　田园综合体多规合一示意图

（2）心理诉求主导原则。在大城市里工作生活的人深受高工作量、高压力等因素的影响，对自然田园具有强烈向往的情感倾向。田园综合体设计时需要贴合消费者的心灵诉求，通过对田园综合体特色的塑造，创造出许多独特的乡村空间，使人们在其中体验时产生更多的新的感受，促进他们增加对乡村区域性人文、历史等方面知识的认知，自然而然地融入到地域性的文化生活中去。

（3）符号性原则。做田园综合体项目的规划设计应突出其符号性。随着现代社会的发展，人们的文化修养和文化需求在不断提升与发展，那些具有明显地域特征的景物是引起人们关注的重点，能在众多景区中吸引人们的注意力。因而在规划设计中，应当展现地域性的景观及文化特征，精心地塑造乡村生活的原真性，使得田园综合体具有符号性。

（4）保护性改造原则。田园综合体设计的首要前提，就是围绕原有的自然景观，对自然环境进行保护性改造、构建人与自然的和谐关系。在具体规划过程中，则要重点保护乡村原始资源，尊重原始的山水骨架，保护乡土自然植物的特性，最大限度不改变农田生产本来的性质，在这个基础上再进行开发，从而确保乡村景观资源的多样性。

乡土文化的再营造和传承越来越受到人们的推崇。乡村空间承载的不仅仅是乡土文化具体的使用功能，还表达出一种文化的情怀及生活生产方式。很多独有的人文景观资源，比如一些具有历史意义的建筑、民间艺术、民俗文化以及一些不可复制的历史文化遗产等都需要进行保护。

2. 田园综合体设计表达方法

（1）田园生活空间的还原与标志性建筑的塑造。乡村田园空间的功能具有多样性与复合性，与城市空间的单一性不同，在乡村中，每一个具体的空间都有很多不同的功能性及文化内涵。乡村聚落是乡村生活的空间载体，不同的生活方式缔造了不同的生活空间。田园生活的意义在于文化的传承和满足人们内心的需求，因此生活空间的还原以及在其基础上的改造升级，会激发出富有内涵的乡村文化生活，成为吸引城市游客的乡村旅游核心资源。

田园综合体对标志性建筑的塑造应展现田园综合体的特征，整体的建筑风貌应体现地域特色和田园特色。在设计前期，应充分了解当地的特色文化，利用历史建筑改造成现代功能的空间，形成新旧生活空间的对比，实现真正意义上的旧与新、过去与现在之间的对话联接。

（2）再现乡土环境与文化基因的传承。乡村自然条件优越，具有传统的田园风光和乡村特色，因此田园综合体的规划设计应以自然生态资源为基础，要把生态环境优势及潜力扩大，强化自然生态保护，对主要的生态功能区、水系植被进行规划性保护，同时进行生态修复工作，实现自然生态保护和旅游开发同步的生态型旅游开发模式。

在我国广大的农村地区存有数量众多的传统村落，有很多是经过了数百年甚至上千年的历史沧桑遗留下来的宝贵财富，建筑及村落形式记忆了传统的文化脉络，是在长期的历史发展进程中逐渐成形的，具有相对的成熟度和合理性。因此在对传统民居的研究与挖掘的基础上进行规划设计，提取有历史意义的建筑元素，并进行升级改造，形成有文化基因的新型建筑，是对传统文化价值的有力提升。

（3）新型产业的植入与现代功能板块的组合。

田园综合体相比传统乡村旅游，不是传统的单一产业，需要由单一产业向一二三产业联动发展，从单一产品到综合休闲度假产品开发升级，从传统住宅向田园体验度假、养老养生等为一体的休闲综合地产的土地开发模式升级。

因此，在规划设计中，需要在原有的村落空间中加入现代农业生产空间、居民生活空间、游客游憩空间、生态涵养发展空间等功能版块，并进行组合，在各部分之间建立一种相互依存的关系，从而形成一个多功能、高效率、复杂而统一的田园综合体（图14）。

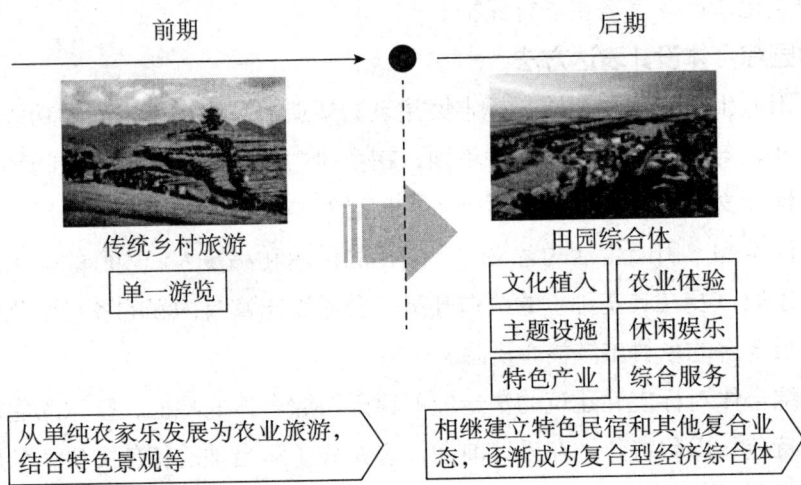

图14 田园综合体的产业升级

二、田园综合体的立项

1.功能定位准确

基础条件：围绕有基础、有优势、有特色、有规模、有潜力的乡村和农业产业；发展路径：按照农田田园化、产业融合化、城乡一体化的发展路径；开发单元：以自然村落、特色农业片区为开发单元；全盘考虑：全域统筹开发，全面完善基础设施。突出农业：突出农业为基础的产业融合、辐射带动等主体功能，具备循环农业、创意农业、农事体验一体化发展的基础和前景。集体组织：明确农村集体组织在建设田园综合体中的功能定位，充分发挥其在开发集体资源、发展集体经济、服务集体成员等方面的作用。

2.基础条件较优

发展潜力：区域范围内农业基础设施较为完备，农村特色优势产业基础较好，区位条件优越，核心区集中连片，发展潜力较大；资金投入：已自筹资金投入较大且有持续投入能力，建设规划能积极引入先进生产要素和社会资本，发展思路清晰；农民组织：农民合作组织比较健全，规模经营显著，龙头企业带动力强，与村集体组织、农民及农民合作社建立了比较密切的利益联结机制。

3. 生态环境友好

绿色环保：能落实绿色发展理念，保留青山绿水，积极推进山水田林湖整体保护、综合治理，践行看得见山、望得到水、记得住乡愁的生产生活方式。清洁治理：农业清洁生产基础较好，农业环境突出问题得到有效治理。

4. 政策措施有力

政府支持：地方政府积极性高，在用地保障、财政扶持、金融服务、科技创新应用、人才支撑等方面有明确举措，水、电、路、网络等基础设施完备。主体清晰：建设主体清晰，管理方式创新，搭建了政府引导、市场主导的建设格局。用地保障：积极在田园综合体建设用地保障机制等方面作出探索，为产业发展和田园综合体建设提供条件。

5. 投融资机制明确

社会资本：积极创新财政投入使用方式，探索推广政府和社会资本合作，综合考虑运用先建后补、贴息、以奖代补、担保补贴、风险补偿金等，撬动金融和社会资本投向田园综合体建设。金融机构：鼓励各类金融机构加大金融支持田园综合体建设力度，积极统筹各渠道支农资金支持田园综合体建设。严控债务：严控政府债务风险和村级组织债务风险，不新增债务负担。

6. 带动作用显著

共建共享：以农村集体组织、农民合作社为主要载体，组织引导农民参与建设管理，保障原住农民的参与权和受益权，实现田园综合体的共建共享。通过构建股份合作、财政资金股权量化等模式，创新农民利益共享机制，让农民分享产业增值收益。

7. 运行管理顺畅

运营模式：根据当地主导产业规划和新型经营主体发展培育水平，因地制宜探索田园综合体的建设模式和运营管理模式。多方合作：可采取村集体组织、合作组织、龙头企业等共同参与建设田园综合体，盘活存量资源、调动各方积极性，通过创新机制激发田园综合体建设和运行内生动力。

三、田园综合体的拿地

1. 集体建设用地

集体建设用地是田园综合体的重要承载形式。集体建设用地，又叫乡（镇）村建设用地或农村集体土地建设用地，是指乡（镇）村集体经济组织和农村个人投资或集资，进行各项非农业建设所使用的土地。集体建设用地分为三大类：宅基地、公益性公共设施用地和经营性用地。

在国有建设用地一级市场中，政府既是管理者，又是组织实施者，并代表全民享有土地收益权。而在集体建设用地一级市场中，政府仅仅是管理服务机构，享有土地所有权的农民集体才是组织实施者并享有土地收益。

2. 土地流转

（1）土地流转带来价值重估。有权威报告指出，从土地资源的角度来看，一方面，土地流转将明显提升耕地价值，土地资源价值必将被重估；另一方面，在土地流转持续推进背景下，耕地租金增速会高于过去。作为土地改革的核心，农地流转给二级市场最直接的机会来自于土地价值的重估。

（2）规模化经营成为现实。土地流转本质是推进土地要素的市场化，其作用能有效改善土地资源配置效率，进一步激活农业剩余劳动力的转移，为农业规模化、集约化、高效化经营提供广阔空间。

（3）农民将因土地流转奔小康。土地的产业结构得以优化，效率得以提升，农民有了更多的选择，不再背井离乡，实现奔小康将成为可能。

全面打造田园综合体与土地流转的具体关系：

（1）盘活农村闲置资产包括土地资源和其他资源。田园综合体以农业为依托来进行综合打造，发展休闲农业和各种旅游，会带来大量的社会资本注入农村市场，一个不可回避的问题就是土地问题，要想打造田园综合体没有土地行不通，田园综合体的打造势必会带动当地土地的规模流转，影响当地的土地流转价格，使土地流转进入新常态。

（2）相应扶持政策助力农村土地流转。当前我国正处在农业供给侧结构改革的关键时期，打造田园综合体有利于我国农业供给侧结构改革，有利于着力发展农村新产业新业态，促进三产深度融合，实现农业的全环节升级、全链条升值，国家势必会制定相应的优惠政策，吸引社会资本投身到田园综合体的综合打造中，也势必会有更多的农村土地流转入市，从而吸引更多的人从事土地流转相关工作，解决就业压力。

（3）推动农业产业化发展。把土地流转与农业产业结构调整有机结合起来，促进土地流转和土地规模化经营，促进资源的合理配置，推动农业产业化发展，有利于提高土地的利用率，培育各类农业主体，培养种粮大户和职业化农民。

（4）规范土地流转市场。土地直接或间接流转到外来投资者手中，是很多地方打造田园综合体的重要环节，规模化的土地流转有利于完善服务体系，强化流转服务平台建设，建立开放、竞争、公平、有序、规范的土地流转市场，完善流转机制。

（5）盘活农村闲置房屋。闲置民居变成了乡村酒店，荒山变成了度假村，水塘变成了垂钓园，农田变成了观光采摘园，而这些项目主要是通过土地流转实现的。

（6）完善土地流转市场。田园综合体的打造过程复杂，势必会导致不少土地纠纷，而这些土地纠纷，对于土地流转市场和土地流转相应法律法规的完善提供了现实依据。

规范土地流转价格。现在土地流转价格基本都是农民要价，主要依据也是地块本身的优越条件和当地的土地流转价格来定价，价格没有统一的标准。田园综合体的全面打造，解决了土地流转分散，无法流转的难题，也为当地土地流转市场提供了一个相对合理的参考价格。

四、田园综合体的国家申报

国家和各省、市、区对于田园综合体都有明确的政策扶持，向上级部门申报田园综合体项目，需遵照有关规定执行。

1. 申报时间

（1）国家级田园综合体申报时间。按照国家部委官方文件执行。

（2）省级田园综合体申报时间。按照各省财政厅文件执行。

2. 田园综合体申报认定流程

总体规划→市、省初选→实地评估→竞争答辩→项目公示→项目评议→批复立项（如图15所示）。

总体规划 → 市省初选 → 实地评估 → 竞争答辩 → 项目公示 → 项目评议 → 批复立项

图15 田园综合体申报流程

3. 申报部门

（1）国家级田园综合体。财政部农业司、国家农业综合开发办公室

（2）省级田园综合体。财政厅农业综合开发办公室

4. 申报条件

无论国家级还是省级田园综合体必须符合七个条件才能准予立项。

（1）功能定位准确。围绕有基础、有优势、有特色、有规模、有潜力的乡村和产业，按照农田田园化、产业融合化、城乡一体化的发展路径，以自然村落、特色片区为开发单元，全域统筹开发，全面完善基础设施。突出农业为基础的产业融合、辐射带动等主体功能，具备循环农业、创意农业、农事体验一体化发展的基础和前景。明确农村集体组织在建设田园综合体中的功能定位，充分发挥其在开发集体资源、发展集体经济、服务集体成员等方面的作用。

（2）基础条件较优。区域范围内农业基础设施较为完备，农村特色优势产业基础较好，区位条件优越，核心区集中连片，发展潜力较大。已自筹资金投入较大且有持续投入能力，建设规划能积极引入先进生产要素和社会资本，发展思路清晰。农民合作组织比较健全，规模经营显著，龙头企业带动力强，与村集体组织、农民及农民合作社建立了比较密切的利益联结机制。

（3）生态环境友好。能落实绿色发展理念，保留青山绿水，积极推进山、水、田、林、湖整体保护及综合治理，践行看得见山、望得到水、记得住乡愁的生产生活方式。农业清洁生产基础较好，农业环境突出问题得到有效治理。

（4）政策措施有力。地方政府积极性高，在用地保障、财政扶持、金融服务、科技创新应用、人才支撑等方面有明确举措，水、电、路、网络等基础设施完备。建设主体清晰，管理方式创新，搭建了政府引导、市场主导的建设格局。积极在田园综合体建设用地保障机制等方面作出探索，为产业发展和田园综合体建设提供条件。

（5）投融资机制明确。积极创新财政投入使用方式，探索推广政府和社会资本合作，综合考虑运用先建后补、贴息、以奖代补、担保补贴、风险补偿金等，撬动金融和社会资本投向田园综合体建设。鼓励各类金融机构加大金融支持田园综合体建设力度，积极统筹各渠道支农资金支持田园综合体建设。严控政府债务风险和村级组织债务风险，不新增债务负担。

（6）带动作用显著。以农村集体组织、农民合作社为主要载体，组织引导农民参与建设管理，保障原住农民的参与权和受益权，实现田园综合体的共建共享。通过构建股份合作、财政资金股权量化等模式，创新农民利益共享机制，让农民分享产业增值收益。

（7）运行管理顺畅。根据当地主导产业规划和新型经营主体发展培育水平，因地制宜探索田园综合体的建设模式和运营管理模式。可采取村集体组织、合作组织、龙头企业等共同参与建设田园综合体，盘活存量资源、调动各方积极性，通过创新机制激发田园综合体建设和运行内生动力。

5. 重点解析

（1）开展田园综合体建设项目的目的。旨在提升农村基础设施和发展农业产业，是一项前所未有的新事情，不能强迫农民流转土地，必须保证农民的根本利益，确保农民参与和受益，带动农民持续稳定增收，让农民充分分享发展成果和获得感，这就要求合作社充分参与。坚持以农为本，以保护耕地为前提，要保持农村田园风光，让人们从中感到农业是充满希望的现代产业、农民是令人羡慕的体面职业、农村是宜居宜业宜游的美好家园。

（2）不予立项的九类情况：

①未突出以农为本。

②项目布局和业态发展上与农业未能有机融合。

③以非农业产业为主导产业。

④不符合产业发展政策。

⑤资源环境承载能力较差。

⑥违反国家土地管理使用相关法律法规。

⑦违规进行房地产开发和私人庄园会所建设。

⑧乡、村举债搞建设。

⑨存在大拆大建、盲目铺摊子等情况。

五、田园综合体的投资

田园综合体的主要参与者包括地方政府、乡村社区及城里人，他们对田园综合体的需求各不相同，又相互联系。从地方政府的角度来看，田园综合体可以帮助农村居民就业、推进城乡统筹、撬动区域产业升级；从乡村社区的角度来看，田园综合体可以实现社区脱贫致富、营建美丽乡村、复兴乡村活力；从城里人来看，田园综合体可以带给他们休闲愉悦的体验、找到心灵的归宿、提供投资创业的机会。因此，满足不同参与主体的需求做为投资田园综合体的出发点。

1. 投资基本逻辑及策略

田园综合体投资的基本逻辑在于首先打好基础，企业承接农业，避免实力弱小的农户短期导向行为，做中长期产业规划，以农业产业园区发展的方法提升农业产业，尤其是发展现代农业，形成当地社会的基础性产业；在夯实基础的情况下，找准驱动力，规划打造新兴驱动性产业——综合旅游业，促进社会经济发展；在基础产业和新兴驱动性产业发展起来后，当地的社会经济活动就会发生大的改变，该地区就可以开展人居环境建设，为原住民、新住民、游客这三类人群营造新型乡村、小镇，形成社区群，最终形成一个新的社区。

在投资策略安排上来看，要注意以下几点：第一，要做好前期规划，构建支撑产业体系，必须坚持规划先行；第二，引进社会资本，创新项目融资模式；第三，引进先进管理方法，提高农业休闲质量，加强田园＋农村的基础设施建设及配套设施建设；第四，创新主体间的合作模式，妥善处理政府、农民和企业三者间的关系，发挥三者主体作用，形成建设合力；第五，盘活土地资源，提高土地利用质量。

2. 投融资模式

（1）政策性资金运用。田园综合体在投资建设中可以申请政策性补贴及政策性贷款，主要包括国家专项建设基金、政策性银行贷款、旅游政策性补贴，此类资金成本很低，是理想的建设资金来源，但是要注意申报需要满足一定的条件，相关部门要积极做好申报准备。

（2）PPP融资模式。PPP合作模式具有强融资属性，金融机构与社会资本在PPP项目的合同约定范围内，参与PPP的投资运作，最终通过股权转让的方式，在田园综合体建成后，退出股权实现收益。社会资本与金融机构参与PPP项目的方式也可以是直接对PPP项目提供资金，最后获得资金的收益。

（3）产业基金。田园综合体在导入产业时，往往需要产业基金做支撑，包括政府背景产业基金、VC/PE机构背景型产业基金、产业背景产业基金。根据产业基金的背景，可以产生不同的产业促进效果，田园综合体应根据实际情况及发展需求选择合作的产业基金。

（4）融资租赁。田园综合体项目开发的实际运作中，项目建设方可通过管网、机器设备等的租赁，解决项目建设初期的资金问题。除了这些设施、设备的常规租赁对象，田园综合体内的酒店、民宿的建设也可以采用融资租赁的方式。

（5）银行/信托贷款。银行贷款是田园综合体内项目的传统资金来源，主要以田园综合体内的资产作抵押，用于基础设施建设、经营性项目建设等方面。主要为（项目）固定资产贷款。除了银行贷款，还可以利用信托贷款，信托的抵押物更加灵活多元，限制更少，放款的速度比银行更快，企业在报表上的处理方式更灵活。

（6）供应链金融。供应链融资是把供应链上的核心企业及其相关的上下游配套企业作为一个整体，解决了上下游企业融资难、担保难的问题，而且通过打通上下游融资瓶颈，还可以降低供应链条融资成本，提高核心企业及配套企业的竞争力。在田园综合体融资中，可以运用供应链融资模式的主要是应收账款质押、核心企业担保、票据融资、保理业务等。

3. 投融资模式

田园综合体以农村集体、农民合作社为主要载体，组织引导农民参与建设管理，保障原住农民的参与权和受益权，共建共享。构建股份合作、财政资金股权量化等模式，让农民分享产业增值收益。

在利益分配上，农民可以在田园综合体的建设中以农村土地入股村集体公司和乡村运营平台，定期分红，还可以成为新建企业的员工获取劳动报酬，或者通过土地及地上附着物的出让获取一次性补偿。企业、村集体、平台公司，在实现完整业态后，能通过产业经营获取经营性收入，例如酒店、民宿社区配套等，还可以通过产业的打造带动周边土地升值，获取更大收益。

4. 投资运营模式

（1）片区开发模式。坚持以政府投入为主进行基础设施建设，引导农民根据市场需求结合当地优势，集中连片开发现代观光农业及各种农业休闲观光项目，供城市居民到农业观光园区参观、休闲与娱乐。

（2）产业带动模式。休闲农园首先生产特色农产品，形成自己的品牌。然后通过休闲农业这个平台，吸引城市消费者来购买，从而拉动产业的发展。在这类园区中，游客除了餐饮旅游，还会带回土特产品。

（3）科普教育模式。主要类型有农业科技教育基地、观光休闲教育、少儿教育农业基地、农业博览园。农业科技园区作为联结科教单位科研成果与生产实际的重要纽带，为农业科技成果的展示和产业孵化提供了实现的舞台。

（4）民俗风情旅游模式。民俗风情旅游模式即以农村风土人情、民俗文化为旅游吸引物，充分突出农耕文化、乡土文化和民俗文化特色，开发农耕展示、民间技艺、时令民俗、节庆活动、民间歌舞等休闲旅游活动，增加乡村旅游的文化内涵。主要类型有农耕文化型、民俗文化型、乡土文化型、民族文化型。

（5）田园养老模式。随着乡村旅游的火热及我国老龄化情况日益严重，乡村田园养老度假成为一种新的养老模式。乡村田园养老以农业休闲为主体，利用乡村特殊的自然养生条件及富有乡韵、利于康复身心的人文环境，与生态休闲、农业旅游、森林度假等相结合，开创出一种集田园生态休闲、乡村健康饮食养生、农耕劳作体验、乡村社区生活于一体的新型养老模式。

（6）休闲农场或观光农园模式。随着城市进程的加快和城市居民生活水平的提高。城市居民已不满足于简单的逛公园休闲方式，而是寻求一些回归自然、返璞归真的生活方式。利用节假日到郊区去体验现代农业的风貌、参与农业劳作和进行垂钓、休闲娱乐等现实需求，对农业观光和休闲的社会需求日益上升，使我国众多农

业科技园区由单一的生产示范功能，逐渐转变为兼有休闲和观光等多项功能的农业园区。

六、田园综合体的功能分区

以下分析田园综合体的几大功能分区以及建设重点。

1. 农业生产区是大田园农业生产空间

定位：生产性主要功能部分，为综合体发展和运行提供产业支撑和发展动力的核心区域。功能：农业生产区主要从事种植养殖的生产活动，具有调节田园综合体微型气候、增加休闲空间的作用。选址：通常选在田间水利设施完善、田地平整肥沃、水利设施配套、田间道路畅通的区域。规划：结合我国特色农产品区域布局规划，遴选合适的种养品种，形成自己的特色农业生产内容。农业生产片区的规划要有规模效应，能最大化地尊重场地肌理，满足农作物四季种植的要求；尽量满足机械化种植的需求，同时考虑机耕道的要求与四季产业的耕作规划。让游人认识农业生产全过程，在参与农事活动中充分体验农业生产的乐趣。还可以开展生态农业示范、农业科普教育示范、农业科技示范、市民/团体认种田等项目。

2. 农业景观区是吸引人气、提升财气的核心田园空间

定位：吸引人流、提升土地价值的关键，以田园景观、农业生产和优质农产品为基础的主题观光区域。功能：农业景观区是以农村田园景观、农业生产活动和特色农产品为休闲吸引物，开发不同特色的主题观光活动的区域。要素：利用当地资源环境开发特色园圃等农事景观，让游客观看绿色景观，亲近自然。此外现代农业设施、农业生产过程、农产品展示等也是构成农业特色景观的要素。规划：核心景观片区的规划布局要突出的是景观主题，规划主体性景观及特殊的游览方式（线路、节点），依托观赏型农田、名优瓜果园、观赏苗木、花卉展示区、湿地风光区、山水风光区等自然景观区，使游人身临其境的感受田园风光和体会田园乡村休闲农业的魅力。

3. 现代农业产业园区是农业产业链现代化延伸

定位：以农业产业园区的方式发展现代化农业，实现农业现代化和规模化经营。功能：农业产业园主要从事种养殖生产，及农产品加工、推介、销售，农产品研发等，形成完整的产业链，一般面积较大。农业产业园是田园综合体形成的基础。规划：现代农业产业园区应发展循环农业、设施农业、特色农业、无土农业、外向型农业、休闲农业、创意农业等新型农业，发展生物工程技术。现代农业产业园区可包括现代农业产业园、现代农业科技园、现代农业创业园等。现代农业产业园以生产为主，也可包含部分农业科普教育及现代农业观光的内容。

4. 生活居住区是城镇化得以实现的核心承载片区

定位：城镇化主要功能部分，农民、工人、旅行者等人口相对集中的居住生活区域。功能：生活居住区是田园综合体迈向新型城镇化结构的重要支撑。农民在田园综合体平台上参与农业生产劳动、休闲项目经营，承担相应的分工，又生活于其中，不搬迁异地居住。规划：重点考量由于田园综合体各要素的延伸，带动休闲产业发展，形成以农业为基础，休闲为支撑的综合产业平台，通过产业融合与产业聚集，引导人员聚集，形成当地农民社区化居住生活、产业工人聚集居住生活、外来休闲旅游居住生活等三类人口相对集中的居住生活区域，从而形成了依托田园综合体的新人口聚集区，构建了乡村的人口基础。

5. 农业科普教育及农事体验区是承载农业文化内涵与教育功能重要区域

规划：可划出专门的区域，设置现代农业博物馆、现代农业示范区、传统农业体验区、动植物园、环境自然教育公园、市民农场、创意农业展示区等。上述园区均与休闲游憩体验相结合。其中传统农业体验区有乡野田园风光、传统农业生产活动、手工作坊、农家生活和习俗等，可利用保留的古村落。

6. 乡镇休闲及乡村度假区是满足游客农业创意活动的休闲空间

定位：创意农业休闲片区是游人能够深入体验农业创意的特色生活空间。功能：满足客源各种需求，使城乡居民能够更深入的体验乡村风情活动，享受休闲创意农业带来的生活乐趣。规划：主要利用乡村的山地、森林、溪流、水库、湖泊、湿地、居民点及乡村文化等，开展各种各样的户外活动及娱乐活动，如登山、徒步、山地自行车、漂流、野营、垂钓、划船、园艺、拓展、CS 及各种文化娱乐活动。可设立专门的乡村自然游憩公园及户外运动公园。有条件的地区可建乡村度假村，包括乡村文化民宿、乡村酒店、小木屋、别墅、农业庄园等。农业庄园应体现"崇尚自然、高端文化、优雅生活、独立空间"的特点。乡村度假村应满足人们回归自然，归隐田园的需求。

7. 产城一体服务配套区是提供服务、保障的核心区域

功能：产城一体服务配套区是田园综合体必须具备的配套支撑功能区，为综合体各项功能和组织运行提供服务和保障的功能区域。创新规划理念：田园综合体同样可以在关注农业基础、关注农民利益的基础上，发展衍生特色产业，延伸产业链，打造多元产业融合。可发展的产业要具有农业及区域文化相关性，如旅游产业、文化创意产业、养生养老产业、农业相关文化地产业等，并可发展一些新兴产业，如互联网农业、体育产业、影视产业、科教产业等。

七、田园综合体的规划

田园综合体开发不是普通农业旅游空间规划，而是生产生活娱乐"人本"空间的构建。

1. 设计过程中注意四大转型思路

功能转型：从简单的农作物生产功能到集生产、加工、销售、展示为一体的复合功能。模式转型：从农业模式转成农业＋的模式。产业转型：从农业产业链转变为综合的产业链，产业链从生产端向体验端转移。价值转型：从早期的田园产出不高到拓展新的价值空间，实现经济价值、生态价值和生活价值。

2. 在规划层面保障六大设计要点

（1）生态的保护、修复与重塑。对农田、水域、山林、村庄、道路、景点等进

行系统梳理，保护自然、山、水、田园的基本格架及乡土风貌，保护和修复生态系统，重塑田园生态景观。

（2）创造具有地域特色的景观。对地域的文脉、地脉进行深入挖掘，创造具有地域特色的自然和文化景观，特别是水景观、植被景观、建筑风貌景观和风景道、绿道、创造意境、美化环境。形成地域鲜明的旅游景观形象。

（3）"和谐"型自然田园社区。科学地布局建筑道路和城镇设施，将田园与建筑、城镇设施融合，建筑与山石、水体、植被、田园共同构筑自然美，环境美，建设人与自然、人与田园十分和谐的田园社区。实现田园即社区，社区即田园。

（4）农业及自然景观专业设计。景观节点，景观轴、景观区域的专业设计。

（5）"人本"型田园活动空间。提供人们自然的、舒适的生产、生活、游憩的室外空间，激发人的朝气和探索精神。

（6）乡土文化时空双维度衍生。将乡土文化，区域文化、历史文化、游憩文化等融入其中。

3. 规划四大产业体系

核心产业：以特色农产品和园区为载体的农业生产和农业休闲活动；支撑产业：直接支持休闲农产品的研发、加工、推介和促销的企业群及金融、媒体等企业；配套产业：为创意农业提供良好的环境和氛围的产业群，如旅游、餐饮、酒吧、娱乐、培训、田园地产等；衍生产业：以特色农产品和文化创意成果为要素投入的其他产业群。

4. 产业延伸与互动模式设计

前期规划需要将各产业进行融合、渗透，拓展田园综合体的产业链，形成以市场为导向，以农村的生产、生活、生态为资源，将农产品与文化、休闲度假、艺术创意相结合，以提升现代农业的价值与产值，创造出优质农产品，拓展农村消费市场和旅游市场。休闲农业具有高文化品位、高科技性、高附加值、高融合性，是现代农业发展的重点，是现代农业发展演变的新趋势。

通过各个产业的相互渗透融合，把休闲娱乐、养生度假、文化艺术、农业技术、农副产品、农耕活动等有机结合起来，能够拓展现代农业原有的研发、生产、加工、销售产业链。

在休闲农业产业体系中，一二三产业互融互动，传统产业和现代产业有效嫁接，文化与科技紧密融合，传统的功能单一的农业及加工食用的农产品成为现代休闲产品的载体，发挥着引领新型消费潮流的多种功能，开辟了新市场，拓展了新的价值空间，产业价值的乘数效应十分显著。

八、田园综合体的建设

目前，我国的田园综合体发展仅仅处于初级阶段，除少数地区和项目探索出了一些成功的发展经验外，绝大部分田园综合体项目处于初级阶段，产业链延伸的空间十分有限，基本上围绕着主要农产品的观赏、品尝、休闲、购买等，仍须充分挖掘各种农业、农村资源，包括历史、文化、风俗习惯等，实践一村一品，从而实现三产融合、三生一体（图16）。

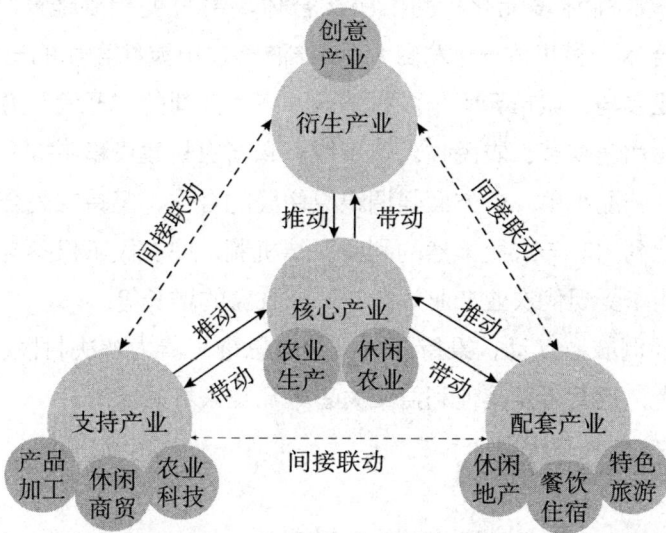

图16　田园综合体的产业规划

1. 田园综合体建设必须具备三大特色。

（1）田园产业功能复合性。

伪田园综合体：种植+加工+销售+采摘；真田园综合体：农、工、商、游一二三产业联动。产业经济结构多元化，由单一产业向一二三产业联动发展，从单一产品到综合休闲度假产品开发升级，从传统住宅到田园体验度假、养老养生等为一体的休闲综合地产的土地开发模式升级。

在一定的地域空间内，将现代农业生产空间、居民生活空间、游客游憩空间、生态涵养发展空间等功能版块进行组合，并在各部分间建立一种相互依存、相互裨益的能动关系，从而形成一个多功能、高效率、复杂而统一的田园综合体。而现代农业无疑是田园综合体可持续发展的核心驱动。

（2）开发运营空间园区化。伪田园综合体：耕地区＋采摘区＋农家乐；真田园综合体：农业核心区＋支持配套＋衍生产业区。田园综合体作为原住民、新移民、游客的共同活动空间，在充分考虑原住民的收入持续增收的同时，还要保证外来客群源源不断地输入，既要有相对完善的内外部交通条件，又要有充裕的开发空间和有吸引力的田园景观和文化等。

田园综合体做成的方式、选址方式、产业之间关联度、项目内容如何共存、要有并行；运营模式、物质循环、产品关联度、品牌形象都需要考虑。

（3）参与核心主体多元化。伪田园综合体：单一变相搞地产/单调自主农家乐；真田园综合体：村集体＋开发商＋政府＋游客。田园综合体的出发点是主张以一种可以让企业参与、城市元素与乡村结合、多方共建的"开发"方式，创新城乡发展，促进产业加速变革、农民收入稳步增长和新农村建设稳步推进，重塑中国乡村的美丽田园、美丽小镇。一方面强调跟原住民的合作，坚持农民合作社的主体地位，农民合作社利用其与农民天然的利益联结机制，使农民不仅参与田园综合体的建设过程，还能享受现代农业产业效益、资产收益的增长等。

另一方面强调城乡互动，秉持开放、共建思维，着力解决村民、游客、政府、投资者、开发者、运营者及其他利益相关者等几类人群的需求。

九、田园综合体的营销引爆

1.田园综合体中有 5 个关键词和 8 个引爆点：

（1）田园综合体的 5 个关键词。

田园综合体是集现代农业、休闲旅游、田园社区为一体的特色小镇和乡村综合发展模式。

5 个关键词是主要载体：农民合作社（以农为主）；六大支撑体系：生产体系（夯实基础）、产业体系（突出特色）、经营体系（创业创新）、生态体系（绿色发展）、服务体系（完善功能）、运行体系（形成合力）；发展路径：农田田园化、产业融合化、城乡一体化；试点立项条件：功能定位准确、基础条件较优、生态环境友好、政策措施有力、投融资机制明确、带动作用显著、运行管理顺畅等；组成部分：景观吸引核、休闲聚集区、农业生产区、居住发展带、社区配套网。

（2）田园综合体的 8 个引爆点。

①让建筑重拾魅力，老建筑的修缮与新建筑的创新。对老建筑进行修缮，尊重每一件老物，它们是生命，也是艺术品。新建筑的创新：特色农产市集、主题餐饮、原乡民宿、牛栏咖啡屋、香蜂面包坊、竹苑书屋等多种业态的创意集市，形成一个别具一格的田园小村落市集。

通过传承保护型，创新新建型，挖掘改造型三种形式完成。具有典型乡土建筑遗存的古村落，以保护性修缮为根本，对原有乡村聚落环境进行整体性活态化保护。内容包括了街巷形态与格局、地貌遗迹、古文化遗址、乡土建筑等，并在此基础之上进一步完善村庄道路、水系、基础配套设施，按照修旧如旧的原则，提升乡村整体文化形象，对古村落进行合理保护、利用开发。地理位置偏远、自然灾害频发或基础设施过于落后的乡村地区，在完善住房、交通、卫生、垃圾处理等公共服务设施的基础上，实现乡村人居环境及其面貌全面提升。在村落风貌、布局设计中将乡土文化融入之中；在建筑样式、色彩、肌理等方面要有创新；在民居、乡村景观等设计方面，注重传统乡土文化传承，尊重传统生活习性。对于乡村建设中"千村一面"问题的村庄，要充分挖掘地域乡土文化本质与内涵，结合被改造村落现状进行合理规划改造设计，将村落规划布局、民居形态、乡土景观、产业布局等问题进行整体考虑。将乡土元素与符号结合整体村落历史风貌进行表现（图 17）。

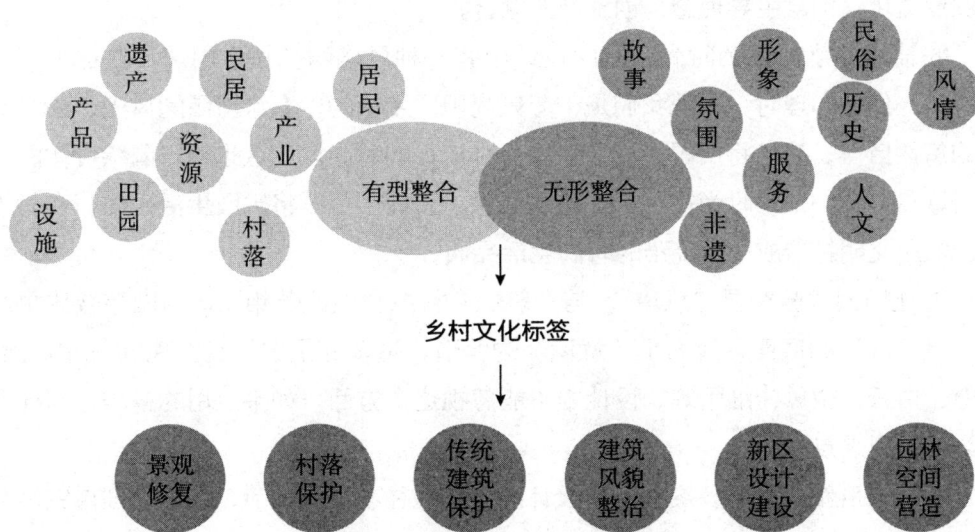

图 17 田园综合体的文化标签

②让农田成为景观。农村风光逐渐成为一种城市中稀缺的自然景观，人们渴望的田野风光在乡村里随处可见，农田通过设计和搭配，在较大的空间上形成美丽的景观，使得农业的生产性与审美性相结合，成为生产、生活、生态三者的有机结合体。农田景观创意：花田景观、梯田景观、农田艺术图案、农田艺术作品、科技创意、农田节庆等。

③让所在地乡村文化聚集IP效应。乡村文化景观不仅具有使用价值，且见证了先民改造自然的尝试和努力，印记了乡村的兴衰荣辱和沧桑变化，从而成为具有历史价值、文化价值、科学价值和教育意义的实物见证。挖掘所在地最有特色的文化，将其打造成IP，成为引爆点。

④让农事成为娱乐体验。体验经济在近几年一直持续上涨，田园生活与乡村生活最大的本质区别就是对于农事的生活态度，田园生活追寻农事的悠然自得。将陶渊明"采菊东篱下，悠然见南山"的悠闲和超脱通过农事体验展现出来，让农民觉得有幸福感，有强烈的获得感，同时让游客在体验之外能满足自己的"田园梦"。

⑤让创意农业吸金。创意农业是以创意生产为核心，以农产品附加值为目标，指导人们将农业的产前、产中和产后诸多环节连结为完整的产业链条，将农产品与文化、艺术创意结合，使其产生更高的附加值，以实现资源优化配置的一种新型的农业经营方式。创意农业类型：创意农业产品、创意农业景观、创意农业饮食、创意农业文化、创意主导理念、创意产业融合。

⑥让田园生活成为时尚。室内设计中有一种风格叫乡村田园风，在这个层面上解读人们的心理时，发现我们是十分崇尚田园生活的。喜欢田园的风光，喜欢田园的悠然自得。如何将田园景观打造成一种流行的时尚风，这也是田园综合体的一个引爆点。我们认为时尚往往象征着高品质，设计中可以将田园生活乐趣、乡村人文、农业文明打造成一种高雅的时尚生活品质。

⑦让田园体验突显"意境"。与一般的农村综合性改革相比，田园综合体更注重的是"魂"的层面，致力于"意境"的营造，更多的是依靠自然现象——日出、晚霞、白云、微风、细雨等。设计中不能忽视这个方面，如果运用的精准，同样会成为一个引爆点。

⑧让景观细节加分。突显一个设计的品质往往看景观细节，细节处理得完美会给原本理念还不错的设计本身加分。景观细节：道路景观、水渠景观、田埂景观、挡土墙景观、标识景观、景观小品、动植物景观、铺装景观、栅栏景观等。

十、田园综合体的农旅融合

田园综合体是融合农业与旅游业的重要载体，更是打造和实现田园旅游的重要载体。

1. 旅附农型

这种类型的前提条件是农业产值本身特别高。例如，高端有机农业、精品水果等。我们知道自从人类实现工业化后，宏观格局上农业整体产值不如工业，从欧美到中国都实行农业补贴保护政策。但局部微观上，有些农业园的纯农业产值依然较高。例如欧美引进，近年兴起于中国大城市的CSA农场（社区支持农业），种植质优价高的有机蔬菜，直供城市高端人群。因本身产值不错，所以有的CSA农场在远郊或不具备风景旅游条件的地区拿下低价土地，搞有机农业种植，照样能取得不逊于休闲农业业态的收益。而条件稍好的CSA农场也能顺带搞点"亲子游"之类旅游业态作为补充，这就是典型"旅因农附"型。

2. 农辅旅型

最典型的是南方丘陵山区，一般耕地少而分散，但山地植被与空气环境好。这种地方开发乡村旅游，往往农业会成为旅游的辅助产业。比如强调"花色"、强调"采摘"，强调不同季节能变换不同品种供游客观赏采摘等。例如：某乡村地区，因油菜花收到游客欢迎，就干脆把其它主流作物都改种油菜——进一步又规划出画海的创意造型种植。这纯粹是从旅游价值考虑，而不是比较不同农作物本身产值的结果。

3. 综合发展型

此类型出现在大面积的现代农业园区（一般都在5000亩以上）中，园区一般是综合业态：有农业科研、农业物流、农业深加工、高效农业种植、农业旅游等。

4. 农旅合一型

农业与旅游相结合，相互扶持相互促进。典型的例子为北京的蟹岛农庄。蟹岛总结出一条"前店后园"模式，实质就是典型农旅互动、农旅合一模式。所谓"前店"，实际就是面向游客的业态，所谓"后园"实际上就是农业种植。在经营上，后店的初级农产品就是前店游客的食材原料、后店的农业加工产品在前店包装成礼盒销售给市民游客，两者实现了高度互动。

5.农旅融合的 100 个盈利点

（1）餐饮盈利

①特色早茶。如水煮花生、煨芋头、煨红薯、石灰池泡蛋、现制豆浆、手工米粉、甜酒等。

②农家饭菜。农庄的主要餐饮方式，可以将农家饭菜与酒店菜肴相结合，满足客人不同需求。

③特色预订。比如烤全羊、三鞭药膳等，有的特色菜可以常备，有的可以要求预订。

④宴会接待。交通比较便利的可以承接生日宴、聚会宴、会议宴、培训宴等同时用餐人数较多的宴会。

⑤自助烧烤。既可作为吸引游客的游乐项目，又是一项特色餐饮服务。

⑥特色外卖。比如现场制作的烤鸭、臭豆腐、麻辣香干等。

（2）住宿盈利

①乡村别墅。如近水独栋休闲别墅。

②标准客房。按照一般标准建设的楼层套间。

③青年旅馆。按照国际青年旅馆模式建设的、适合旅游爱好者的旅馆。

④露营基地。提供大规格的帐篷出租。

⑤特色住宿。如人工窑洞、石屋、架在树上的鸟巢屋、木船旅馆、迷你微型别墅、茅草居等。

⑥其他服务。如钟点房、午夜房、包月房等。

（3）加工盈利

①自酿谷酒。最好用大坛封装，上贴红纸，小瓶装的贴上自制的土标签，取名"某某家酒"，根据实际情况还可造黄酒、甜酒、米酒、南瓜酒、地瓜酒、葡萄酒等。

②熏制腊味。如腊肠、腊鸡、腊鸭、腊鱼、腊兔等。

③泡菜系列。如腌辣椒、腌萝卜、腌黄瓜、腌茄子等。

④干菜系列。如笋干、豆角干、紫苏干、剁辣椒、萝卜干等。

⑤粮油系列。如大米加工、大豆加工、红薯加工、玉米加工等。

（4）康乐休闲盈利

①乡村茶馆。茶艺表演、茶水服务、茶叶茶具出售，有茶叶基地的还可以组织游客采茶、制茶。

②乡村KTV。以大包厢为主，平时也可作为聚会、培训、会议用。

③乡村酒吧。面积不需要很大，关键要精致。也可做成以轻音乐为主、比较安静的清吧。

④花园足浴。微风吹来，花香沁鼻，在大自然中享受足浴。

⑤草坪瑜伽。有辅导老师，可采取会员制，游客也可临时参与体验。

⑥乡村温泉。将传统的澡堂、桑拿改造成温泉形式。

⑦乡村高尔夫练习场。占地比较小，可采取会员制。

⑧乡村马术俱乐部。会员制的马术俱乐部，也可以是简单的骑马游玩项目。

⑨拓展训练基地。需要与专业户外拓展训练机构合作，以保证稳定的团体消费

⑩短程亲水漂流。适合儿童的短程安全浅水漂流，重在亲水体验。

⑪乡村游泳池。一种为天然浴场，对河滩进行改造而成；一种为人工修建的游泳池。

⑫狩猎场。可依据地形，选择封闭性较好的窝地喂养动物，依法开展狩猎活动。

（5）游乐盈利

①水上运动系列。如水上步行球、水上飞机、水上滑道、情侣脚踏船、水上摩托艇等。

②山地运动系列。如滑草、竹林迷宫、攀崖、速降、山地自行车等。

③场馆游乐系列。如水族馆、旋转秋千、旋转木马、碰碰车、神奇古堡、动感影院等。

④空中游乐系列。如空中单轨列车、空中自行车、大荡船、飞碟。

⑤有奖游乐系列。如射击、趣味寻宝、有奖猜谜、动漫世界等。

（6）体验盈利

①私家菜园。将土地分成小块，围成菜园，出租给城市居民，也可由小区业主联合租地建立业主庄园。

②果蔬茶采摘。游客自己动手采摘生态瓜果蔬菜，高于市场价出售。

③钓鱼捕鱼。多种形式的鱼乐项目，包括钓鱼、抓鱼、捞鱼、捕鱼、钓虾、钓鳖、抓螃蟹等。

（7）产业盈利

①特种养殖。如养鹿、养孔雀、养狐狸、养野猪、养蜂等。

②有机果蔬。如农家小菜、反季节蔬菜、葡萄、梨子、板栗、莲藕等。

③农副产品加工。如红薯粉丝、茶籽油、环保竹篮、草鞋、干花等。

④药材茶叶。签约成为药材基地或茶叶基地，利用基地形成特色。

⑤花卉苗木。既是对乡村的美化绿化，同时可通过苗圃销售花卉苗木、盆景树桩。

⑥天然矿泉水。如果有好的矿泉水资源，开发成瓶装或桶装水。

⑦野菜野果。人工种植野菜野果，包括蘑菇生产，可内部消化，也可加工包装成商品推向市场。

（8）服务盈利

①会议中心。现在有很多部门和单位的会议放到农庄去开，会议中心的规模视情况而定。

②展览中心。可与会议中心办在一起，主要承办艺术收藏品展览，也可只展示农耕文化。

③婚纱摄影基地。利用乡村的自然风光，加上一些爱情婚庆主题元素，可开设

婚纱馆。

④旅游纪念品商场。最好建成古朴风情小街，包括老字号工艺品店和特色小吃。

⑤土特产超市。如果申请了屠宰证，还可现场屠宰生猪。

⑥交通服务中心。包括内部电动游览车和通往市区的班线车。

⑦医疗保健服务中心。在基本医疗的基础上开设其他特色保健服务。

⑧通讯及其它公共服务。如商务中心、预订机票、代客租车等。

（9）手工制作盈利

①风筝制作。提供材料，游客可自己动手制作，在田野上放风筝是很开心的事情。

②手工棉被。手工弹棉花具有很强的观赏性，同时现场预订棉被绝对放心。

③竹艺编织。竹艺编织材料易取，成品可现场作为实用工艺品销售。

④陶艺制作。与陶泥亲密接触，欣赏一下自己的作品。

⑤女红针线。适合女游客参与的如做手工鞋垫、编织手套、刺绣等。

⑥其他体验。各类手工工艺均可，甚至包括参与建土房木屋。

（10）集体活动盈利

①集体婚礼。与妇联、媒体、婚介等联合举行中式集体婚礼。

②交友派对。与团委、媒体、户外俱乐部等联合举行交友派对活动。

③夏令营。与学校、媒体、公益社团等联合举办夏令营或冬令营。

④纪念林植树活动。古树名木认养、纪念果林、企业形象林。

⑤农民趣味运动会。展示农耕文化，邀请企业、媒体和游客参与。

⑥其他节庆活动。如泼水节、重阳节、圣诞节、情人节等。

（11）艺术类盈利

①收藏展馆。建立艺术家创作基地，展示出售各类收藏品、艺术品。

②工艺品趣味拍卖。可以由游客亲手制作并现场参加趣味拍卖。

③根雕盆景。取材乡间，由园艺师现场指导创作，作品可带回家。

④窗花剪纸。材料普通，初学简单，具有浓郁的乡土气息。

（12）地产盈利

①乡村别墅。如取得建设用地，可建设连片乡村别墅。

②幸福公寓。适合城里老人下乡定居或度假，可租可售。

③老字号商业街。如果规模大，交通便利，可考虑建商业街。

④双语国际幼儿园。在风景优美的乡村中让孩子健康成长，档次要高。

⑤武术培训基地。武术培训不仅可以赢利，还具有表演参观的特性。

⑥艺术家创作基地。主要是画家、作家、雕刻家等选择乡村潜心创作。

（13）技术盈利

①珍稀观赏鱼繁殖推广。如中华鲟、娃娃鱼、锦鲤等。

②优质种苗培植推广。如优质油茶、红豆杉、兰花等。

③宠物繁殖训导。如狐狸、荷兰猪、藏獒、观赏龟等。

④有机肥料生产推广。为周边种植大户服务。

⑤无公害养殖垫料推广。为周边养殖大户服务。

⑥大棚温室推广。大棚建设、温室育苗、沼气工程等。

（14）表演盈利

①绝活表演。民间绝活表演，可在节庆期间推出。

②农家动物表演。经过训导的农家动物，如小猪跳水等。

③传统艺术表演。如魔术杂技、皮影戏、拉西洋景、踩高跷等。

④演出团体。民俗风情表演，可参加文艺调演和商业演出。

（15）教育盈利

①农科教中心。争取政府支持，建成农科教培训中心。

②青少年特长假日培训班。节假日青少年可前往体验学习各类特长。

③市民大学。类似老年大学，市民可报名学习武术、舞蹈、烹调等。

④幼儿教育。开设双语幼儿园，实行寄宿制，面向城市招生。

（16）管理盈利

①专业合作社。联合周边农村农民成立相应的专业合作社，统一品牌，统一管理。

②品牌连锁和委托管理。将自己成熟的项目输出、复制、连锁，或者兼并、托管。

（17）广告盈利

①酒水供应商广告。酒水供应商在自己的农庄设置广告。

②当地房产广告。当地房产商在农庄设置户外广告。

③其它旅游景区广告。周边旅游景区在农庄设置广告牌。

④农庄消费指南折页广告，定期编印的农庄快报上刊登相关广告。

⑤企业形象林。当地知名企业在农庄内建立纪念林，立企业形象石。

⑥主题活动。举办各类主题活动冠名、协办招商。

（18）其他盈利

①封闭性较好、游乐项目多、景点丰富的综合体可经批准收取门票或销售最低消费套票。

②规模较大的综合体可以规划工业用地，招商发展无污染工业，也可提供厂房合作或出租。

③种植业为主的综合体可以推出农机服务，同时满足周边农村的需求。

④具有科研技术实力的综合体可以申请承担相关科研实验项目，如湿地保护与研究等。

第二节　实操案例

一、五夫镇田园综合体：打造"养生型"新村社区

五夫镇位于福建省武夷山市东南部，镇域面积 175.75 平方公里。距离武夷山国家旅游度假区、国家风景名胜区 45 公里，距武夷山市区 61 公里。五夫村位于五夫镇镇区南部，联合五夫村周边 10 个村庄，形成了"五夫田园"的规划范围。

五夫田园综合体项目总投资 10 亿元，其中申请国家级"田园综合体"专项资金 3 亿元，项目带动整合企业自筹和社会资金 7 亿元。

该综合体的规划思路与定位是：以科学发展观为指导，坚持城乡一体化，围绕示范区总体主题定位，实施特色农业开发理念，抓住"养生文化"这个核心，按照"一心一轴五区"的产业空间结构，建设"养生型"新村社区，构建养生文化、茶产业和莲产业三大海峡两岸合作交流平台，以田园、茶莲、民居、文化等为载体，开发养生系列项目，拓展和丰富大武夷旅游产品，融入海峡旅游线路，打造与大武夷山水旅游相协调、相呼应的文化意蕴深厚的养生农园和深度游憩目的地，逐步形成集生产、加工、休闲旅游、养生文化等多业态复合型农村一二三产业融合的典型示范。

该综合体致力于全面高标准建设观赏型、生态型、记忆型农业；全面提升完善农产品生产、销售等仓储、物流网络项目建设；全面提高农业科技、特色农业种植水平；创新建设农民技术培训机制；全面增强村集体经济活力，打造"清新福建""美丽武夷""悠闲五夫"，最终建成集循环农业、创意农业、农事体验于一体

的国家级田园综合体。主题打造朱子文化观光研究基地、武夷理学修学交流核心区、台海莲茶产业合作示范基地、养生型新村改革试验示范区、海峡旅游观光的重要节点、大武夷养生游憩目的地。

通过"一心一轴五区"的规划与建设，"五夫田园"的产业形态不仅具有传统的茶叶和白莲种植业以及简单的加工业，还逐渐发展出茶叶和莲产品的精深加工，以及与旅游业相关的休闲农业和养生农业，作为补充和连接大武夷旅游业的新亮点，同时结合生态循环及"互联网+"等理念，打造出生态农业、信息农业等业态。

多种业态充分发挥和扩展了农业的生产和生态功能，同时培育了农业的景观、文化、美学、休闲游憩功能，体现了"农业资源集约利用程度高、产业链条完整、农业多功能性明显、示范带动作用较强"的多业态复合型农村产业融合类型特点。五夫镇田园综合体案例体现出了种植、加工、休闲多个方面相互交叉形成的多业态复合型产业融合模式。

二、泰安"良心谷"：以良心推动特色农业发展

自 2013 年起，在山东省泰安新泰市，一家叫做"良心谷"的万亩有机产业园，就开始呈现在世人面前。这处有机产业园涵盖石莱镇、岳家庄乡、放城镇三镇九村，是集有机名茶种植加工、有机粮种植加工、技术研发、生态养殖、休闲旅游于一体，"三产"高度融合的现代生态农业示范园。

园区拟投资 5 亿元，规划面积 44250 亩。其中包含有机茶园 12000 亩、泰皇菊种植区 5000 亩、薰衣草种植区 5000 亩、石井贡米 20000 亩、小三峡旅游区 1500 亩、旅游集散中心酒店等 400 亩、旅游配套设施 350 亩。

1.定义品质极致化，着力供给侧改革

（1）产品品质极致。园区现有面积 25000 余亩，栽植有 14 种无性繁育有机名茶、泰皇菊、小米、花生、大豆等。

所有作物种植、生产流程完全按照国际有机认证标准进行，不施化肥、农药，套种大豆连秧粉碎后拌上有机粪发酵施肥；采取太阳能杀虫灯、黄蓝板等生物防治措施解决病虫害，产品达到绝对有机。

所有产品均已通过世界上最严苛的瑞士 SGS481 农残检测，并且是国内唯一同时获得中国、欧盟、美国、日本有机认证的产业园区。

（2）配套设施高端。配套建设茶叶加工厂、茶叶研究院开展精品制茶、茶叶研

究。茶叶加工厂按照传统建筑风格设计建造，以食药生产标准进行茶叶的生产加工，达到无尘、零污染。采用世界上最先进的智能型自动化生产线，是目前我国智能化、自动化程度最高的茶叶加工车间。

（3）产业模式新颖。公司以有机产业为基础，以花为媒，形成以旅游带动人流，进行有机产品生活体验式消费的模式，完成线下吸粉，线上线下互动的品牌宣传通路。园区将成为集特色有机农业种植、生态度假旅游、有机农产品深加工为一体的农业全产业链集群，集团成为国内领先国际一流的有机农产品企业。

2. 致富思源，义利兼顾，十年扶贫报桑梓

山东泰茶农业发展有限公司注册地为新泰市石莱镇北官庄村，这是山东省泰安市市级建档贫困村，也是山东泰茶农业发展有限公司董事长刘孝平的家乡。自2005 年开始，刘孝平就开始了 11 年的回报之旅：参与希望工程、女童救助工程，共救助贫困学生 42 名，其中 34 人已经完成学业；每年购买年货，慰问 60 岁以上老人；为贫困村民支付新农合医疗款；先后拿出近 20 万元，将 6 条主要街道、1条生产路硬化。2013 年成立山东泰茶农业发展有限公司，投资建设良心谷万亩有机茶产业基地，并以此为依托走产业扶贫的道路。项目建设前期，土地整村流转连片发展，把茶园交给农户划区管理，农民收取土地租金、茶园管理费，每亩地每年收入 2600 元左右，受惠农户达 5000 余户；项目建设后期，农民以土地入股，实现村民变股民。基地的基础设施项目建设、基地管护等工作，可提供直接就业岗位4000 余个；采茶季雇用临时工 14000 余人，每年直接带动农户户均增收 1.7 万元。在产业带动的同时，还主动承担起园区周边的扶贫任务，对园区内 13 个村 625 户贫困户进行扶贫帮扶；对无劳动能力的贫困户提供最低生活保障；对贫困学生给予资助；设立"良心谷基金"，加大帮扶范围及帮扶力度。在政府指导及公司帮助下2016 年北官庄村实现全面脱贫。

3. 建设最美乡村，打造全国模范型田园综合体项目

园区由香港贝尔高林设计院规划设计，按照"江北茶乡、生态有机、现代农庄"的思路，以北方"茶文化"为主线，生产"有机茶"、发展"特色游"，打造全国最大的"有机茶基地"、4A 级现代农业休闲观光旅游区。

园区建有游客接待中心、茶文化展示中心、茶博园、休闲垂钓、茶文化演艺广场、泳池、观光平台等旅游设施建设。预计今年可实现销售收入 1.5 亿元，其中旅游收入 800 万元。项目全部建设完成后，将新增就业岗位 1 万余个，年接待游客

30 万人次，综合收入将达到 18 亿元，利税 3.4 亿元，实现经济、社会效益共同增加。以良心谷万亩有机产业基地为基础申报的"新泰市石莱有机茶业小镇"入围山东省 2017 年第二批特色小镇创建名单。

三、朱家林田园综合体：生态艺术社区融合产业典范

2017 年以来，山东省临沂市沂南县崖堤镇朱家林村牢固树立"三生三美，共建共享"发展理念，以生态为资源、以文创为催化、以旅游为纽带，建设了朱家林生态艺术社区及 10 余处农旅融合产业项目，初步形成以乡村旅游、休闲农业为特色的产业集群片区，让原本贫困的山村焕发出勃勃生机。主要采取了以下措施：

1. 坚持保护优先，激活乡村旅游资源。

朱家林在发展中最大限度地保留原住民的生产、生活场景，激活乡村生态、人文资源，营造"依山傍水入林，天人融于田间"的理想田园，实现生态空间山清水秀、生产空间集约高效、生活空间宜居适度，最终实现农村生产美、生活美、生态美的目标。农村原始的生产生活方式被完好保留，农民在生产生活中多年积淀的建筑、木工、手工、烹饪、文艺等传统技艺、个人特长均成为乡村旅游的潜在资源，原住民本身构成乡村生活体验的灵魂所在。在生态治理上，以原生植被保护、山体植被修复、绿色技术推广、传统村落美化为重点，努力实现"荒山绿化、乡村美化、农田优化、水系景化"的美景。

2. 促进融合发展，夯实乡村产业根基

朱家林把发展乡村旅游和创意农业作为产业定位，充分发挥旅游综合带动功能，以创意核心区乡村旅游产业为引领，优化空间布局，融合文创、农业、康养、体育、研学等多产业要素，着力打造核心村精品民宿街、朴门农场以及莓林苑、布拉格香草集市、天河本草园、村庄都市、蚕宝宝家庭农场、沂蒙大妮循环农业示范园等农旅融合产业项目，招商引资柿子岭乡伴理想村，渔乐高湖垂钓小镇等重点乡村旅游建设项目，构筑强化乡村振兴产业支撑。

3. 借助筑巢引凤，打造乡村双创洼地

以政府为主导进行水、电、路、网等基础设施配套，建设创客公寓、田园客厅等创客创业服务设施，出台鼓励创业创新的 8 条政策吸引人才下乡，打造创业环境、营造创业氛围。目前已吸引山东燕筑、山东水墨华清、美丽乡村研究院、郑州果树研究所、乡伴文旅等各类创客、文创团队 18 家。同时，调动挖掘乡村工匠、

老手艺人、老农人的潜在价值，提供展示空间，将传统乡村技艺、乡村文艺、乡村美食等自有资源，在乡村人的参与下激活重生，转化为乡村旅游发展的价值要素。

4. 突出共建共享，搭建致富平台

朱家林以国有乡建发展有限公司为平台，将闲置的农村土地、山林、房屋等资源盘活利用，以利益联结机制为纽带，以产业为依托，形成政府、开发公司、创客、合作社、农民多主体参与的发展格局，村集体、村民闲置资产实行"三权分离"，所有权仍归村集体或村民所有，由合作社入股乡建公司，获取房屋土地租金和项目分红；经营权归乡建公司统一运作，引进经营户和创客对闲置旧房进行改造或运营，在个性化设计的同时保留浓郁的乡村气息，使村庄的田园、树木、道路、房屋、乡风、民俗等都成为旅游开发的元素。农民不再被搬迁、被边缘化，而是成为项目的参与者、建设者、受益者，由被动带入变为主动融入，参与乡村建设、旅游发展、农产加工、手工制作、农家乐经营、民宿改造等，实现共建共享。

四、"花香漓渚"：高端花木农业带动全域旅游

2017年，浙江省绍兴市漓渚镇"花香漓渚"田园综合体项目顺利通过财政部

的申报答辩，成功入围全国首批 15 个国家田园综合体试点项目名单。

按照"政府引导、市场主体、农民受益"的总体要求，"花香漓渚"田园综合体依托当地主打的苗木花卉产业，融合特色村落、传统文化，在产业支撑、多元投入、主体培育、土地利用、基层治理、公共服务等 6 个方面开展积极探索，着力建设"农业主导产业培育、兰花综合交易集散、农业科技支撑、农业新型主体培育、村集体经济发展壮大"等 10 个方面的试点内容。

漓渚镇现有 6 个花卉专业村、4 万余亩花木基地、10 多个信息服务社和花卉专业合作社组织、250 多家花卉企业、10 多家国家城市园林绿化工程企业，形成绿化苗木、盆景树桩、造型苗木、名优兰花等 8 大系列 2900 个品种的花木，苗木种植与外出苗木销售、绿化工程承包的产业联动。

未来，漓渚镇计划通过三年努力，建成以高端花木农业为主导产业，集循环农业、创意农业、农事体验于一体的田园综合体，打响花木集群看漓渚、高端兰花看漓渚、全域美丽看漓渚三张金名片，在三产融合上走出新路子，将"花香漓渚"田园综合体打造成全国田园综合体建设的样本。

1. 着力做好"三个千亩"文章 为全国打造田园综合体样本

"花香漓渚"田园综合体核心区为漓渚镇棠棣村、棠一村、棠二村、六峰村、红星村和九板桥村等 6 个行政村，总面积 16.7 平方公里。项目将以现有的农业资源、产业基础、特色村落、传统文化为依托，着力做好千亩花市、千亩花田、千亩花苑"三个千亩"的文章，全力打造绍兴农文旅深度融合的示范标杆。

田园综合体建设并不是传统意义上的乡村建设，也不是单纯的农村园区开发，而是以农民合作社为重要载体，实现三产深度融合，推动农业、农村发展的新模式。在打造"花香漓渚"田园综合体项目的过程中，漓渚综合利用兰花经济、美丽乡村、乡村治理等优势条件，坚持以产业提升为核心，花市建设为龙头，村级壮大为重点，做大花卉市场，推动传统产业提档升级；做精兰花培育基地，实施优势产业提升内涵；做好四季花海鲜果，培育新兴产业提质增效，补足现有花木产业集群发展相对滞后、村级集体经济相对薄弱、土地资源要素凸显等短板。

漓渚将加快土地流转进度、抓紧推进花市提档升级，积极引进农文旅类等项目，通过几年建设，将"花香漓渚"建成休闲农业集群发展区、宜业宜居宜游美丽新家园、品质型高效生态农业样板区、高水平建成全面小康社会的示范区等为一体的田园综合体，从而将"花香漓渚"田园综合体打造成全国田园综合体建设的浙江样本。

2.致力打造三张"金名片"让花农成为最终受益者

"花香漓渚"田园综合体试点建设将围绕"政府引导、市场主体、农民受益"的总体要求，围绕花市、花田、花苑等三大项目的建设，致力打造"花木集群看漓渚""高端兰花看漓渚""全域美丽看漓渚"三张"金名片"，最终实现"花木增效、花农增收、农村增绿"的目标。

根据要求，试点建设过程中，将紧密结合漓渚支柱产业花木（兰花）经济，通过打造花卉市场、兰花基地的举措，利用市场、基地等平台提供和优化公共服务，做全漓渚花卉产业链，做大做强优势产业，为田园综合体建设支撑起强有力的产业生命力，推动综合体实现可持续发展。与此同时，试点建设要始终坚持农民受益的原则。目前，漓渚镇已成立"花香漓渚"综合体发展公司，具体负责综合体开发建设工作，并始终把农民受益贯穿于整个试点过程中。尤其是在财政资金使用及社会资本引进方面，一方面严格控制和筛选社会资本的进入，另一方面积极鼓励村级股份经济合作社参与开发，使镇村两级在"花香漓渚"综合体发展公司中占主导地位，牢牢把握综合体建设主导权，为村级和农民受益提供保障。

此外，"花香漓渚"田园综合体建设也为漓渚转型升级带来有利时机，以"花香漓渚"为主题的田园综合体建设、以花溪老街为重点的小城镇环境综合整治、以花满棠棣为特色的美丽乡村建设，形成了漓渚"三位一体"城乡统筹发展的新模式，为漓渚发展美丽经济、实现全域美丽提供了有效保障。

五、"田园鲁家"：生产、生活、生态有机结合体

浙江省湖州市安吉县递铺街道"田园鲁家"综合体项目，旨在建成集家庭农场、高端民宿、乡村旅游相结合，集生产、生活和生态功能于一体的美丽乡村田园综合体示范区。

1."田园鲁家"以鲁家为核心，辐射、带动周边南北庄、义士塔、赤芝3个村，构筑"1+3"格局，规划范围总计55.78平方公里，核心功能板块划分为"一廊三区"。

"一廊"即鲁家（二庄）——南北庄（宜茂村）——赤芝（赤山）的竹海走廊，打造最美自驾车风景道，规划总长7.5km，起到各村联动互助的交通优势；

"三区"有"溪上田园"绿色生态农业示范区，该示范区为核心先导区，主要

为家庭农场集聚区，涉及家庭农场、房车营地、观光火车、飘香农田等多个经营业态。项目还包括"岭上家园"创意农业休闲度假区和"溪谷林园"生态农林乡居体，分别为辐射带动区和拓展延伸区，布置主题营地服务区、梅园溪河谷和市民农庄等业态，最终形成"一带为核、一环贯通、三点辐射、四村共赢"的局面。

2. 三区建设，是以鲁家作为田园综合体的代表，具体内容为：

（1）"溪上田园"——绿色生态农业示范区。作为核心先导区，包括长思岭—鲁家村—彭家边带状区域。根据安吉鲁家"七山一水两分田"的生态格局，从项目自身亮点、区域完善、战略发展及创新示范各个角度综合考虑，确定以原生态山水景观为环境保障，以亮点山水游乐产品与高端服务产品为综合配套，提升田园鲁家农业产业结构体系。将现有项目整合提升并打造核心亮点，与"两山"学院组合，形成整个田园鲁家的核心启动区，带动周边业态发展，从而实现以鲁家村为中心，辐射带动南北庄村、义士塔村、赤芝村共同发展。

（2）"岭上家园"——创意农业休闲度假区。是先导区的产业延伸区域，包括：南北庄村—宜茂村水库—大坞角—赤山村带状区域，这一区围绕核心产业的示范带动作用，加强特色创意农业产品开发，融合二、三产业，引入特色农业加工业、手工业以及休闲服务业态，促进多产业融合，进一步推动休闲农业向下延伸。

（3）"溪谷林园"——生态农林乡居体验区。是绿色生态休闲农业为核心的拓展开发区域，主要以梅园溪为纽带，包括：南北庄村—义士塔村—赤芝村带状区域，通过加强区域交通串联，产业互通，打造新型发展模式，增加产业种类，以生态农林资源优势打造特色乡村旅居体验，最终实现三区联动，相互促进，共同发展。

以梅园溪为纽带，项目区内水资源丰富，可以充分利用坡地资源，重点打造中高端民宿的集聚区，以弥补鲁家乡村旅游建设土地指标空间不足，游客栖居场所不足的短板，形成与鲁家乡村旅游互补模式。

3. 模式创新，实现三产融合

鲁家村的主题农场集群是对休闲农业和乡村旅游在模式上的一次大胆创新，特别对于大型农业园区或村集体主导下的休闲农业和乡村旅游的发展，具有重要的借鉴意义。它采取类众筹的方式，借助社会化的力量，突破了资金、人才的瓶颈，实现了资源资产资金的聚合。它解决了规划的统一性和定位的差异化的问题，美丽乡村、规划先行。面对资源较为分散的状态，在不改变农业种植业为重点的产业基础上，制定"家庭农场"规划战略。

为建设美丽乡村，发展家庭农场，鲁家村出资 300 万元，聘请高端专业团队，按照 4A 级景区标准对全村进行规划设计。先期设置的 18 个家庭农场，根据区域功能划分，量身定制各自的面积、风格、位置、功能等。其中包括一个核心农场，位于中心村，其余 17 家农场错落有致分布在四周。18 家农场分别以野山茶、特种野山羊、蔬菜果园、绿化苗木、药材等产业为主，没有一家重复，这是鲁家村家庭农场的特色。此外还设计了一条 4.5 公里的环村观光线，将分散的农场串点成线，使之成为一个整体。

六、多利农庄：国际化乡村度假新体验

2013 年入驻四川省成都市郫都区红光镇的多利农庄，围绕打造国际乡村旅游度假目的地，在郫都区红光镇、三道堰镇等 6 村连片规划建设多利有机小镇。预计总投资 150 亿元，总规划面积约 2 万亩，将建设 52 万平方米农村新型社区、63 万平方米家庭农庄和万亩有机生态农业示范基地。多利农庄成功为田园综合体建设提供了一些可借鉴的思路。

1. 产村相融三产互动

据多利农庄项目负责人介绍，农庄结合农业供给侧结构性改革，遵循"特色化、差异化""高端化、品牌化"的理念，突出"市民农庄""乡村创客""造梦乐园"主题，激活都市农业的多业价值、乐游价值和安居价值，打造集农业休闲康养于一体、生产生活生态相融合、六次产业全链条增值的乡村田园综合体和"宜业宜游宜居"的都市有机农业小镇，形成产村相融、三产互动、城乡统筹的综合示范效应。

目前，已完成投资 5.2 亿元，实施了 8.1 万平方米的农村新型社区建设；已建成 600 亩有机生态农业示范区、12000 平方米温室大棚和分拣包装中心；已依法取得 128.3 亩农村集体经营性建设用地使用权，启动了 4 个组团度假酒店和家庭农庄建设，首批示范农庄和有机生活体验馆已正式对外开放，游客可来体验乡村风光、有机蔬菜种植以及乡村酒店等特色旅游。

2. 保险资金进入农业农村，探寻破解"三农"难题的新路径

成都多利农庄项目，也开创了现代农业项目融资发展的新渠道。2016 年，中国平安集团投资控股多利农庄，依托保险资金"大资本、低成本、周期长"的优

势，有效解决了都市现代农业"投资大、周期长、回报慢"的难题。多利农庄成为"平安好生活"的承载主体，依托平安 140 万销售团队及 7000 万高端客户资源，拓展新销售链条和营销网络体系，2016 销售额首次突破 5 亿元，2017 年销售额突破10 亿元。

3. 农村集体经营性建设用地入市改革，农民分享改革发展红利

据了解，成都多利农庄项目实施中，有效地实现了当地农民的持续增收。据介绍，当地农户以确权后的宅基地及集体建设用地入股，组建村集体资产管理有限公司，与多利公司合作，自主开展土地综合整治和农村新型社区建设，通过整理节余的集体建设用地挂牌出让，实现土地整理项目收益和农民股东利益分配。目前，项目一期 128.38 亩农村集体经营性建设用地挂牌成交价 69 万/亩，成交额达 8858万元。

利用农村集体经营性建设用地"入市改革"试点，探索出农村集体经营性建设用地开发路径，即项目合法：取得发改项目立项、环评环保备案、招投标备案；用地合法：依法办理集体土地不动产权证；规划合法：依法办理乡村建设规划许可证；程序合法：依法办理乡村建设施工许可证；物业合法：依法办理房屋竣工验收备案、房屋所有权初始登记和房屋所有权转移登记。

（1）LUX度假酒店引入乡村，带动休闲农业与乡村旅游转型升级。在多利农庄的核心群，有机种植田地围绕着的一片乡村酒店格外引人注目，这是由多利农庄建设，由全球著名的乡村酒店管理公司—法国lux酒店管理集团运营的乡村酒店，也是引领郫都区乡村旅游转型升级的重大项目。据介绍，法国lux酒店管理集团作为第一个入驻中国乡村的全球性度假酒店，以运营管理乡村酒店方式，打造乡村旅游度假新体验，带动休闲农业与乡村旅游转型升级。目前，已启动一期4000平方米LUX主题酒店建设，后期将通过回租产权式经营性农庄进行更大面积酒店运营管理，酒店配套的LUX咖啡吧现已正式对外开放。

（2）开设都市农业双创示范基地，国家级有机农业专家担当导师。多利农庄联合中国农业科学院、四川农业大学和上海有机蔬菜工程技术研究中心组建"都市农业科创中心"，采取"成果转让+创新导师+孵化基地+服务平台"模式，开展农业高新科技成果孵化、新技术新品种示范和有机蔬菜行业标准研究，并为入驻园区内的农业创客、合作社提供技术辅导和支撑。目前，已建立近30名导师辅导团队，覆盖有机农业生产、农业科技研发、园艺景观和农村土地改革等领域。其中，上海有机蔬菜工程技术中心负责人、国家有机蔬菜标准制定者江洪出任导师之一。

作为成都市、区两级农业双创示范孵化园区，首期已形成300亩大田、100亩塑料大棚、10000平方米智能温室大棚及2000平方米文创空间的农业双创载体平台，通过设立都市农业双创基金、提供涵盖人才培养、技术创新、投资对接、市场开发等全程双创孵化服务等支持政策，相继引入了创客咖啡吧、有机蔬菜沙拉吧、farm私房菜、园区合作社和家庭农场等30多家市场主体入驻园区开展创业创新。

七、岭南大地：多元风格聚合趣味田园风

该项目位于广东省珠海斗门生态农业园莲洲片，总投资超过20亿元，总面积11.77平方公里，以石龙村岭南大地生态度假区项目为核心，覆盖东湾及下栏村片区，包括正在打造国际乡村生态休闲旅游度假区的石龙村，集岭南乡韵、水乡风貌的花卉主题特色休闲村庄的东湾村，打造具有岭南特色的田园水乡、乡村养生度假基地的下栏村。

依托山、水、田等原生态资源，该项目以岭南文化为魂，以旅游富民为本，以农耕文化、农耕体验、科普教育为核心，以二十四节气为脉络，建设宜农、宜游、宜教、宜乐、宜文、宜居、宜养、宜购为一体的岭南田园综合体。

据了解，该项目将分三期开发：第一期就是花田喜地；第二期是岭南水街和农业庄园；第三期是养生度假区。首期项目占地约600亩，主要建设内容有：花海特色观光、四季园、农耕文化、农耕体验、自然生态馆、科学体验馆白鹭岛生态湿地、主题度假区等。

该项目的落户将加大石龙村的公共配套建设，并将自然村三湾村按照幸福村居的标准，打造成生态良好、生活富裕、幸福文明的村居典范。石龙村是高速路出口附近的一个村庄，村中的绿道野趣十足，许多先前"养在深闺人未识"的美景，也跳入游客眼帘，如今成了石龙村固定的旅游项目。但与热闹的绿道想比，村民以另一种休闲的姿态生活于此，村里的47套闲置房屋正在逐步被利用起来，成为大自然里的聚会、读书、交流的地方，让石龙村的功能变得丰富。"土地出租收入、土地流转收入、就业收入、村民集体分红、商业经营收入、土特产经营，民宿出租以及房屋资产增值等方面的收入，都会让当地村民的收入翻番。"王东说，该项目建成后，预计可给村民带来多重收入，大大提高石龙村的村集体和村民收入，真正实现生态和经济发展并重的幸福村居珠海发展模式。

1. 艺术+乡村

石龙村"艺术＋"部落项目投资建设方，珠海石龙民宿开发有限公司总经理童秀娟在2016年4月份选择了生态环境好、拥有地理位置优势的石龙村，作为"艺术＋"部落项目的第一个实践点。

靠天吃饭的村民，并不了解什么是艺术民宿，也不知道自己扎根的村庄正在吸引越来越的关注，当他们了解原来出租房子，不仅会收到租金，自己的房子还会在专业设计师的草纸上变得崭新，并拥有其他的功能，欣然接受了"艺术＋"部落项目，并参与其中。在乡村建设、乡村旅游遍地开花的队伍中，村民如此之高的参与度反倒成了独特风景。现在石龙村在进行的项目还包括农业观光旅游项目岭南大地、莲花心合作社。而"艺术＋"部落项目中的专业团队，也让村民信心满满。

2. 传统乡村的艺术表达

2005年由三湾村和石龙村合并为的石龙村，民居大多为一层楼高的房屋和院子组成。"艺术＋"部落项目的第一处样板：农耕书舍就坐落在这些民居之间，书舍的最大特点就是将乡村生活方式的两大形式：公共区域与私家庭院，镶嵌在现代空间里。因为是用来作为民宿，所以在设计上要符合现代审美，又保留传统民居的设计，前园开阔，室内静谧。到城里的农村人，渴望回归自然。而城里人到农村，是想体验一种理想化的生活方式，这就是农耕书舍所想表达的理念。整个设计既保留了石龙村民居的神韵，又有几分现代气质，颇受好评。

书舍布局上将两栋房子打通合并为一栋，让空间更加宽敞。设计师们坚持保留了院落，重新砌砖修复了院子。石龙村的民居大部分院落窄小，而我们现在所看到书舍，院前石砖砌起的门，以此为中轴，是过道和中堂大门，过道两边各是院落，生长了数年的大树静谧得很，饶有传统庭院的美感。农耕书舍作为一间带有阅读形式的民宿，自然拥有阅读空间，设计师舍弃掉更多可利用的房间，换成公共阅读区域，并扩大了休闲空间，屋外就是花园，确保随时与自然保持沟通，也让住客有更多的户外活动空间。他们希望，农耕书舍可以成为一处别具乡间情致的度假地。在体验民宿服务的同时，更可于自然美景的环抱中体验中国传统乡村生活的悠然古韵。这也是"艺术+"部落项目的初衷，并不是一味强调改变，而是借用艺术表达对传统乡村、建筑、文化以及生活的思考。

而今，越来越多人把目光投向了城郊乡村，渴望在安静的田野里过上一种短期度假休闲的时光，但在石龙村地理区位的优势下，"艺术+"部落项目让这种休闲方

式多了深层次的意义。乡村也是具有无限的创造力，它也可能拥有都市属性，在这宽阔天地、自然田间，也有可能成为人们选择的一种全新的生活方式和社交平台。

八、内蒙古鄂尔多斯市最南端无定河田园综合体："塞外小江南"的田园画卷

从 2012 年开始，乌审旗无定河镇即审时度势，依托位于"塞外小江南"无定河镇无定河村的地缘优势，规划土地总面积约 20000 亩。采用企业化运作的模式，以乌审旗无定河农牧业开发有限责任公司为载体，将农牧民现有的零散土地进行整合流转、集中开发，打造集农事体验、观光旅游、休闲养生等功能于一体的农业综合循环发展经济平台，实现企业与农牧民互惠共赢。

无定河镇依托"中国最美乡镇"的名片，与萨拉乌苏考古遗址公园、巴图湾AAAA 级旅游景区、1949 年秋后乌审旗委办公旧址、鄂尔多斯地区第一个党小组旧址等景区形成联动效应，在感受自然景观、红色文化的同时，还能体验浓郁的乡土气息。田园综合体已成为无定河镇乡村休闲游的新亮点。

推动全域乡村旅游发展，实现旅游与农牧业有机融合，实现农业景观化、村庄景区化和农庄景点化。借助无定河独特地形地貌、良好环境资源，利用无定河村窑洞、四合院等各式各样的民居优势，打造集休闲垂钓、地方民俗民情、特色农家乐、渔家乐、果蔬采摘等为一体的现代休闲养生农业庄园，发展休闲养生、观光度假旅游和庄园经济。

"可怜无定河边骨，犹是春闺梦里人"。昔日争战之地的乌审旗发挥生态、循环与科技特色，以蒙元田园文化保护传承为核心，以现代智慧农业、生态循环农业、休闲观光农业、美丽田园为重点，辅以旅游服务设施，融合产业、旅游、社区、人文功能，描绘出了一幅田园农业的壮美画卷。

九、青龙农业迪士尼：农业科技娱乐的崭新体验

农业迪士尼是以科技农业发展和本土农耕文化为素材，以迪士尼娱乐精神为载体的一种农业科技娱乐互动体验模式，是一个聚集资源、表达主题、扩延思想的平台，体现和谐共生的农业发展理念，旨在构建一个共享欢乐的农业乐园。

该项目位于青龙满族自治县茨榆山乡，距河北省青龙满族自治县 20 公里，处在环京津、环渤海经济圈和冀东经济区内。地处北京、承德、秦皇岛旅游金三角的中央，有得天独厚的区位优势。

该田园综合体主要包括"农业、文旅、地产"三个产业,即"现代农业生产型产业园+休闲农业+CSA(社区支持农业)"。作为其田园综合体的先行试点项目,从以下4个方面增加了青龙田园综合体的吸引力:

1. 产业吸引

青龙地区的主导产业仍然是第一产业,加快推进农村一二三产业融合发展显得十分迫切,在确保粮食安全的基础上,发挥好观光、教育、休闲等多重功能。青龙农业迪士尼产业从田间到餐桌,从科技到人文,涵盖多个领域,深度挖掘、融合创新,引领冀东和冀北地区农业发展方向,优化产业结构;以农业科技为引领,运用创新表现手法,指引青龙农业资源的发展,做为一个核心引爆点,辐射带动整个冀东、冀北地区的农业发展,其模式升级与方法的演变直击田园综合体的核心内容。

2. 科技吸引

青龙农业迪士尼以科学技术为支撑,以各种科技资源为吸引物,通过种植科技的展示为广大农民普及农业种植的新知识,同时以满足旅游者增长知识、开拓视野、丰富阅历、休闲娱乐等为目的来带动整个田园综合体的人气。通过栽培科技,灌溉科技,营养科技,病虫害防治科技等种植科技的运用,为区域生态和产业可持续发展提供了科技保障。与此同时,青龙农业迪士尼中还融入智慧农业、互联网+农业、机械化农业、自动化农业等多种科技成分,为田园综合体提供一个科技的盛宴。

3. 文化吸引

田园综合体要求积极开发农业多种功能,挖掘乡村生态休闲、旅游观光、文化教育价值,建设具有历史、地域、民族特点的特色景观旅游村镇,打造形式多样、特色鲜明的乡村旅游休闲产品,通过文化来体现审美情趣激发功能、教育启示功能和民族、宗教情感寄托功能。为突出文化吸引力,青龙农业迪士尼主题场馆设计融入萨满文化、奚族文化、长城文化、白酒文化,以及当地的特色非遗文化。通过农耕景观、奚家小院、曲艺广场、杂粮食用苑等饱含文化内涵的旅游景点为载体,让人在旅游的过程中对旅游资源文化内涵进行体验,让人有一种超然的文化感受。

4. 景观吸引

青龙农业迪士尼依托科技,融合文化,坚持以农耕文化为魂,以美丽田园为韵的设计理念,通过农耕、蔬菜、花卉、水产、水资源和桑蚕打造了6个主题生态园，以"亲子经济"为引擎，对蔬满芳园、情归奚乡、桑麻忆韵、花情愫果、鱼跃龙门、水润稼园等主题进行景观打造，营造出丰富多样的优美景观，可以吸引各个年龄段的人群。注重定位、强调特色，通过创造出大量的奇观、风景和主题，体现休闲农业经营者与游客分享乡村生活的"情景消费"型农业模式。

农业迪士尼作为高度聚集人气的吸引核，通过产业、科技、文化和景观的吸引，建立了沟通农民生产和市民消费的桥梁，对拉动区域经济发展，推动田园综合的构建具有重要作用。

十、富锦田园综合体："稻"梦空间的稻田文化

2017年，黑龙江富锦市依托独特的地理、生态优势，打造以稻田文化为主题的"田园综合体"，被誉为华夏东极旅游的"稻"梦空间。这片"大地块"有4万亩，核心区有1850亩，景观区有819亩。在规划中，景区中心将建一座观光塔，12座观光亭，20个观光平台，其中玻璃平台将延展到稻田里，让游人有站在稻田里的感觉。

在观光塔四周，利用6种不同颜色的水稻苗种出"中国梦""美丽乡村""祖国大粮仓""海稻船"等4幅巨型彩色稻田画。此外，还将打造稻田水世界、稻草人王国、黑土泥塘、植物迷宫、热气球等景观。

富锦利用大地块周边附近的森林公园和湿地公园，在附近村屯重点打造了湿地共邻洪州村、低碳养生工农新村、满族风情六合村、朝阳民俗文化村、赫哲故里嘎尔当村以及农家美食村等6个农家乐，依托"田园综合体"发展吃、住、行、游、购、娱全域旅游。

富锦万亩地块共4万亩连片水稻，富锦东北水田现代农机合作社流转了其中的1万亩水稻，合作社农户种植水稻都是订单种植，每公斤水稻收购价格较之市面价格高0.54元。合作社有38栋育秧大棚，其中8栋种植蘑菇、木耳，其他大棚种植瓜果蔬菜供游人采摘。

富锦市以"大地艺术""空中观赏""体验互动""科普拓展""休闲娱乐"为构成板块，通过各产业的相互渗透和融合，以"田园综合体"为载体，把休闲农业、养生度假、文化艺术、农耕活动等有机结合起来，发挥乘法效应，展示了田园产业的美好未来。

第三节 阡陌解读：如果理解"内容"

一、田园综合体的"内容"法则

田园综合体、特色小镇是目前市场上的热词，这些项目该怎样做？模式有很多，案例也不少。但客观地讲，这里面"讲故事"的很多，真正做成的少。原因有很多，其中一个重要原因就是——"内容"的缺失。

下面结合阡陌智库的观察与服务过的项目，来谈谈田园综合体（也包括部分特色小镇）该如何理解"内容"，并填充"内容"。

1.现状

先讲阡陌智库调研中遇到的几个现实情况。

（1）由于阡陌智库是由中国市长协会小城市（镇）专业委员会副主任单位北京城脉文化发起，所以有很多地方的资源，也做了很多地方的项目。我们团队成员感受很明显，在特色小镇刚开始兴起时，很多地方政府找到我们急于推进小镇计划，企业方也找我们急于在各地找政府合作伙伴落地项目，可谓热火朝天。但一年后，又有很多人找我们，可诉求发生了明显变化，多数诉求是：你们擅长内容和营销，能不能想办法将我们的小镇项目救活？因为各地在短时间内，兴起了一批空泛的项目，买个规划图纸就去申报项目，而且有的还真成功了，但空洞无物岂能长久，接下来又面临摘牌的危险。

（2）阡陌服务的一个田园综合体项目，老板十分踏实，而且有钱任性，对财政补贴这事不重视，认为没本事才会找政府要钱。后来观念大改，原因就是听说有的仅靠一张图纸或稍有运营就拿到很多补贴，他觉得不公，自己真金白银投了三四个亿，扎扎实实做出这么大成绩了，"那我也得去向政府申报项目"。

一个乡村研究专家提供了一组数据，他说，当前田园综合体也好、特色小镇也好，10个项目里面，失败的有7个，惨淡的有2个，真正成功的只有1个。

这些现实情况反映的一个问题就是：大量的田园综合体和特色小镇，空洞无物，缺乏"内容"支撑。

二、如何理解"内容"

田园综合体和特色小镇，本是两回事，但二者又有很多交集点。两者的异同点很多，其中一个共同点，就是二者都需要大量的"内容"填充。

"内容"，可能是阡陌团队语境中使用频次最高的词，由此也能看出阡陌对于"内容"的重视程度。那么到底什么是田园综合体的"内容"？简单地说，就是综合体内可运营的事项，具体的表现有节庆活动、体验设置、特色餐饮、文化场馆等，这些都可以视为一个个"内容"体。这种"内容"，在时间上看，它无所不在，贯穿于一个项目的全流程；在空间和地域上看，它又无所不包，吃住行游购娱都囊括在内。

在传统"三农"概念中，"农业"是一产，说白了就是十分辛苦地种地，没什么"内容"可言；而现在讲的"田园"，其内涵就不只是生产这一层面，还有了意境，有了情怀，有了文化；"综合体"就不更用说了，显然是一个多样化的承载体。所以"田园综合体"就要设计进去大量的复合化的、多样化的、跨界的事项，也就是要填充大量"内容"。

因此，在阡陌看来，什么是田园综合体？其实就是"与田园有关的内容综合体"；什么是"特色小镇"，就是"有特色内容的小镇"。正所谓"无内容不运营，无运营不内容"。

我们相信，任何一个真金白银投入、希望田园综合体长远发展的政府或企业，都会重视"内容"的运营。凡是不重视"内容"，不理解"内容"，或者虽知"内容"重要性却不去运营的，就很有可能是蹭国家政策的热点，以一纸规划图就套取财政资金的短期逐利行为，严重的我们也可以称他为"骗子"。

三、如何填充"内容"

"内容"的填充，首要先根据整个综合体的定位来进行设计，也就是围绕顶层策划进行布局。道理很简单，比如你是以花为媒的综合体，那"内容"的设计，当然要重点考虑花的主题；你是以康养为主题的，那就要填充若干与养生、保健、养老相关的内容。每个项目地的实情不一，"内容"的设计就会不同。

但是，考虑到众多田园综合体的共性，阡陌智库自己研发或联合战略合作方共同研发了一些"内容"产品，以期能为更多田园项目带去更多有价值的"内容"。我们所说的田园综合体的共性是什么呢？主要针对的就是一种诗酒田园的生活方式。

阡陌智库的得名，就是来源于"阡陌交通，鸡犬相闻"，这是陶渊明笔下的《桃花源记》中的名句，也是中国人向往的田园生活。追溯"阡陌"两个汉字的源起，其中隐含了丰富的时间与空间概念，这正是我们要解读的传统农耕文明与城市化进程下的现代文明之间的关联。

所以，作为普适性的"内容"填充，我们侧重于帮助各地项目打造诗酒田园的文化生活（尽管田园综合体可以包涵更多"内容"）。

在"内容"填充中，阡陌团队的整体出发点，是要回应城市人群的消费需求和消费特征。在乡村振兴大计上，重要的一环是要打通城乡之间的资源与供需，田园综合体是其中一个工具，是城市人群寻找田园生活的载体，也是乡村资源变现的有效手段，所以田园综合体成功与否，核心的要点就在于是否能抓住城市人群需求。

为此，阡陌团队形成了一些小而美的内容产品，其中包括：

"诗酒田园内容联合体"。阡陌团队聚集了一批国内对于酒、茶、阅读、美食、科技、星空等相关的大V或机构，针对乡村振兴定制研发，形成"诗酒田园内容联合体"，此内容可以整体或单项向乡村旅游、文旅小镇、田园综合体进行内容输出。其中包括与大V或达人合作的酒坊、书坊、茶坊、厨坊等。

"浮生四趣"文创综合体。"浮生四趣"为阡陌战略合作伙伴，是汇聚染、织、木、金、纸等手作艺人的北京文创联合体。该内容注重"再手作"理念，即在尊重中国传统智慧和传统技艺的基础上，对传统手工艺进行再创作，使之更加适应今天的生活，更加符合现代美学，从而更有效地实现传承。该机构可以以系列工作室的形式集体落户某项目地，同时可针对当地传统手工艺进行研发，并设计系列文创产品，全程可帮扶当地手艺人进行创新创作，培训技艺形成产业，亦有助于精准扶贫（比如：日本濒临灭绝的手工"和纸"就是在现代设计师的重新设计利用后，重获新生，复活了传统产业。）

阡陌"乡愁博物馆"。由阡陌团队与北京专业博物馆建设机构、策展机构联合发起。阡陌语境下的"乡愁博物馆"，并不一定是一座传统的博物馆建筑，而是也有可能是一组乡舍组合体，不仅使老屋活化，而且使一座村庄、一个小镇、一个田园综合体就约等于一座活生生的民俗博物馆。乡愁博物馆主张低成本、高效益；弱建设、强运营。

此外，阡陌团队还可向各项目地输出活动类内容，如"小马快跑"（乡村马拉松类创意赛事）、乡愁摄影节、乡野徒步运动、乡村气球节等。

以上系列内容产品中，阡陌团队追求两个独特性。

一是内容的独特性。如我们在"诗酒田园内容联合体"中，不仅有传统美食小厨的设计，还有与台湾专业机构合作的"光影餐屋"，这会带来另一种浪漫的体验；"星空露营"则以星座文化、星空摄影、星空观测等为主题，突显项目地的环境生态特质与神秘的吸引力。

二是资源的独特性。合作方都是以北京的大V或专业运营机构为主，阡陌智库有责任也有能力替各项目地聚拢这些稀缺而独特的资源，其中包括各业界的有影响力人物。

三是强IP导向。每个资源、每个大V、每个小项目都具有强IP属性，而且在运营过程中，也能实现全流程IP效应，这是阡陌团队筛选和确定项目的基本出发点。这样每落地一个内容，就可以迅速聚集人气，提升整个项目地的知名度和影响力。就拿乡愁博物馆来说，它并不是为了有个博物馆而建博物馆，而是为项目地帖上文化标签，制造IP效应，从而强势引流，带来更多"内容"的收益。

总的来说，阡陌团队基于对"内容"的深度理解，通过IP化的"内容"填充，可以为项目地定制多类业态丰富的产品，不仅使田园综合体等项目地不再空洞无物，而且提升项目的影响力，带来更多现金流，长期良性运营更可实现区域土地升值。所以，阡陌内容包，既是一组能落地、能见效的运营主体，又是一组超级IP整合营销包。

当然，要想实现如上目标，并不是所有项目地都适合，在阡陌征集的地方合作伙伴中，也有筛选的基本原则，包括：一是项目地整体气质或环境基因与诗酒田园生活相符；二是具备一定旅游禀赋或可挖掘潜力；三是项目地政府或企业认同文化的长远价值，认同 IP 带来的溢价效应，并愿意站在战略高度给予相应支持。

阡陌智库核心团队均为资深传媒人、区域研究咨询专家以及创意营销专家。创始人蒋晨明与联合创始人葛柱宇、黄东江、吴昊，分别在京华时报、中新凯悦传媒集团（中国新闻周刊）、蓝色光标、阿里传媒、明善道咨询、春雨医生、凤凰网安徽频道等机构担任高管。基于中国市长协会平台，团队更懂政府，也更懂市场。借力资源优势、智力优势、创意优势、整合传播优势，核心团队成员已为国内 40 多个地方政府和众多企业进行专业化服务。

相信阡陌团队的成长，也能为中国田园综合体的发展增添更加精彩的"内容"。

第四章 DISIZHANG
TESE XIAOZHEN

特色小镇

第一节　模式分析

一、特色小镇的顶层设计

特色小镇是通过挖掘产业特色、历史人文和自然资源，创新打造出新产业、新商业、新品牌、以及新的居住与生活方式，形成产、城、人、文、景五位一体有机结合的功能平台，成为打造城乡新经济的新途径。小镇不是传统的地产开发，而是包容着传统开发，又具备更多的延伸性。尤其是放在乡村振兴这个背景下，特色小镇尤其是农旅结合、农业产业为特色的小镇，更值得探索和推进。在特色小镇发展中，其顶层设计最为重要。

1.特色小镇应该建立的三个体系

特色小镇开发，应该包括三个体系（图18），即：居住体系、文化体系、产业体系。所谓居住体系，即传统房地产开发所包含的所有元素，比如社区及配套，物业及服务，房子以及周边相关的居住及生活单元。所谓文化体系，是小镇特有的内容，在房子之外，在社区之上，具有独特、专属的社区氛围，能够产生软性价值的内容。文化体系要满足：有人，有文，有人文，最终实现有生机有活力。所谓产业体系，是小镇能够自循环的体系，有产业，才有活力，才能独立并持续运转。产业体系与前两者共同形成一个产业链，是一个生态体。产业体系最终实现可持续发展，自循环运营。产业体系是要：生产、生意、生生不息。

居住体系：好房子好社区
好服务（4+1）
有服务有生活

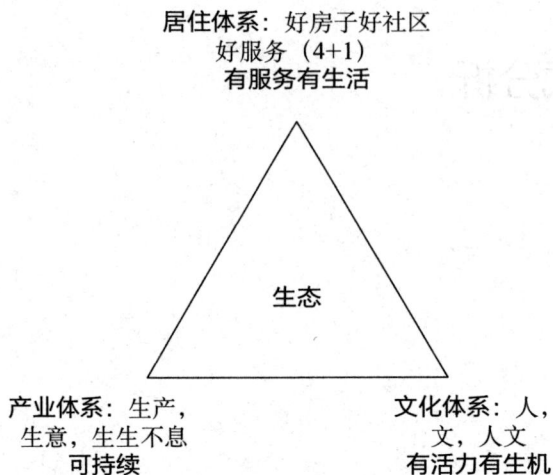

生态

产业体系：生产，
生意，生生不息
可持续

文化体系：人，
文，人文
有活力有生机

图18　特色小镇需要具备的三个体系

2.特色小镇到底卖什么

按照常规的房地产开发逻辑，特色小镇的第一层级是卖房子，卖商业配套，以及物业服务，通过此类产品，实现快速资金回笼。

特色小镇的第二层级是基于文化体系，售卖"文化"以及衍生品。比如阿那亚社区的话剧社在北京天桥剧场、大隐剧院的演出话剧门票，奥伦达部落原乡话剧社在保利剧院的话剧门票，都是社区文化的衍生品。

特色小镇更高一级是售卖一种让人向往的生活方式，语境下叫作：产区价值，品牌溢价。比如酿造红酒的葡萄，在法国勃艮第产区就比其他的更好也更贵。比如酿造白酒的水和气候，在贵州茅台镇出产的白酒就比其他地方的更好也更贵。这就是产区的品牌溢价。

3.特色小镇怎么算成功

特色小镇不是房地产开发，而是更要满足本地老百姓，社区居者和用户的需求，给予他们幸福和谐，良性健康的生活环境和美好社区。

再上升一层，还要政府满意，不再是纯粹的卖地收钱，更要实现政府政绩、城市形象、和长效利税的统一。特色小镇即是如此，创新产业模式给城乡带来新生机，产业支撑带来长效利税，文化体系酝酿更好的口碑，营造更和谐的生活，居住、文化、产业三者有机结合的新型模式，形成产、城、人、文、景五位一体有机结合的功能平台，成为打造城市新经济的新途径。

产品（房子，商业，
配套，服务）

让人向往的生活方式
产区价值，品牌溢价　　　　　　　　　文化
　　　　　　　　　　　　　　　　　（衍生品）

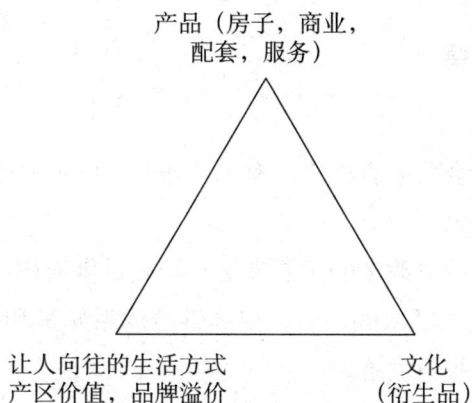

图 19　特色小镇的经营体系

4. 特色小镇最终实现什么？

特色小镇最终实现什么，应该基于其三个体系（图 20）。其一，实现居住多元，包容多元的社区。老少皆宜，自得其乐，这里面不仅有常规的物理空间，满足身体的愉悦，更有丰富的活动，满足精神生活。一言以蔽之：居住多元。而小镇就是如此，不仅有大HOUSE的高端住宅使用者，也有小高层和洋房的年轻夫妇，居住结构，居者层次都是多元的，最终成为生机活力的社区，就如同桃花源中，黄发垂髫，怡然自得。其二是实现文化多样。人作为社区的主题，是最美的风景，留住身体更要留住精神，在这里有精神的满足和丰富的人生体验，有朋友有欢乐，愉悦身心。其三是实现聪明增长。能够持续发展的社区，形成一种自我生长的生态，足以安放心灵，寄托一生。

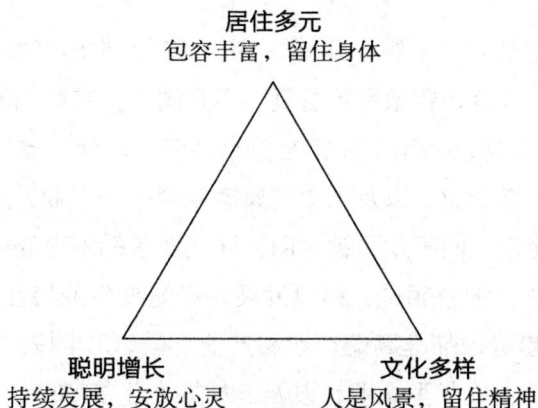

居住多元
包容丰富，留住身体

聪明增长　　　　　　　　　**文化多样**
持续发展，安放心灵　　　　　人是风景，留住精神

图 20　特色小镇的最终目标

二、特色小镇的创建

1. 服务政府

特色小镇是一个社会共生有机体，离不开开明、服务型政府的支持，政府引导不越位，这是成功的母体。

特色小镇是探索供给侧改革的重要举措。什么是供给侧改革？就是着力加强结构性改革，在适度扩大总需求的同时，提高供给体系质量和效率，包括制度供给、要素供给、公共产品和服务供给。

特色小镇，在小空间里融合产业功能、旅游功能、文化功能、社区功能，构筑集产业链、投资链、创新链、人才链、服务链于一体的产业创业创新生态圈，能集聚各类高端要素，诞生各种创新因子，孵化出新产业业态，将是新常态下创造有效供给、提高供给质量、提升供给效率、创新制度供给的全新空间。

2. 投资主体

特色小镇需要一个核心投资主体，可以是村镇股份制企业、可以是当地龙头企业、可以是外来投资企业。

特色小镇建设得如何，不在于政府给帽子、给政策，关键在于企业是否有动力、市场是否有热情。如果只是靠政策、靠资源，缺乏市场基础，肯定干不长久，出现不可持续的后果。

因此，特色小镇建设不能由政府大包大揽，而必须在政府的引导下，充分发挥企业的主体作用，坚持市场化运作。

3. 核心特色

特色小镇产业定位要"一镇一业""一镇一特"，突出"特"而"强"。产业是特色小镇建设的核心内容，要做到不重复、不雷同，具有鲜明的独特性和旺盛的生命力。"特"是指每个特色小镇都要锁定信息经济、环保、健康、旅游、时尚、金融、高端装备等七大新产业，以及历史经典产业中一个产业，主攻最有基础、最有优势的特色产业来建设，而不是百镇一面、同质竞争的不良局面。即便是主攻同一产业，也要差异定位、细分领域、错位发展，不能丧失独特性。"强"是指每个小镇要紧扣产业升级趋势，瞄准高端产业和产业高端，3年投入30亿元到50亿元，引进行业领军型团队、成长型企业，以及高校毕业生等90后、大企业高管、科技人员、留学归国人员创业者为主的"新四军"到小镇来创业创新，培育行业"单打冠军"，构筑产业创新高地，成为新经济的增长点。坚持特色为王，突出特色亮点、强化高端引领，这个"特"体现在产业特色、生态特色、人文特色、功能特色等多个方面。

（1）要彰显产业特色。产业特色是小镇特色亮点的重中之重。小镇建设不能百镇一面。即便主攻同一产业，也要差异定位、细分领域、错位发展，不能丧失独特性。小镇只有 1 平方公里的建设用地，产业过于分散，肯定形成不了特色。在打造产业特色过程中，要着眼长远，聚焦前沿技术、新兴业态、高端装备和先进制造，突出科技含量、高新技术的比重、高端制造业的高端水平上。

如高端装备制造业小镇，要把新材料、新能源、机器人、智能装备、航空航天等作为重点；健康小镇，要把生物医药、大型建设医疗设备领域等作为重点；环保小镇，要把能源环保作为重点。只有这样，才能在引领转型升级上作出示范。

（2）要彰显生态特色。特色小镇建设必须坚持生态优先，坚守生态良好底线，根据地形地貌和生态条件做好整体规划、形象设计，硬件设施和软件建设都应当一镇一风格，充分体现小镇味道。特别要重视生产和生态融合发展，做到特

色小镇生态特色与产业特色、当地自然风貌相协调，打造的生态特色与小镇周边有显著区别。切不能发展了小镇经济，破坏了小镇环境。可实行"嵌入式开发"，借鉴乌镇等模式，保留原汁原味的自然风貌，建设有地方特色和优良生态的风情小镇。

（3）要彰显人文特色。文化特色是软实力，也是产业发展最终的生命力。每个特色小镇都要汇聚人文资源，形成人文标识。特别是要把文化基因植入产业发展、生态建设全过程，结合自身实际着力培育创新文化、延续历史文化根脉、保护非物质文化遗产、打造独特的山水文化，形成"人无我有""人有我优"的区域特色文化。

产业驱动特色小镇功能集成要紧贴产业，力求聚而合。产业、文化、旅游和社区四大功能融合，是特色小镇区别于工业园区和景区的显著特征。聚，就是所有特色小镇都要聚集产业、文化、旅游和社区功能；合，就是四大功能都要紧贴产业定位融合发展。尤其是旅游、文化和社区功能，要从产业发展中衍生，从产业内涵中挖掘，也就是要从产业转型升级中延伸出旅游和文化功能，完善好功能，而不能是简单相加、牵强附会、生搬硬拼。

（4）特色小镇形态打造要"突出精致"，展现"小而美"。特色小镇的建设形态很重要。尤其是现代社会，美好的事物、美丽的环境都能转化为很强的生产力。首先，骨架小。特色小镇的物理空间要集中连片，有清晰的界定规划范围和建设用地范围。规划面积要控制在3平方公里左右，建设面积控制在1平方公里左右，建设面积原则上不能超出规划面积的50%。其次，颜值高。所有特色小镇要建成3A级景区，其中旅游产业特色小镇要按5A级景区标准建设。再次，气质独特。特色小镇要根据地形地貌，结合产业发展特点，做好整体规划和形象设计，保护好自然生态环境，确定好小镇风格，展现出小镇的独特味道。

（5）特色小镇运作机制要"破旧去僵"，做到"活"而"新"。市场化机制是特色小镇的活力因子。"活"就是建设机制活。用创建制代替审批制，实施动态调整制，彻底改变"争个帽子睡大觉"的旧风气；建设上采用政府引导、企业主体、市场化运作的机制，摒弃政府大包大揽，体制机制要非常灵活。"新"就是制度供给新。扶持政策有奖有罚，运用期权激励制和追惩制双管齐下的办法，对如期完成年度规划目标任务的特色小镇，省里给予建设用地和财政收入奖励，对3年内未达到规划目标任务的，加倍倒扣用地奖励指标；对于国家的改革试点、省

114

里先行先试的改革试点、符合法律要求的改革试点，允许特色小镇优先上报、优先实施、先行突破。

坚持创新为魂，建设创意小镇、打造人才小镇。要强化产业创新发展。一是要强化技术创新，做强特色产业。特色小镇应该是先进技术的发明和应用小镇。二是要加强创意发展，加快培育新业态。三是要加强合作创新，加速集聚高端要素。

新兴产业的特色小镇，要紧紧围绕各自的产业定位，运用互联网+、信息智能等现代技术，借助科研机构共同开发应用先进技术，结成创新伙伴，缩短创新成果转化过程，助力产业转型升级、引领产业发展；历史经典产业，要深挖传统工艺，运用现代新技术，开发新产品，培育新粉丝，力争做成代表中国文化的形象符号。

特色小镇要建成创意小镇。每个特色小镇要根据产业特点和自然禀赋，建设一个创客中心，以好创意来丰富特色小镇的业态，创造性地培育出一批一二三产联动、历史现代未来同现、生产生态生活共融、宜居宜业宜游的新产业，实现产品创新与业态创新联动，以新产业新业态培育新的消费群体，激发新的消费需求。特色小镇是有物理空间边界，但没有产业合作边界，是各种高端要素集聚流动的开放小镇。

所有小镇要瞄准与产业定位相关的高端人才、高端资源和高端产品，运用现代信息手段，搭建创新交流平台、技术合作平台、品牌发布平台等，集成利用好各种高端要素，打通产业链、创新链、人才链，促进各种技术、资金、人才自由流动、高效利用。

（6）和谐社区。特色小镇是一个新型城乡经济和消费发展的纽带，在这里要大力发展社区组织力量，形成一个可以聚人气、通人文的体现社会主义核心价值观的和谐社区，让城市人找得到"乡愁"，吃得到健康农产品，享受旅居度假生活。

（7）客户市场。特色小镇不能面面俱到，满足所有消费者的需求。一定要结合自身竞争优势，抓住核心客户群体，充分挖掘核心客户的需求，满足客户消费利益，客户才能忠诚相随，客户市场才能坚固不破。

（8）利益分配。特色小镇是一个政府、村民、企业、消费者等多方利益交集的共生体。一荣俱荣、一损俱损，要用市场化、股权化的利益分配机制，只有共同做大蛋糕，才能分享经济成果，才能造福一方百姓。

（9）公益力量。公益力量是无穷的。特色小镇要引导和自发成立大批社会公益组织机构，政府给予政策支持，在特色小镇要培育和践行社会主义核心价值观，大力弘扬爱国、爱社、爱民的优良传统，要崇尚公德心、孝心、博爱、宗教等精神信仰，要为特色小镇注入精神力量，为民众凝聚价值依归。

三、特色小镇的规划

目前，全国各地有关特色小镇的概念基本得到统一，下面跟大家分享一下特色小镇规划设计的九大要点秘籍：

1. 产业布局

（1）统筹安排用地指标和空间布局。从县域层面统筹安排产业用地指标和空间布局，引导布局适度集聚。有条件发展产业的镇要预留发展空间和用地指标，避免企业无地可用。

（2）提高工业用地建设强度不宜将工业园区作为小城镇现代化标志进行打造。设定工业用地建筑密度和容积率下限，绿地率不宜超过 10%，产业集中地区内部道路红线宽度不宜超过 15 米。整理闲置企业用地，适度引导企业集中。

2. 乡村田园环境

（1）保护山水田园，修复生态环境保护山水格局，城镇建设与环境统一。预留视线通廊，做到显山露水。

（2）全域协调统筹，建设美丽乡村提出镇域乡村建筑风格、色彩与形式的管控要求，保护乡村传统格局与历史空间，促进镇域整体风貌的协调统一。通过对乡村的农房、公共空间进行改造治理，改善农村人居环境，打造山水秀美、设施完善、生活便捷的美丽乡村。

3. 整体格局

（1）顺应山水，契合地貌。

①水网地区小城镇。水网地区的城镇，应顺应原有水系形态进行布局、营造多样滨水公共活动空间，避免城镇建设强行对河流水系截弯取直、填河围湖。

②山地、丘陵地区城镇。山地、丘陵地区的城镇，应顺应地势，建筑随地形条件布置，避免城镇建设削山平地、破坏地形起伏。

③平原地区小城镇。宜采取相对集中布局方式，避免侵占耕地，保留镇区内部林地、池塘等自然资源，建设为公共开敞空间。通过防护林带或生态廊道的建设，将外围农田等自然要素引入镇区内部，构筑平原地区小城镇特色风貌。

（2）用地混合、新旧区协调。生产、生活、生态用地的适度混合，推进小城镇融合发展。避免采取功能分区的方式割裂小城镇生产、生活空间。镇区规划建设应延续原有的格局和肌理，协调好新老镇区的布局关系和风貌特征，避免新老区各自为政。

（3）路网格局合理。

①顺应地形，延续肌理滨水地区的路网要顺应河流走向，随水岸线布局。山地、丘陵地区路网要顺应等高线布局，人行步道可采取垂直等高线布局方式。

②提高路网密度，增加支路和巷路小城镇居民绿色出行特征明显，日常出行以步行、自行车、电动自行车、摩托车为主，步行出行比例达 50%，对支路和巷路需求高，需增加路网密度，小城镇的道路网密度不宜低于 12 千米／平方千米（不含巷路），道路间距以 100 ～ 150 米为宜。

4. 建设强度与街坊形态

（1）控制建设高度与强度。编制科学的详细规划，重视规划管理，控制建设高度与强度。

（2）推行开放式街坊住区。

①住区不宜设置封闭围墙，实现破墙透绿、设施共享，增强小城镇的活力和亲切感。

②街坊内部以巷路相连，注重公共交往空间的打造，增加居民交流交往。

（3）建设小尺度街坊住区。小城镇应以小尺度的街坊住区为宜，以 100 ～ 150 米的道路网间距划分街坊住区。

5. 商业与公共服务设施

（1）商业有序布局。

①商业布局因类制宜。商业街（包含底商）要以服务小城镇生活或旅游功能为主，应结合生活性道路布局。集贸市场应在镇区边缘单独设立，临近对外交通和镇区生活性道路。区域商贸中心应结合对外交通性道路布局，与生活区域保持一定距离。

②管控商业店铺，防止无序蔓延。根据小城镇区位、性质、规模、空间形态等，统筹布局商业用地，适度控制规模。鼓励有条件的重点镇、特色小镇建设综合服务体。

③引导底商业态。保护传统商业业态。除满足居民日常需求外，商业业态还应与娱乐消遣、地域特色体验、旅游等活动相结合，构建独具地域特色的业态形

117

式。在居住区集中的区域，限制底商经营具有噪声污染、空气污染、水污染的商业类别。

（2）公共服务设施充实完善、集约高效。

①营造 20 分钟生活圈。要充分尊重居民出行习惯，合理布局教育、医疗、文体等设施。

②完善公共服务功能配置。以居民需求为导向，提高服务质量和水平，实现公共服务全覆盖。

③集中设置行政办公、文化健身等设施，充实公共服务设施服务内容。

④鼓励建设一站式服务大厅，多功能混合。

6. 道路与交通设施

（1）打通断头路，过境公路宜改线。

①打通断头路，形成完整的路网，改善居民出行条件。

②控制小城镇用地沿过境道路布局，有条件的镇应将穿镇公路改线至镇区路网的边缘。

（2）街道尺度适宜。

①优化道路断面设计，道路宽度要适宜，两侧建筑要合理退线。

②生活型道路高宽比以 1:2 左右为宜，不宜低于 1:4；传统街区的街巷高宽比则更大。

（3）完善设施建设。

①实现路面的硬化平整，完善信号灯、路灯等设施，结合街道空间设计停车位。

②通过道路绿化、街道家具等进行各类交通行为的分隔，设置小广场、休闲长廊、茶座等供居民使用。

7. 绿地和开敞空间

（1）各类绿地灵活布局，方便可达。

①因地制宜安排不同尺度的公园、广场、街头绿地等。

②绿地服务半径宜为 150—300 米，确保居民步行 5 分钟能够到达。

③结合宅前、道旁、树下、桥边、街头巷尾等空间布局小片绿地。

（2）公园广场尺度适宜，多元利用。

①提倡建设节约型绿地，规划建设尺度适宜的公园广场，严格控制大草坪、大

广场、水景喷泉等形象工程。

②鼓励建设满足居民休闲、交流、健身、举办活动、科普等多元需求的复合功能型绿地广场空间，通过布置儿童游乐、健身、座椅看台等设施丰富各类绿地广场功能。

（3）乡土特色，生态建设。

①本土植被。要优选乡土植物或经引种驯化后适应当地气候、长势良好的外来植被，营造有地域特色的植物景观。

②就地取材。在景观小品、铺装、设施等设计和建造上尽量就地取材，彰显地域特色。

③生态建设。广场及绿地中宜减少硬质铺装面积，选用透水材料，灵活设置集水绿地、蓄水池、生态草沟等低影响开发设施，鼓励采用生态驳岸设计打造河岸系统，避免完全渠化的工程驳岸设计。

8. 镇容镇貌

（1）建筑风貌引导。

①传统建筑的保护与利用。对传统风貌建筑应遵循保护原则，进行风貌整治不得改变原有建筑风貌。通过改水、改电、改厨、改厕等方式，实现对现有传统建筑基础设施的改善提升，提高居住建筑的舒适度，提升公共建筑利用效率。鼓励"以用促保"，采用多种形式利用传统风貌建筑，对传统风貌区加强保护与利用。

②新建建筑体现传承与创新的协调统一。鼓励引入高水平建筑设计。传承与创新建筑形式，延续传统风貌，满足现代使用需求。精心设计建筑细部，屋顶、门窗、腰线、地脚线、墙角等细节应体现本土建筑特色与风貌。色彩提取当地的标志性色彩。建筑材料应就地取材，选用本土材料，适当运用现代建造技艺，建设新建筑。

（2）街道空间整治。

①沿街立面整治。通过对沿街建筑的高度、面宽、色彩、材料、开窗方式、细节装饰等方面的控制，塑造连续、和谐的街道空间。应对第五立面（屋顶）进行管控，达到形式相近，风格统一。

②街道环境整治。店铺牌匾应与建筑协调。规范店前空间使用，禁止占用店前空间经营。

119

9. 传统文化保护与传承

（1）传统风貌的保护。

①建议在传统建筑集中的区域划定传统风貌区，在建筑色彩、体量、材质等方面进行整体建设指引。

②对体现城镇文化、展现地域特色、民族特色的传统风貌建筑进行登记挂牌，予以重点保护。

③严格划定文保单位保护范围及建设控制地带，建设控制地带内的新建建筑应与文保建筑相谐调，其建筑高度不得高于文保建筑。

（2）非遗的保护、传承与开发。

①做好传统手工艺、民俗活动、节庆、礼仪等非物质文化遗产的摸底工作，形成地方非物质文化遗产名录。

②通过展览、展示、比赛、交流等形式，营造浓郁的地方传统文化氛围。

③推动民间优秀的非物质文化的产业化发展。

（3）文化场所的营造。结合绿地广场建设特色空间，为地方特色文化提供展示与传承的空间场所。依托文物古迹、特色商业、传统民居、古桥庙阁等历史空间开

拓绿地广场空间，打造居民文化生活的核心节点。

四、特色小镇的运营

1. 特色小镇运营理念的转变源于城市发展理念及开发建设主体的转变

几十年来，政府一直是城镇建设的推动者与核心运营主体，既是所有者，又是经营者，还是管理者和监督者。随着市场取代政府成为资源配置中的决定力量，这也就决定了城市运营必须在理念上发生转变，同时运营主体、运营客体以及收益模式也要随之转变（图21）。

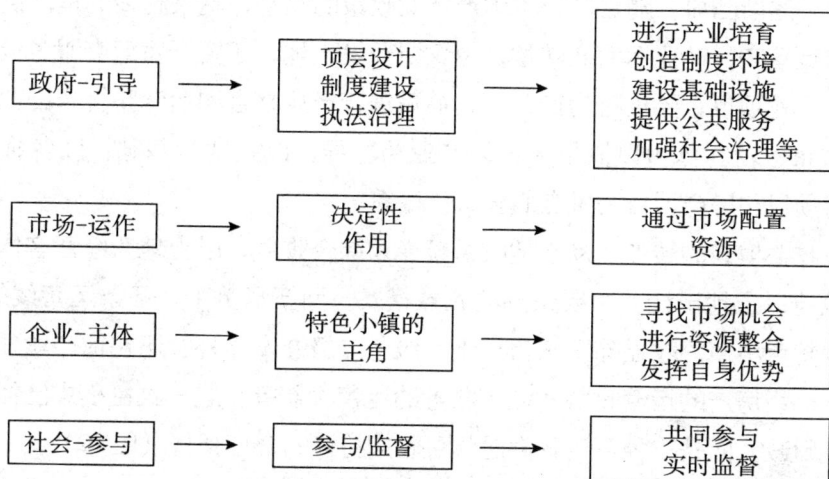

图21 特色小镇的运营模式

（1）核心运营主体的转变：从政府主导转变为市场主导。

①政府仍然为主导力量，或者政府全权负责投资建设运营，或者政府负责投资，委托运营商建设运营。这一模式适合财政力量雄厚，运营能力或把控能力强大的政府。优势是政府拥有绝对的控制权，推动进展快，劣势是政府财政压力大，同时也面临着后期运营的大量投入。

②政府与企业联动发展。即政府负责小镇的定位、规划、基础设施和审批服务，并通过市场化方式，引进社会资本投资建设，许诺投资方在一定时间段内拥有经营权，到期后再归还政府。这一模式适合于财政相对有困难的政府，优势是缓解了政府的财政压力，劣势是所有权与经营权的分离，导致参与企业的短视行为，同时回收后对政府来说仍然是一个较大的包袱。

③以企业为主导。由某一企业或多家企业联合完成投资建设运营，通过政府购买或用户付费获取收益，受政府的管理和监督。这一模式适合于资金及运营能力均强大的企业，优势是减轻政府财政压力，激发市场活跃度，劣势是需要有持续的盈利模式。

④以非盈利的社会组织为主体。比如在国外的一些城市，由市民组建一个管理委员会，进行管理。这也是特色小镇以后运营可借鉴的一个模式。

(2) 运营客体的转变：从土地为重转变为产业为重。长期以来，土地一直是城市运营中的主要对象，也是政府财政收入的主要来源。但这一模式为城市发展所带来的弊端，逐渐凸显。随着国家对地产行业政策的收紧，越来越多的地产商都瞄准了向城市运营商、产业运营商转型。不仅要开发土地，还要开发配套服务设施、旅游项目、产业项目，要进行房产开发，最后进行产业整合和运营整合。因此，新形势下的城市运营客体可以概括为，以产业为主导，以土地为基础，以各种产业项目、旅游项目和房产项目为重点的全方位体系。

(3) 收益模式的转变：从土地收益转变为综合收益。以土地为经营客体的模式决定了政府以土地出让为主要来源的收益模式。而新形势下，多条运营线的展开，已经使得特色小镇的收益除了来自土地一级、二级开发之外，还包括产业项目的运营收益、二级房产的运营收益及城市服务的运营收益等。这一收益模式已经不再依赖于土地财政，而是一种可自我供血、可长期持续的合理架构（图22）。

2.特色小镇的完整运营周期

特色小镇的形成不是一蹴而就的，它的诞生是一个错综复杂的过程，需要土地、产业、城镇、服务、法制等多个方面的配合与交织。为了方便分析小镇的运营过程，我们将特色小镇的开发分为土地一级开发或代开发期、产业项目开发期、产业项目培育期、产业链整合期、土地二级开发期五个发展阶段。每一个阶段都对应着不同的资源形态，有着不同的运营要点及目标。

(1) 土地一级开发或代开发期。特色小镇中的土地一级开发并不仅仅是项目地的征地补偿、拆迁安置、七通一平等基础设施和社会公共配套设施的建设，其主要目的也不仅仅是使"生地"成为"熟地"，而是要与产业发展、与项目开发结合在一起，因为产业的价值决定了土地的价值。因此，我们建议土地一级开发必须结合产业项目开发，结合土地二级开发，只有这样才可能真正获取一级市场的利润。

特色小镇开发中企业的角色	企业的盈利来源

- ·土地整理（包括产业园区） → ·工程+土地增值收益

- ·土地一级开发（包括产业园区） → ·工程+土地增值收益

- ·特色产业园区建设与产业运营服务 → · (1) 产业地产销售+产业地产租赁收益+产业服务运营收益（孵化、培训、管理、金融服务等）；(2) 产业发展服务收益（招商佣金或税收分成或落地投奖励等）

- ·休闲旅游度假区开发运营 → ·旅游项目的运营收益
- ·住宅房产开发 → ·房产销售收益
- ·城市公共服务设施开发与运营 → ·工程+土地增值收益

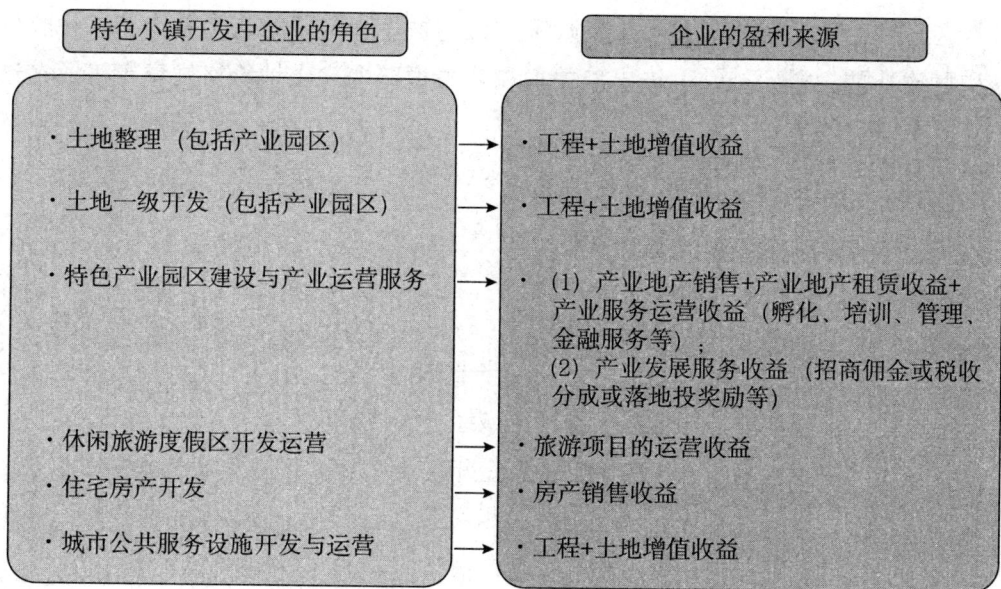

图 22　特色小镇的收益模式

这一时期的运营要点在于顶层设计和政策法制层面：顶层设计层面，做好城市规划和产业规划，确定小镇未来的发展方向；政策法制层面，出具土地、奖惩、税收等方面的政策条件以及监管机制，保证小镇的顺利推进。

（2）产业项目开发期。"特色产业"的发展方向确定后，就是要围绕这一产业，通过项目及载体的开发建设，形成产业的开发、培育及集聚，最终打造产业集群，实现产业价值。产业项目开发是其中的第一步，即紧抓产业链上的核心环节，在尊重市场及产业发展规律的基础上，集中人才、创业团队及资金等优势条件，集中攻破产业开发的各种难题，形成产业项目发展条件的聚集。

这一时期的运营要点在于对接国内外优势的科研及教育资源，一方面通过科研成果的孵化，促进技术向生产力的转化，另一方面通过专家学者的研究，突破产业发展技术上的一些难题，同时还可以完成人才的培育及输送，形成产业可持续发展的后备力量。

（3）产业项目培育期。当产业初步开发完成，形成一定的特色优势及产业价值后，就进入了产业的培育阶段。这里所说的培育还是围绕特色产业的核心部分展开的，主要目的在于培育和扶持有效的产业项目和企业主体，形成规模化的经营效益。

123

这一时期的运营重点在于相关政策的大力扶持，包括信贷金融支持、税收优惠和财政补贴、科研补贴、进出口关税和非关税壁垒、土地价格优惠等等。在这一阶段可以有的放矢，对一些重点品牌或企业进行大力支持，引导他们与产业链条上的其他小型主体，建立互补、合作、共赢的关系，发挥龙头企业的引领带动作用。

（4）产业链整合期。产业链整合，即围绕主导特色产业，利用整合手段，使特色产业、旅游产业及其他相关产业通过某种方式彼此衔接，打破各自为战的状态，构建一个有价值有效率的产业集群，实现产业联动与融合，从而增强产业活力、节约交易成本、形成产业抱团发展，推动区域经济发展。

这一时期的运营重点在于打通产业链上下游及各相关产业之间的壁垒，有效运用资源、技术、产品、市场、经营方式、组织管理、制度、人才等各种手段，实现产业之间的有效聚集，形成带动作用更强、效益更好的产业集群式发展。

（5）土地二级开发期。土地二级开发期即产城融合共建期，这是新形势下，特色小镇发展的必经阶段。产业大发展，吸引大量就业人群集聚，进而产生了对居

住、教育、医疗及第三服务业的大量需求。基于"产城人"一体化的发展目标，就需要通过土地的二级开发，实现综合服务配套的升级。包括居住配套、商业配套、教育配套、医疗配套、休闲娱乐配套、社区服务配套等。

这一时期的运营重点在于综合考虑城市发展、旅游发展、产业发展、政策扶持和制约等因素，实现产城一体化开发，防止以"城镇运营"之名，行"地产开发"之实。

3. 特色小镇运营方案步骤

根据特色小镇投融资特点，将其投融资规划分为以下步骤：系统环境→问题界定→整体解决方案→细部解决方案→建立投融资规划模型→模型修正→部署实施。

（1）系统环境。对特色小镇的软、硬环境及约束条件进行分析。从各地实际出发，挖掘特色优势，确定小镇的特色产业。

（2）问题界定。挖掘、发现特色产业发展与小镇现有资源环境、规划要求、功能条件之间的主要矛盾。

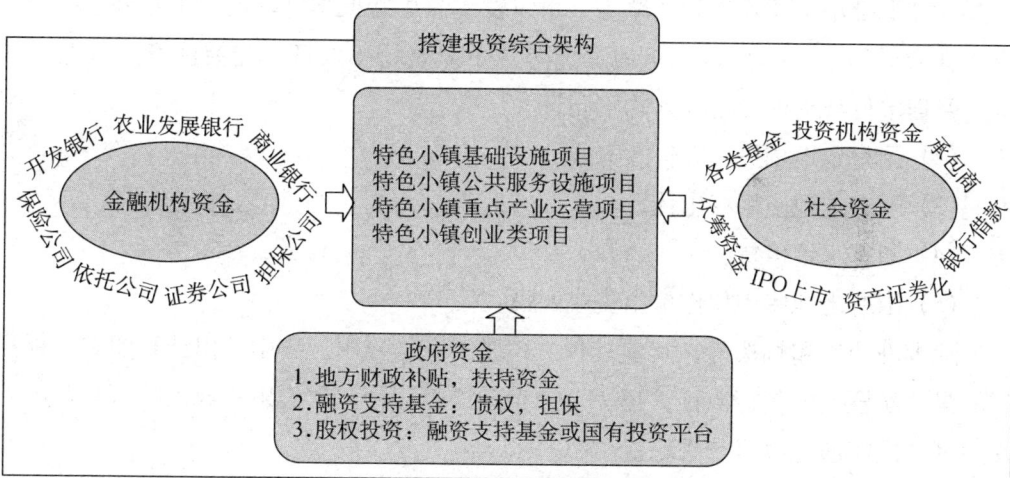

图23　特色小镇的投资模式

（3）整体解决方案。围绕主要矛盾对原有系统环境进行重新规划设计。包括区域规划、土地利用、产业发展、建设与开发时序、投融资时序、收益还款时序等。

（4）细部解决方案。设计目标体系达成策略，细部解决方案即达成各个子系统目标的措施集合。

（5）建立投融资规划模型。对细部解决方案通过时序安排进行搭接，形成投融资规划模型。

（6）模型修正。进行定量检验，与政府部门、专家学者进行研讨优化。

（7）部署实施。确定开发部署安排，提出建设运营建议。

五、特色小镇的土地管理

特色小镇的土地管理涉及的法律、法规、政策较多，同一个问题的相关规定往往散见于不同的法规和政策文件中。

需要对这些政策法规文件充分梳理并予以集成，同时结合项目的性质、特点和用地需求，加强用地策划，研究提出所需各类建设用地的解决方案，最终形成培育特色小镇的政策空间。

按照现行政策，有 10 余种用地解决方案可供特色田园综合体开发者使用。

1. 使用存量国有建设用地

（1）批准使用。市政道路、公园、绿地、广场等属于公共用地，办理批准使用手续，即批准用于建设市政道路等，可以发建设用地批准书，但不用发划拨决定书或出让合同等。这些用地在土地登记时也是只登记不发证。需要注意区分建设单位、管理单位与土地使用权人的不同。

（2）国有土地划拨，即行政方式。

（3）国有土地使用权出让。

（4）国有土地租赁。

（5）国有土地使用权作价出资或入股。

除批准使用和划拨外，其他三种方式属于有偿使用。其中，出让和国有土地租赁的具体配置方式包括协议、招标、拍卖和挂牌四种，作价出资或入股因有明确的使用者，只能通过协议方式配置。

2. 圈内农用地办理转用、征收手续后依法提供给具体项目

土地利用总体规划所确定的城市村镇建设用地，被称为"圈内用地"。为实施规划，需要占用"圈内用地"，涉及农用地的，应当办理农用地转用审批手续；涉及集体所有土地的，应当办理土地征收审批手续。在已批准的农用地转用范围内，具体建设项目用地由市、县人民政府批准，由市、县国土资源部门依法供应。

3. 圈外单独选址建设项目用地

能源、交通、水利、矿山、军事设施等建设项目确需使用土地，利用总体规划

确定的城镇村庄建设用地范围外土地的，经批准可以在圈外单独选址建设。涉及农用地的，应当办理农用地转用审批手续；涉及集体所有土地的，应当办理土地征收审批手续；土地供应方案在办理农用地转用和土地征收时一并批准。

4. 使用国有农用地

建设需要使用国有农用地的，应当在办理农用地转用审批手续转为国有建设用地后，依法办理供应手续，不用办理征收手续。

5. 直接使用集体建设用地

有六种情形可使用集体建设用地：乡镇村公益事业、公共设施用地；

村民住宅；

集体经济组织兴办企业或者与其他单位、个人以土地使用权入股、联营等形式共同举办企业的；

以集体经济组织为主体开发建设公租房、乡村休闲旅游养老等产业，或者以集体建设用地使用权作价出资入股、联营与其他企业合作开发此类产业的；

在 33 个农村"三块地"改革试点，集体建设用地使用权可以出让、租赁、作价出资或入股，用于商品住宅以外的经营性项目；

返乡下乡创业人员，可依托自有和闲置农房院落发展农家乐，也可通过租赁农房或与拥有合法宅基地、农房的当地农户合作改建自住房。

6. 使用国有未利用地

建设项目可以使用土地利用总体规划确定的国有未利用地，不需修改规划，也不用办理转用和征收手续，直接批准用地。

7. 使用集体未利用地

可以参照方案五，直接作为集体建设用地使用。而国家建设项目使用集体未利用地的，应当办理土地征收审批手续后依法供地；不需要办理农用地转用手续，不需要用地计划指标，不缴纳新增费和耕地开垦费。

8. 使用设施农用地

设施农用地是指设施农业项目区域内直接用于经营性养殖的畜禽舍、工厂化作物栽培或水产养殖的生产设施用地、附属设施用地和配套设施用地，农村宅基地以外的晾晒场等农业设施用地。

设施农业项目不同于一般的建设项目，其用地也不同于一般建设项目用地，符合要求的设施农用地不属于建设用地，按农用地进行管理，不需办理农用地转用审

127

批手续，不作为新增建设用地管理。附属设施和配套设施用地有一定比例限制。

设施农用地不包括以下用地：经营性粮食存储、加工和农机农资存放、维修场所；以农业为依托的休闲观光度假场所、各类庄园、酒庄、农家乐；以及各类农业园区中涉及建设永久性餐饮、住宿、会议、大型停车场、工厂化农产品加工、展销等用地。

9. 结合土地整治、村庄整治安排用地

土地整治是对项目区内田、水、路、林、村等的综合整治和统一安排，必然涉及项目区内各项用地的重新布局、安排和产权调整。土地整治规划方案中包含了整治后的土地产权调整和各类项目用地调整（地类调整和供地安排）。

土地整治实施规划经批准后，应当依据经批准的实施规划，相应调整项目区内各类用地产权和地类，直接为项目区内原用地单位整治后的用地办理相应用地手续，不再办理农用地转用审批手续，也不占用土地利用年度计划指标。安排原用地者用地后的剩余部分，应当依法办理供地手续。

10. 其他方法

使用增减挂钩项目建新区用地的，视同建设用地；农业项目使用国有农用地，有承包经营、承包经营权流转、由农场职工按要求耕种等方式；农业项目使用集体农用地，有承包经营、承包经营权流转、四荒地（荒山、荒沟、荒丘、荒滩）拍卖、由原农户按要求种植等方式；使用四荒地等未利用地的，有承包经营、四荒地拍卖、流转等方式，使用年限最长 50 年，使用方向包括开荒造林、治沙改土以及休闲农业、设施农业等，用于非农业建设，需要审批；农村三项建设使用圈内农用地的，应当先行办理农用地转用手续，转为集体建设用地后，再由县市人民政府批准使用；符合条件的农村道路用地和农田水利设施用地属于农用地，不属于建设用地，不办理农用地转用手续，不占建设用地指标；地质灾害治理工程用地，按照地质灾害治理项目办理项目审批手续，不办理征收、转用手续，不占用指标，但应当足额安置补偿。

此外，还可以通过市场解决项目用地：以转让方式取得土地使用权；以股权转让方式取得目标公司控制权，进而实现开发利用目标土地的目的；以合作开发方式开发利用目标土地；原有建设用地依法改变用途等土地使用条件后，用作发展项目用地；原有建设用地办理出让、租赁等有偿用地手续后，用作发展项目用地。

六、特色小镇的设计

特色小镇的目的是想把时代性对特色小镇建设成果以及经济效益的热捧追求上，向着区域品牌的建设，小镇生命机能的塑造等问题的思考上引导一下，构建一套区域品牌建设的大设计体系，从普遍规律层面对特色小镇的建设起到一定的指导作用。

1. 特色小镇的魂

特色小镇的魂是由当地的人文脉络，现代文明的新风尚，以及当地产业的进化升级等要素共同融合的结果。其作用是提领小镇的各种功能，元素，让其有凝聚力，具备品牌传播特性。

具体来讲，特色小镇的魂首先要基于对当地人文脉络的深度梳理，包括历史故事，人物，遗址，风俗，物产，自然环境等等，找到当地的差异基因。寻找该差异基因与现代社会诉求的契合点，加以融合。

然后研究当地产业体系，寻找特色产业业态。特色产业未必是当地的支柱产

业，但一定是有着品牌化潜力的产业，是当地的特色独有产业。前一轮中国的生产资源经济阶段，诸多地方的经济支柱都还是资源，资料类企业，但随着时间的推移，这类企业的功能一方面会进化升级，一方面会被转移至其他国家和地区，其地方支柱产业的地位会大幅度退化。这一轮特色小镇经济，也是高度前瞻性地为后续附加价值高的产业业态在做准备。特色产业的培育和升级是当地城市魂的重要组成部分。

2. 建设特色小镇的诉求模型

所谓的诉求模型，就是一件事情的标准成果。任何一件事情的达成都会与周边的事物发生关联，其成果也是多元，多层的。那么特色小镇的成果诉求模型是什么样的呢。我认为可以用以下一句话来概括：实现当地人居，自然，产业的有机融合，构建区域经济新秩序；促成区域品牌升级输出，打通当地经济内外生命循环体系，这是特色小镇建设的诉求模型。

3. 特色小镇的生态体系

特色小镇的生态体系分为内循环和外循环两大组成部分，但又是一个统一的生态系统。内循环包括四个层次，分别是文化体系，功能体系，运营体系，形式美学体系。

文化体系是小镇的灵魂；功能体系是小镇的机能组成；运营体系是小镇的生命运行秩序，包括物业，经营，开发等；形式美学体系，是小镇的物质载体，是神、行、气的综合呈现。外循环包括，品牌交互，品牌传播，品牌成果三个部分。

品牌交互是小镇与人的交互过程；品牌传播是品牌的宣传推广等；品牌成果是品牌的产品及品牌载体的输出，比如品牌体验店的输出等。

4. 特色小镇的美学设计

美学设计是特色小镇的重要组成部分，很多时候是被忽视了，或重视度不够了。不夸张的讲，对一个小镇的定位高度，以及小镇的生命质量，通过美学呈现的设计就会毫无保留的暴露出来。

第一个问题是崇古薄今。很多地方都把古建筑重新复原出来，做一条老街道，甚至有些地方都不是自己本土的古建风格，也一味地模仿。这种行为我是不太赞同的，当然除非其模仿的古建极其精细，超越了古时候的古建水平，那还是有一定的核心价值的，能够成为经典作品，否则粗制滥造的模仿和复原，不夸张地讲就是历史的逆流。第二个问题是中外古今乱炖。这也是近几十年我们国家所处的历史阶段出现的问题。眼前的资源和元素太多，选择起来眼花缭乱，以至于都想拿来用，这样的结果会令设计毫无美感。这样也说明了，美学设计的问题大部分还是顶层模式与顶层思维的高度决定的。当然如果中外乱炖到一定程度，超越古今中外水平，也是可以的，但能达到如此造就，有如此运筹能力的设计师，恐怕寥寥无几。第三个问题是过度形式主义。特色小镇的形式美学与功能只有和谐统一了，才能显示出其真正的美。过度的美学形式不仅会让人不舒服，反而有时候会拖累功能，喧宾夺主。所以，对特色小镇的美学设计一定是建立在和谐的人文、运营、功能、关系的基础之上的设计，不能独立存在。

总之，美学呈现是一切形而上思想认识的最终载体，不能简单从形式来考虑。大设计思维就是要从生命的根源上考虑问题，通化形而上下，形成有机统一体。

5. 特色小镇的设计清单

特色小镇的设计，是大设计思维的系统应用。总结一下特色小镇的大设计项目，列出如下：

品牌战略设计；功能业态设计；交互体验设计；开发模式设计；运营模式设计；资本模式设计；自然环境设计；交通组织设计；园林绿化设计；灯光设计；景观设计；形象标识；规划设计；建筑设计；室内空间设计；影音设计；平面设计；特色产品设计；产业品牌升级设计；媒体宣传设计；配饰设计；基础设施设计；消费流程设计；艺术品位设计。

以上设计应该彼此相互统一的同时，融入小镇开发的始终，融入建设、运营和推广之中，只有这样，才能形成一个神行气貌兼备的品牌生命体。

七、特色小镇的培育

特色小镇的培育体系是小镇生命的生命机能表现。包括了招商管理，物业管理，经营管理，品宣管理，再往细处分还有培训教育，食品安全，活动组织等。是小镇与顾客，小镇自身经营的系统体系。

1. 首先来看几点运营的认识，供参考借鉴

（1）培育体系一定要走在小镇实施的前边。只有将培育工作前置，小镇的生命机能才能完整，生命力才能旺盛。尤其是招商工作，当地原住民的培训工作，以及拆迁的规则制定工作要前置，考虑周全。

（2）培育要充分考虑与当地原住民的融合。人居，产业，与自然的有机融合是

这一轮特色小镇建设的起码诉求,充分调动原住民参与的积极性,并且能让其在小镇升级建设中谋取福祉,这样会让小镇的生命力更持久。

(3) 市场化的运营机制。鉴于小镇运营的系统性,复杂性,和精细性,专业性,建议用独立的运营公司负责小镇的全盘运营工作。有些特色小镇是政府主导建设的,后期单独成立了指挥小组或办公室来参与小镇管理,这样会使得小镇的后期运营市场化程度低,适应市场的灵活性变差。只有独立市场运营,才能够让小镇的灵活度和新鲜度得以保持和发展。

(4) 扁平化的培育管理制度。建议成立招商中心,经营中心,品牌宣传中心,物业管理中心,食品安全中心,综合管理中心,财务中心,培训中心等平行机构,构建扁平管理体系。提高管理效率,更好地服务于市场。

2. 业态是特色小镇的机能基础

所有特色小镇的培育,都要有四个层面的业态组成:分别是基础业态;中级业态;高级业态;特色业态。

(1) 基础业态一般指的是基础的农业和加工业。比如种植业,饲养业和基础制造业。

(2) 中级业态是指与消费者有交互体验的业态,包括餐饮,休闲,娱乐,养生,文化体验等。

(3) 高级业态是指被品牌化,可以被输出的体验,店铺或产品。比如王家烧饼,李家挂面之类。

(4) 特色业态,指当地独有的,或最知名的业态体系。比如洋河的白酒,余江的雕刻,曲阳的石雕等。

四个层面的业态之间互相融合,共同构成特色小镇的产业生态体系。

3. 除了从有机生命体层面对小镇培育的理解,还可以把特色小镇理解成为一款产品,一款有品牌,有交互的产品

产品与人的交互流程在小镇设计的时候也是需要考虑的,如下阶段:植入需求意向;产生需求意向;消费计划;意向感触;交互行为;产品使用;形成使用习惯;品牌传播。

(1) 植入需求意向是品牌宣传的工作,其目的是让产品的核心亮点与社会需求产生关联度。让人们有类似核心需求的时候想到该产品。

(2) 产生需求意向是消费者的思想行为,也是市场的大需求行为,是市场调研

层面的工作。只有深度了解了本土市场，以及 5 公里、10 公里、100 公里、300 公里，以及大市场经济圈层，才能对小镇的功能有准确定位。

（3）消费计划是消费者从有意向，到规划消费行为的过程。比如从想去小镇，到从网上搜集信息，到规划路线，这个过程是需要精心设计的。包括网络平台的合作，路线的设计，以及相关网络媒体信息的传播都是这个过程要考虑的。

（4）意向感触是顾客与小镇第一印象的感受。就是顾客来到小镇的第一时间的整体感知。这些设计主要体现在进出口的方便，停车的方便，第一形象的气质，接触到当地人的友善程度等。

（5）交互行为是指顾客与当地的产品，体验，人发生交易，交流的过程。这个过程的消费便利度，当地人的话术，以及体验过程的设计，都十分重要。

（6）产品使用是指与当地的产品，体验发生深度交互，使用的过程。这个过程主要靠产品的质量，以及人员的服务质量所决定。当然使用产品的仪式感，顺畅程度也非常重要。比如我们吃饭的同时服务员的服务态度，有时候也会影响心情是一个道理。

（7）形成使用习惯是指当一个产品很好地满足了人们某一个层面的需求的时候，该产品与人的该层面的需求就产生了关联反应。每当有这类需求就会关联到该产品。使用习惯的形成是产品出售的直接目的，只有形成了使用习惯，才有后续的服务市场，也才能形成后续的品牌传播。

（8）品牌传播是随着形成使用习惯，顾客成为品牌传播的媒介，是一个自然而然的过程。当然也可以通过一些制度的设计，比如会员制度，顾客连锁推广优惠制度等，来促成传播效应。

交互流程的设计，是特色小镇形成良好交互体验的重要组成部分，只有细致到每一个交互细节，才能够让小镇灵动，鲜活起来。

八、特色小镇的品牌

绝大部分的特色小镇在目前这个阶段还处在盲目建设，粗放运营的阶段。文脉的融合提升，细致的人因交互，完整的产业生态都处在摸索期。只有当地的产业，文脉，原住居民，自然等要素充分融合，形成了品牌，并且品牌被以完善的模式输出以后，一个特色小镇才算是成功。就像是美国的迪士尼，环球影城，好莱坞，当他们走出国门，走向世界的那一刻，在国外有了自己品牌店，品牌园区的那一刻，这个品牌的价值才真正体现出来。

将来会有一批特色小镇不仅有自己的一片根据地，与本土文化充分融合，也将会有自己若干的品牌店，虚拟店在线上，作为品牌输出的端口。世界的文化也会因为各地方品牌经济的崛起而形成新一轮的文化及经济大融合。

总体来看，特色小镇的经济现象是我们国家从要素经济向品牌经济过度的中间过程，是综合体经济阶段。那么这个阶段过后，也就是后特色小镇时期会是什么样的诉求呢。我认为后特色小镇时代有如下几个特点:

1. 品牌化程度越来越高，对设计系统化，精细化的要求越来越高

再过三五年，会有一大批已经建设完成的特色小镇，或正在建设的特色小镇，品牌意识和大设计意识开始觉醒，重新融合当地产业，整合品牌体系。从品牌的定位，产品设计，研发培育，到各种规则，秩序的设计。目的在于，让小镇的品牌更具有凝聚力，更有品位，为品牌输出做准备。

2. 提倡生态化的运营管理

生态化运营管理的意思一方面指的是商业，产业，人居的有机融合，一体化管理；另一方面指的是原住民，外来居民，商业居民，与管理者的有机融合。只有把商业体验、生产、和人居服务结合在一起进行运营管理，把当地人和外地人和公司化运营体制一体化融合，才能让管理工作更持久、稳定、有效率。

3. 掀起返乡创业热潮

随着当地小镇的产业新兴和复苏，在当地创业成功的概率会大大提升，将会有一大批外地务工者，返乡创业。这其间不乏一些原来就有手艺，但是苦于无平台施展，被生活所迫而转行务工的匠人

4. 出现国际化品牌输出

将来会有一批特色小镇，以园区或品牌店的形式做品牌输出，不仅输出到其他地区，城市，也会输出到国外。

5. 复合型大品牌的产生

某一些先天条件很好的特色小镇，比如人文历史，自然景观和产业资源都比较优越的地方，品牌效应会被放大。会有自己品牌的影视，动漫，衍生产品，特色产品，和品牌店，成为复合型IP，并可能会进入资本市场，被资本热捧。

无论我们的社会如何发展，其最终诉求都跟物质无关，皆在于内心的平和与幸福感。特色小镇的发展，务必要与人文回归，人居和谐，产城融合相结合，只有这

样，小镇才会成为乐居的小镇，幸福的小镇，秩序井然，其乐融融的小镇。

九、特色小镇的融资

特色小镇真正落地，周期长、投资大，得在投融资创新上动脑筋。目前，资金来源（金融支持）有三个层面。

1. 国家层面

符合条件的特色小镇申请国家专项建设基金，中央财政承诺对工作开展得比较好的特色小镇给予奖励。

2. 银行支持层面

政策性金融机构相继出台支持特色小镇建设的金融产品和服务方案。

3. 社会资本层面

即吸引社会资金，尤其是民间资本、民营企业支持特色小镇建设。实践经验表明，前两个层面相对比较容易调动，而第三个层面最为关键，却相当薄弱，民资普遍观望、积极性不高。

特色小镇建设若仅有前两个层面的投资资金来源，特色小镇建设将沦为地方政府的"自娱自乐"项目，肩负通过建设特色小镇撬动社会资本、助力市场化、二次城市化加速的使命将化为"空谈"。因此，对投融资模式的探讨将更注重于社会资本。从筹资的时间跨度与可持续而言，投融资可分为三种类型。

（1）短期内快速获得资金的方式包括：

①发债。满足发行条件的项目公司可在银行间交易市场发永续票据、中期票据与短期融资债券等，可发行项目收益票据（在交易商协会注册）、企业债与项目收益债（经国家发改委核准），还可在证交所发行公开或非公开公司债。

具体而言，特色小镇可探索有利于小镇建设的专项债券，基于特色小镇的特许经营权、收费权、购买协议等创新性债权融资工具，全面地拓展建设方、运营方和经营方的直接融资渠道。还可与银行、保险、基金等机构投资者加大对特色小镇相关债券产品的投资力度，增强相关债券产品的流动性，促进市场机制在特色小镇资金配置中发挥更大作用。

②收益信托。特色小镇项目公司委托信托公司向社会发行信托计划，募集信托资金，然后统一投资于特定的项目，以项目的运营收益、政府补贴、收费等形成委托人收益。金融机构由于对项目提供资金而获得资金收益。

③政府贴息、相关优惠政策与补贴等吸引社会资金投入。

如 2015 年杭州玉皇山南基金小镇正式揭牌后，已有 1000 多家对冲基金和私募基金在小镇注册，管理资产规模达 5 800 亿元（约合 840 亿美元）。

由于一般的基金公司可得到 30% 的税费补贴，更增加了其吸引力，玉皇山南基金小镇现在已然成为上海、北京和深圳之外中国最大的对冲基金聚集地。

2015 年税收超过 4 亿元，而 2016 年第一季度税收就超过了 3 亿元，实现了爆发式增长。

（2）中期而言，投融资模式包括：

①融资租赁。融资租赁集金融、贸易、服务于一体，具有独特的金融功能，是国际上仅次于银行信贷的第二大融资方式。主要有三种方式：一是直接融资租赁，可大大缓解建设期的资金压力。二是设备融资租赁，解决购置高成本大型设备的融资难题。三是售后回租，即购买"有可预见的稳定收益的设施资产"并回租，可盘活存量资产。

②资产证券化。特色小镇建设涉及到大量基础设施、公用事业建设等，基于现行法律框架，资产证券化存在资产权属问题，但在"基础资产"权属清晰的部分，可尝试使用这种金融创新工具，作为有益补充。

③各类基金，即各省市设立的特色小镇建设扶持基金。如海南省与国家开发银行等采用有限合伙人制设立总规模 200 亿元的发展基金，作为特色小镇基建、公共

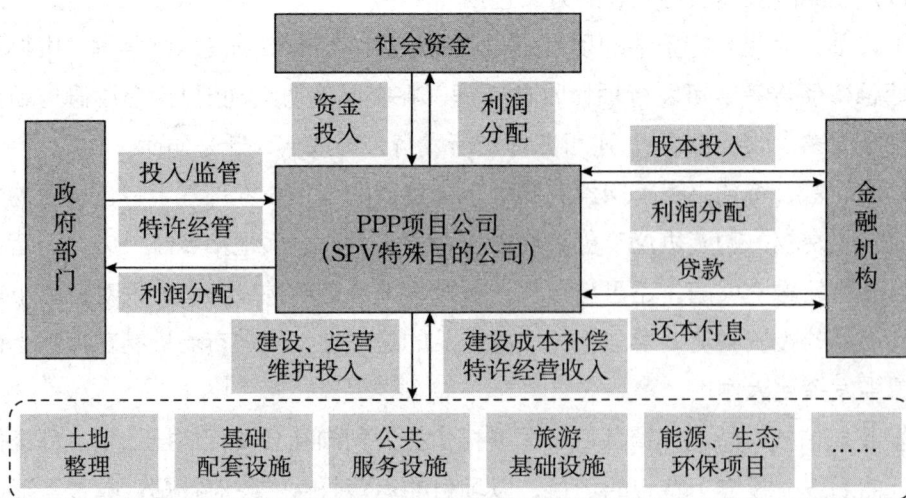

图 24　特色小镇的 PPP 模式

服务配套与产业培育的资本金和项目资金。

（3）长期而言，可利用PPP和产业引导基金。所谓PPP模式，是由政府与选定的社会资本签署《PPP合作协议》，按出资比例组建SPV（特殊目的公司），SPV负责提供特色小镇建设运营一体化服务方案。有两种收益模式，一是股权转让方式，在特色小镇建成后，退出股权实现收益，另一种是直接对PPP项目提供资金，最后获得资金收益。而目前普遍意义上理解的产业引导基金，根据融资结构主体不同，分为三种：政府主导（政府+国资金融机构）、金融机构主导（金融机构+国企）、社会资本主导（出资方主要为民企，风险完全自担）。

但福卡版产业引导基金，则特指政府少量出资，绝大部分资金来自社会资本，政府资金不参与分红，仅通过为基金"背书"来撬动社会大资本，但在重大战略性决策中具有"金股"式一票否决权。此外，股权投资、众筹等，皆可作为投融资选项。参与特色小镇建设的可能还包括处于种子期、初创期、发展期、扩展期的企业，对应的股权投资基金基本可分为天使基金、创业投资基金、并购基金、夹层资本等。

当然，以上各种投融资皆可进行自由组合性的混搭，如PPP与产业引导基金并佐以创新性的退出机制，往往比当下异化为BT的单纯的PPP更具吸引力。关键要看哪种模式更吻合现实条件，及有利于特色小镇未来的可持续发展。

十、特色小镇的发展方向

特色小镇的特色首先体现在产业上。特色产业的选择需要立足当地资源禀赋、区位环境以及产业发展历史等基础条件，向新兴产业、传统产业升级、历史经典产业回归三大方向发展。而不同的特色产业又可以衍生出相关复合型业态，激发小镇内在系统与外部系统的交换融合。

1. 智造小镇：打造"产学研+应用+孵化"深度融合产业链体系

特色小镇的开发重点依托特色产业的发展，那么智造小镇就是"中国制造"向"中国智造"升级的空间载体。智能智造是借助于物联网、云计算、大数据等新一代信息技术，对传统制造业进行的转型升级，是一个创新平台。因此，智造小镇发展的关键，除雄厚的传统制造业基础外，还依赖于强大的科研院所及创新人才的支撑，并在此基础上构建一个"产学研 + 应用 + 孵化"深度融合的产业链体系，以"学研"突破核心技术、以"产"实现产能转化、以"应用"实现产业价值延伸、以"孵化"实现创新激活（如图 25 所示）。

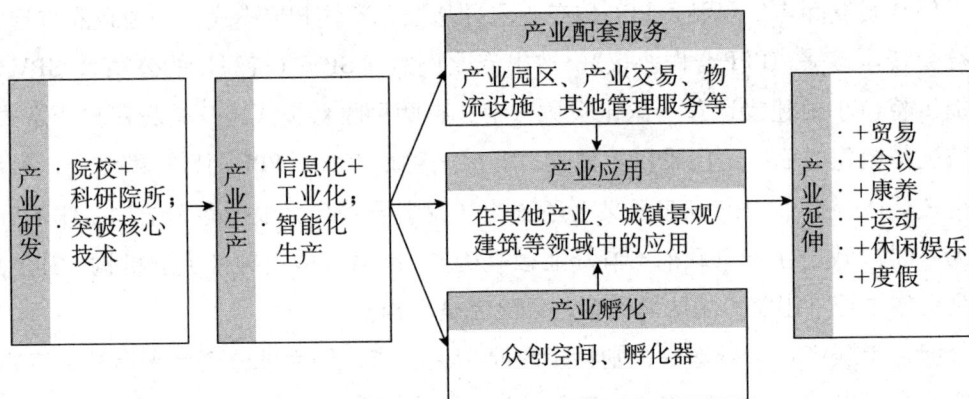

图 25　特色小镇的产业模式

2. 互联网小镇：大型主流企业及灵魂人物的引领

互联网小镇是聚焦培育与互联网相关的产业的空间载体。互联网是一种高新科技产业，需要大型企业的引领，方能发挥大众创业、万众创新的生态链条。因此对于互联网小镇来说，若干业内主流企业的入驻，一个行业灵魂人物的坐镇，是成功的关键。主流企业本身就是一种资源和品牌，具有强大的号召力和凝聚力，可以吸引其他企业以及配套产业链的集聚。另外，主流企业本身自带孵化功能，可催生更多的创新个体及小型企业。

3. 电商小镇：构建线上线下深度融合的电商生态体系

电商小镇发展的关键在于实现线上与线下的深度融合，构建多元化电商生态体系。深厚的制造业基础，是电商小镇发展的一个重要依托；物流解决的是商品的线下流通问题，也是电商小镇发展需要重点疏通的领域；而互联网则为商品的线上流通与展示提供了广阔的平台，是对传统零售行业在流通上进行的帕累托优化；构建完善的电商发展服务平台是保证电商小镇有效发展的必需，这一平台提供金融、培训、行政管理、行业协会、大数据服务等多样化的服务。

4. 枢纽小镇：依托"三流"，实现产城港融合发展

位于交通枢纽位置的城镇，是区域内的经济重镇及集散中心，为沿线的城镇带来了大量人流、物流、信息流的聚集，也形成了城镇发展基础。枢纽小镇发展的重要依托就在于"三流"——人流、物流、信息流。大量人流会产生多样化需求——

餐饮、购物、住宿，大量物流是电子商务及现代物流业发展的基础，而信息流则为会议会展等行业的发展提供了可能。因此，枢纽小镇的发展关键在于以交通促流通，以流通促发展，即依托自身形成的资源聚集，构建相关特色产业链，形成产业聚集，并以产业的发展带动城镇化，实现产城港的融合。

5. 物流小镇：以仓储运输为基础，结合互联网，实现物流的市场化、体验化及小镇旅游化

以仓储运输为基础，结合电商、市场、客货运交通融合发展，现代物流的发展，实现了车辆、货物、货主、买家、仓库及市场的高效配对，并向市场化、体验化延伸，结合相关服务延伸产业，形成城镇化功能及基础。

互联网及信息技术支持下的物流小镇开发，重点是要依托商品交易、相关服务、发达路网等要素的聚集，实现物流的智慧化、物流服务的综合化以及各层次的协同化服务。聚集的企业，包括供应链管理企业、物流企业、物流金融保险企业、物流互联网企业、物流装备制造企业等多种类型，提供集展示、交易、仓储、配送、结算、管理等一体化的服务。

6. 健康小镇：医养休闲衍生健康复合业态服务

健康小镇，是医养资源与休闲度假相结合的产物，发展关键在于依托优势环境，精准定位服务客群，打造医疗服务的吸引力，可从健康检查、医疗机构、慢病疗养、休闲养老角度单项突破，并延伸发展与健康相关的中药、养生、运动、有机农业等产业，带动本地就业，推动镇域发展。

7. 教育小镇：文化功能区衍变为综合城市功能区

教育小镇是指多种教育机构在空间上集聚、整合，通过教学资源的共享、合理配置，有效推动城镇化发展的开放式教育园区。

教育小镇的发展往往作为城市的文化功能区，依托高校、科研机构形成一个集人口、信息的空间系统，推动服务、生活配套完善和城市扩展。在特色小（城）镇的大背景下，规划和发展教育小镇时，尽量最大限度地考虑与产业园区对接，依托教育小镇形成集教学、科研、实践的综合型城市功能区。

8. 生态小镇：依托生态环境形成生态型产业体系

在生态文明理念下，探索新型城镇化的道路，将会出现一大批生态文明示范城市、生态新城、绿色新城、生态文明小城镇、低碳城市、国际慢城、零碳城市等，我们将其统称为生态小镇。

生态小镇开发建设涉及生态技术、社会文化、经济发展等多方面，非常广泛，所投入的人力、财力、物力也较巨大。我国生态小镇应以生态资源为本底、以指标体系为目标、以生态产业为驱动、以生态文化为特色、以生态技术为支撑、以制度体系为保障，实现可持续发展。

9. 市场小镇：以细分专业化市场为基础构建"小企业大配套"

市场小镇以发达的细分专业化市场为基础及特色，构建"小企业大配套"，形成以产品消费聚集为中心、生产资料市场为依托、其他市场为配套的批零结合的交易体系，同时结合体验、旅游、会议等功能，实现可批发、可零售、品种全、互动好、可持续发展的产业整合。

发达的中小企业、共享的交易平台、大规模的市场聚集、完善的软硬件设施、便利的物流条件，是市场小镇形成的基础，简而言之，即"互联网＋批发市场＋综合服务＋消费体验"。

10. 国际小镇：以国际交流为核心实现中外文化强互动

国际小镇是基于当地资源的国际化基础（如位于边境、侨民聚集、历史遗存等）或周边消费能力强、对国际文化有强烈需求的市场优势，通过导入国际对接资源、加强国际合作、争取保税政策等，形成的以国际交流为核心，以国际文化为特色，实现中外文化强互动的发展模式。

国际小镇通过链接国际总部基地、国际健康资源、国际商品资源、国际教育资源等，实现全方位国际化工作生活环境与方式的营造。

11. 旅游古镇：完善旅游产品体系

古镇旅游作为文化旅游的重要组成部分，其培育核心在于主题文化的体验情境设计，发展关键在于延长游客的停留时间，注重夜色经济，保证持续的人流和消费，从而保持古镇旅游的旺盛生命力。

12. 文创小镇：创意产品"走出去"

文创小镇是以文化元素挖掘、文化价值构建为基础，利用现代化的手法进行创意设计，并与商业结合，打造的一种独特的商业体验空间，是融特色文化、特色景观、创意产业、市场运营管理于一体的综合创新发展平台。

文创小镇根植于乡土文化的就地城镇化模式，以文化创意作为可持续发展的核心资源，赋予小镇更多的文化创意特色和城镇价值体系。就文创小镇的发展而言，人才的吸引和留住是前提，文化、产业、社区的融合是促进，"文创+"跨界融合是推动，形成创意产业集聚和区域发展是目的。

13. 民俗小镇：民俗体验的商业运营

民俗小镇是指依托当地物质生产、社会生活、节庆等民俗的独特吸引力，通过体验性产品和空间的打造，运用商业化手法运营发展的特色小镇，现已成为带动乡村发展的重要路径。

民俗小镇的发展关键在于将民俗文化资源转化为经济发展动力。民俗文化往往通过体验式旅游去传播，来达到传承的目的。因此，民俗小镇多以旅游为载体，以生活体验、节庆体验为主要形式，通过文化与旅游的互动途径增加小镇的魅力，形成独特的民俗文化旅游品牌，吸引客源消费，带动当地发展。

14. 艺术小镇：构建自循环特色产业生态圈

依托文化艺术与生态环境，艺术小镇整合各方资源，激发民间创客活力，形成一个集艺术研究、教育、生产、展示、交易、交流等相关服务功能为一体的生态产业圈。

艺术小镇有几大明显特点：一是众多的文化艺术活动是聚集人流的必备要素；

二是艺术小镇具有独特的风格和风貌，建筑与景观设计均充满了艺术与人文气息，极具辨识度；三是由本地艺术产业或独特IP延伸出的艺术商品，包括艺术品、电影、小商品等，成为推动艺术小镇经济发展的重要动力。

15.体育小镇：带动全产业链发展

体育特色小镇发展的首要要求是生态环境基础好，发展方向上要紧跟时代步伐，紧密结合百姓的体育生活方式，发展"体育+"，打造赛事、设施等吸引点，并融合高科技元素，强化服务，推动户外运动用品的供应，最终将体育运动与工业、科技、文化、旅游有机结合，形成户外休闲、冰雪运动、骑行文化、极限探索、运动品牌等休闲产业。

16.农产小镇：从土地、餐桌到床头

农产小镇发展的关键，在于基于当地的农业产业特色优势，营造一种区别于都市生活的原乡生活方式。从空间上看，原乡生活方式是一个系统圈层架构：第一层为农户业态，包括每家农户提供的餐饮、农产品和民宿方式；第二层为以村落为中心的原乡生活聚落；第三层为更广阔的半小时车程范围内的乡村度假复合功能结构（图26）。

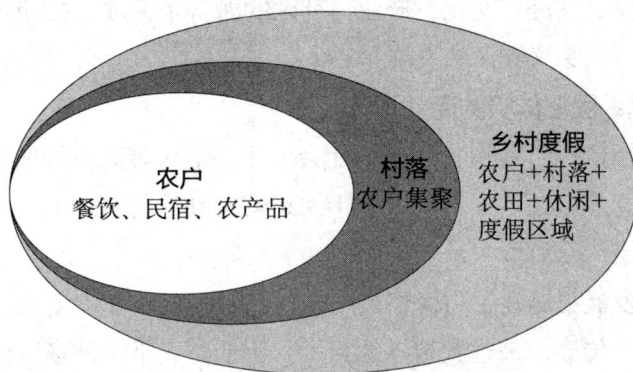

图26　原乡生活方式的空间圈层架

17.工匠小镇：传承工艺的匠人聚落

工匠小镇主要是在传承原有手工业或工艺的基础上，结合文化、创意与体验，由一批注重品质和情怀的工业企业、手工作坊或手作人组成的空间聚落。其发展的关键在于匠人的聚集。小镇要实现匠人的聚集，需要形成一个内外生态循环的人才引进及培育体系。

　　具体来说，即通过租金、税收等优惠政策，引进具有价值的匠人落户，在小镇上形成匠人及企业的聚集；小镇内部形成"双规"教育体系——职业学校教育＋企业教育，以校企结合的方式，培养积累人才；联合国内外优势资源，以国际交流、国际大赛、国际观摩、国际展览等方式，为匠人提供多元化的学习成长机会。

18. 金融小镇：周边有可依托的金融中心

　　优惠的税收政策、完善的商业配套、全方位的服务体系、高品质的生活、良好的生态环境，这些外在资源对金融小镇的发展来说必不可少，也是吸引金融机构入驻的关键因素。

　　但这些因素可以发挥作用的前提是，周边有一个可依托的金融都市或金融中心，近在咫尺的金融小镇成为这一中心资源疏散与对接的重要口岸，为其提供中介服务、投资机构支持等。

19. 双创小镇：服务平台促创业

　　"大众创业，万众创新"已成为未来中国经济发展转型的新引擎。双创小镇的发展重点在于为创业人群和机构提供成长和服务的平台。一方面，其为创业者提供创业培训、投融资对接、商业模式构建、政策申请、法律财务等创业服务；另一方面，其为创业者打造舒适便捷的工作、社交、资源共享空间，促进思维的创新。

20. 知识产权（IP）小镇：IP 资源运营集聚区

知识产权小镇是通过聚集知识产权资源，围绕知识产权产业链，形成知识产权专业服务的集聚区，并围绕知识产权的发明、应用、保护、交易来建设完善各种功能，带动小镇功能，促进小镇的建设和发展。知识产权小镇的发展，关键在于利用联盟化手段整合知识产权资源，利用商业化模式提供全链条知识产权服务和运营。

从研发服务、评价服务、申请保护、技术转化服务、资本对接服务来聚集研究机构、高校院所、知识产权服务机构、金融机构，形成特定战略定位下的知识产权服务集聚区。

第二节　实操案例

一、石山互联网农业小镇：农业触"网"迸发无限可能

2015 年 6 月，海南首个互联网农业小镇——石山互联网农业小镇在海口市秀英区石山镇正式启动建设，当地仅用 6 个月的时间完成了互联网基础设施建设和镇级运营中心、村级服务中心的规划建设，搭建了电商平台，形成了线上线下产品，建立了管控体系，并于 2016 年 1 月 16 日正式运营。

石山互联网农业小镇基于石山镇当地的旅游资源及其自然条件，因地制宜打造农业特色小镇，引进国内外顶尖物联网技术，开发当地火山地貌，建设了石斛、壅羊、荔枝等十个现代农业产业园，将健康生产、健康生活的理念带入特色小镇的运营当中。

石山互联网农业小镇在开发中，充分尊重了小镇原有格局，传承小镇传统文化，不盲目搬袭外来文化，在现有条件和传统文化的基础上运用"互联网+"的思维与技术，按照"以镇带村、镇村融合发展"的思路，实施镇级运营+村级服务的运营方式，建设了镇级运营中心，加大对全镇的产业管理服务辐射；在各村（居）委员会共建设 12 个村及服务中心，将互联网向农村、农户延伸，为农产品销售推广、购物、技能培训等提供全方位的服务；通过建立互联网小镇旅游服务中心，将本地特色农业与旅游产业相互促进、相互推动、共振发展。

如今的石山已实现农业互联网、农业示范基地、农产品加工、休闲农业、旅游民宿、农村金融、政务服务等一、二、三产业有机融合，一体化发展。镇域经济总

产值年均增长 20% 以上，农民人均年收入达到 15 000 元以上。石山互联网农业小镇打造的海岛生活电商平台销售额已达 600 多万元，互联网农业小镇线上线下销售额达 2 亿元。初步实现了农业的生产经营方式、农民的生活方式、农村的人居环境三大改变；初步实现了基础设施、产业水平、农民收入、农村文明素质，四大提升。

二、远洋渔业小镇：造就远洋渔业与渔文化地域特色

2016 年 1 月，浙江省公布第二批 42 个省级特色小镇创建名单，舟山市定海区定海远洋渔业小镇作为健康产业类特色小镇入围。定海远洋渔业小镇立足"远洋渔业"和"渔文化"的地域特色，抓住舟山国家远洋渔业基地建设的契机，遵循浙江省特色小镇倡导的"产、城、人、文"四位一体的发展理念，将重点打造集科研、生产、综合物流于一体的海洋健康食品、新型海洋保健品、远洋生物医药等海洋健康产业，采用"海洋健康产业+"的创新发展模式，促进健康产业与新经济模式的充分"嫁接、契合、互融"，积极推动创意、文化、旅游、电子商务等新兴业态发展，构建形成多链条、高融合的新型产业生态圈，积极打造成为浙江富有浓郁海岛渔文化气息的远洋渔业特色小镇。远洋渔业小镇规划面积约 3.18 平方公里，其中建设用地面积约 1.26 平方公里；总体布局为"一核五区"，包括核心区（远洋渔都风情湾区，即小镇客厅），以及远洋健康产品加工区、健康产品物流区、生活配套

区、健康休闲体验区和综合保障区。

定海远洋渔业小镇具有五个方面的发展优势：一是舟山远洋渔业全国领先，具备发展远洋健康食品产业的坚实基础。二是远洋渔业前景广阔，舟山拥有全国唯一的国家远洋渔业基地。三是岸线腹地资源极佳，定海西码头区域远洋渔业基地建设初步成型。四是百年渔港历史传承，定海西码头渔港人文底蕴深厚。五是各级领导高度重视，省市政府全力支持远洋渔业基地建设。

三、古北水镇：长城边的北方风情小镇

古北水镇位于北京市密云区古北口镇区域内，背依司马台古长城，坐拥鸳鸯湖水库，是北京市及周边区域罕见的山、水、城有机结合的自然古村落，拥有原生态的自然环境、珍贵的军事历史遗存和独特的地方民俗文化资源。水镇所在地原本为自然村落，受外界干扰较少，周边自然环境保护完好；司马台长城曾被誉为中国最美的长城，观赏游憩价值极高；作为曾经的边塞小城，这里自古以雄险著称，有着优越的军事和地理位置，也吸引着无数文人雅士，并形成多元的军事文化和民俗文化等聚集。

人们普遍认为，古北水镇是浙江乌镇的翻版，故被称为"北方乌镇"，其实不然，古北水镇只是在建设和运营中借鉴了乌镇的成功经验，而在小镇特色上，则完全与乌镇不同，更多的体现出了自我的特色。如果说，乌镇展现出来的是一种南方的江南水乡，给人的感觉是温婉如玉，而古北水镇则展现出来的是一种北国的边塞风情，给人的感觉是沧桑粗犷。

古北水镇在打造过程中，充分展现了对区域历史、文化、民俗的理解与尊重。通过长城书院、杨无敌祠、震远镖局、司马小烧、八旗会馆等为代表的建筑群的重建，最大程度地实现了北方小镇的场景化营造，展示了北国边塞小镇历史风貌和民俗文化，并与司马台长城有机地融为一体，形成独一无二的自我特色，并对游客产生了极大的吸引力。古北水镇还十分重视对地方民俗文化的挖掘，通过造酒、染布、镖局、戏楼、祠堂等情景化活动的再现，让游客更真实的体验和感受古镇生活。

在古北水镇经营业态上，门票只是进入景区的门槛，更重要的是游客在景区带来的二次消费，现已形成门票、索道、游船、温泉、餐饮、住宿、演艺、娱乐等多种业态、复合经营的良好态势，在充分满足游客多种旅游消费需求的同时，极大的

降低了门票在整个经营收入中的比例，取得了破解"门票经济"的巨大成功。此外，古北水镇还针对北方景区冬季呈现严重淡季的问题进行了充分的考虑，开发出雪地长城观赏、庙会、冰雕节、美食节、温泉等一系列冬季旅游产品，初步实现了"淡季不淡"的经营目标。

同时，古北水镇从外观上对水镇街区风貌进行整体风格打造，确保水镇与周边环境的自然、协调性；内部布局上，按照现代化社区的标准，完善公共场所、活动空间、居住及旅游配套设施，同时将现代化的设施深藏不露地融入建筑当中，既保证了北国小镇的历史面貌，也适合旅游度假者的居住。

四、拈花湾：佛教禅文化的文化小镇

拈花湾项目位于江苏省无锡市滨湖区马山国家风景名胜区的山水之间，靠山面湖，与驰名中外的灵山大佛依山为邻，得尽天地人文灵气。拈花湾规划面积106.67公顷，建设用地1 300亩，建筑面积约35万平方米，景观面积55万平方米，水域面积20万平方米，容积率0.45，建筑密度23%。

拈花湾特色小镇使得灵山从一个单纯的观光景区，脱变为度假胜地，赋予了其更加完善的休闲功能，提高了游客的游览时间、过夜率和附加消费。

小镇整体建筑风格参考了日本奈良的风格，又融入了中国江南小镇特有的水系，打造出了一种独有的建筑风格。说到奈良，熟悉历史的应该知道它是仿造唐代长安城而建，历经千余年保存完好，有世界现存最早的木结构建筑。

从整个小镇的总体布局来看，拈花湾通过三条主要交通道路和水系的组织，规划了"五谷""一街""一堂"的主体功能布局，并配以禅意的命名体系，形成以"五瓣佛莲"为原型的总平面。其中，"五谷"分别为云门谷、竹溪谷、银杏谷、禅心谷、鹿鸣谷，形似五瓣花瓣，主体功能为涵盖会议、酒店、度假房产；"一街"即香月花街，位于花心，是拈花湾的核心商业街区；"一堂"即胥山大禅堂，位于花干，既是大型禅修体验场所，也是拈花湾的大型景区标志物。

整个灵山小镇·拈花湾是崭新的、简约的、整洁的，没有任何一处使用脏兮兮的做旧手法，也没标榜自己是什么"古镇"。其中，胥山大禅堂特邀日本隈研吾大师操刀创作设计，是一座可以容纳千人同时参禅的"色空奇观"大禅堂，是灵山又一奇观。

五、玉皇山南基金小镇：中国版格林尼治小镇

玉皇山南基金小镇位于杭州市玉皇山南地区，北临玉皇山，南俯钱塘江，东接南宋皇城遗址，西到虎跑路，总占地面积 5 平方公里。基金小镇以美国格林尼治小镇为标杆，以重点发展私募证券基金、私募商品（期货）基金、对冲基金、量化投资基金和私募股权基金为特色的私募基金集聚区，打造具有全国影响力的私募基金发展样本区域和示范中心。

玉皇山南基金小镇仿效格林尼治－纽约的错位发展模式，借力和对接上海国际金融中心、杭州金融中心、南京国际金融中心，与上海重点发展的公募基金进行错位发展，进行金融产业分工和协同，目标打造一个以私募金融产业为核心的中国版格林尼治小镇。

项目特色：五大特色，践行"绿水青山就是金山银山"：

1. 产业特色

以股权投资类、证券期货类、财富管理类投资机构为核心产业，以金融中介服务组织为补充，形成完整的新金融产业生态链。

2. 生态特色

背靠玉皇山，南临钱塘江，坐拥四大生态主题公园，林木水系覆盖率 70% 以上，"朝闻稻花香，夜听蛙鸣声"是小镇生态的真实写照。

3. 文化特色

承吴越、南宋千年历史文化遗韵，融陶瓷文化、铁路文化、现代艺术文化、金融文化为一体。象征丰收与财富的五福牛成为小镇鲜明的金融文化符号。

4. 社区特色

立足核心产业，先后打造国际医疗中心、国际学校等配套设施，辅以便利的公共交通和居住环境，形成完整高效的服务体系。

5. 建筑特色

保留原有建筑肌理，将建筑、景观、文化有机融合，打造出仿宋建筑、民国建筑、江南民居、新中式等风格迥然、形态各异的建筑群。

上城区政府在培育和引进各类私募（对冲）基金等核心业态时，配套引进与其业务密切相关的私募中介服务机构、辅助性产业、共生性产业和配套支持部门等，共同构成五层次生态圈，打造私募（对冲）基金与上下游企业的"零距离"战略关

系，构建完备的私募基金产业链和生态系统。

六、乌镇互联网小镇：线上线下有机融合的典范

乌镇互联网小镇位于浙江省嘉兴市桐乡，东至乌镇市河，南至西栅景区界线，西至薛塘，北至京杭运河，规划面积3.13平方公里，计划投资60亿元。

近年来，桐乡乌镇景区吸引了近七百万海内外游客前来观光度假。景区首创的"乌镇模式"，实现了从"修旧如故，以存取真"到"历史街区的再利用"。2013年，第一届乌镇戏剧节盛大开幕，标志着乌镇景区向"文化旅游"领域的成功转型。以智慧旅游为核心，目前，乌镇景区已基本完成旅游官网、旗舰店、论坛、微博、微信、手机APP、虚拟游、语音导览、二维码电子门票、智慧信息亭等信息产品和服务的应用开发，并向游客推出"无纸化导览"，同时广泛普及支付宝扫码支付。

小镇充分利用云计算、移动互联网、物联网和大数据等新一代信息技术，打造开放共享的"互联网+"生态圈，提高乌镇互联网聚合力，建成产业、文化、旅游和社区四大功能都紧贴互联网产业定位聚集、融合发展的具有诗画水乡特色的乌镇"互联网小镇"。

乌镇互联网特色小镇规划有九大主要项目，包括互联网国际会展中心、江南乌村、"挂号网"医疗中心、互联网之光博览会、互联网主题公园、吴越文化创意园、互联网创客空间、互联网大数据运营中心和互联网创业街区及创客村等。

七、杭州梦想小镇：让创新创业成功的造梦之地

梦想小镇项目位于浙江杭州未来科技城，地处杭州市中心西侧，规划面积3平方公里。项目规划范围西至东西大道、北至宣杭铁路、东至绕城高速、南至和睦路，规划用地面积为3 504公顷，其中建设用地面积3 062公顷，占总用地面积的87.39%，项目总投资40亿元。

项目以章太炎故居"四无粮仓"深厚的历史文化底蕴和"在出世与入世之间自由徜徉"的自然生态系统为载体，以科技城开放、包容、创新、服务的政务生态系统为支撑，以阿里巴巴总部所在地和金融资源集聚发展的产业生态系统为驱动，打造集创业、休闲、生活、记忆于一体的功能完备、绿色生态、环境宜人的创业梦想小镇。

小镇一期重点打造"仓前古镇"旅游区，以提升优化现有旅游资源，为后期建

设储备人气及宣传效应；小镇二期重点建设七个梦想小镇，以承托来小镇追梦的人的梦想，为创业者提供必要的支持平台；小镇三期重点建设筑梦工厂，作为城市中心体，承载商业、办公、休闲、娱乐等功能，作为未来城市的中心。

八、云栖小镇：云计算孕育的超级孵化器

杭州云栖小镇，位于杭州市西湖区之江新城的中部，是西湖区依托阿里云公司和转塘科技经济园区两大平台，着力打造的一个以云生态为主导的特色产业小镇。政府是产业集聚区的建设发展主体，使云栖小镇形成了政府与阿里结合的双主体结构，即政府与阿里共同打造的"超级孵化器"，共同促进阿里云开发者大会，形成独特的创新产业优势。

云栖小镇规划范围是以转塘科技经济园区为基础建设的，该园区建设有杭州云计算产业园、阿里云计算创业创新基地两个涉"云"平台，引进阿里云计算、华通云、威锋网、云商基金等涉"云"企业近 100 家。2013 年 10 月召开第一届云计算产业行业盛会："云栖大会"，这对于云栖小镇发展云计算产业有了一个较好的先发优势。

同时，在做产业规划时引入了产业生态链的发展模式，提出了由"云服务区""就业创业区""就业创业服务区""创业成功发展区"四区组成的一个云计算产业生态体系，构建了一个从想创业、始创业、创业中、创成时、创成后的完整创业服务生态链，形成"易就业易创业的生态体系"。

其次，根据产业生态链规划，在用地布局上规划了八个功能分区：创业孵化区、创业服务区、云存储云计算产业区、工程师社区、成功发展区、国际化生活区、生活配套区和创业创新拓展区。

再次，在规划区大部分用地已出让的情况下，规划采取的是一种渐进式的、有机更新的调整方式，把工业用地调整为创新型产业用地、新增配套设施用地，创新型产业用地复合部分配套功能等。同时在交通、配套设施、开敞空间等方面进行了规划提升，实现规划区从"传统工业园区"到"云栖小镇"的转型提升。

云栖小镇已累计引进上千家包括阿里云、富士康科技、数梦工场、政采云、商圈网络等各类企业，产业覆盖云计算、大数据、APP开发、游戏、互联网金融、移动互联网等各个领域，已初步形成较为完整的云计算产业生态。

从云栖小镇成功的案例看，建设特色小镇除了景观感受外，更核心的是形成独

特的创新产业优势。通过自身特有的资源、文化、技术、管理、环境、人才等方面的优势，打造具有本土特色且具有核心市场竞争力的产业或产业集群，这往往比主要靠自然资源为主的小镇更具魅力和价值。

九、青瓷小镇：让龙泉青瓷文化重生

浙江省第一批省级特色小镇创建名单正式公布，龙泉青瓷小镇凭借青瓷制作历史经典产业列入首批创建名单。总体格局为"一核心、三组团"。核心区位于上垟镇，地处浙闽边境龙泉市西部，距市区 36 公里，龙浦高速、53 省道穿境而过。山水资源优越、瓷土资源丰富、民间制瓷盛行，历百年不衰。上垟作为现代龙泉青瓷发祥地，见证着现代龙泉青瓷发展的历史。走进上垟镇，深山小镇的瓷风古韵，从旧屋翻新的大街小巷里飘溢出来，曾经的上垟国营瓷厂办公大楼、青瓷研究所、专家宿舍、工业厂房、大烟囱、龙窑、倒焰窑等至今仍在，成为不可复制的青瓷文化历史。因此，上垟在龙泉青瓷发展史上的独特地位、良好的产业文化基础，成为中国青瓷主题小镇的灵魂。

2015 年底，"中国青瓷小镇开发项目"正式签约，总投资 30 亿元。分三期投入建设，以上垟镇龙泉瓷厂旧址为核心，整合周边资源，深入挖掘龙泉青瓷文化内涵，建设成为开放式、生态化的人文景区。

青瓷文化园是青瓷小镇项目的核心，保留原国营龙泉瓷厂风貌，设置青瓷传统技艺展示厅、青瓷名家馆、青瓷手工坊等各种青瓷主题的休闲体验区，为不可复制的青瓷文化历史增加了新的休闲体验。

经过一年的建设发展，中国青瓷小镇初见成效，目前已吸引了上百家青瓷企业、青瓷传统手工技艺作坊入驻，带动了当地 4 000 多名农民就业创业。依托小镇浓厚的青瓷文化底蕴和依山傍水的秀丽风景，城镇建设风生水起，一个世界青瓷技艺传承地、青瓷文化创意集散地、青瓷文化交流汇集地为一体的世界级青瓷小镇已初具规模。

十、艺尚小镇：引领国际潮流的时尚重镇

2015 年 5 月，艺尚小镇成功入围浙江省首批特色小镇创建名单，是唯一定位于时尚产业的特色小镇。艺尚小镇位于临平新城核心区，规划面积 3 平方公里。

艺尚小镇以时尚产业为主导，把推进国际化、体现文化特色与加强互联网应用相结合作为小镇主要定位特色。规划形成"一心两轴两街"的基本格局，"一心"

为小镇的形象之心、交通之心、功能之心，"两轴"为沿望梅快速路及其延伸段形成的山水文化轴和沿迎宾路形成的产城融合轴，"两街"即中国·艺尚中心项目形成的时尚艺术步行街和调整后的汀兰路时尚文化步行街。

艺尚小镇产业规划由时尚设计发布集聚区、时尚教育培训集聚区、时尚产业拓展集聚区、时尚旅游休闲集聚区、跨境电子商务集聚区和金融商务集聚区六部分组成。

艺尚小镇聚焦国际性服装和珠宝配饰产业，按照企业主体、项目组合的原则，从 2015 年起到 2017 年，分三期实施。2015 年投资 15 个亿，产业定位于设计与研发、销售展示、旅游休闲以及教育与培训等，引进品牌服装企业 80 家左右。

目前已引进中国·艺尚中心项目，一期 37 亩已开工建设，二期 193 亩计划开工。"中法青年时尚设计人才交流计划"基地已落户"艺尚小镇"；中国服装协会、中国服装设计师协会、法国时尚学院、中法时尚合作委员会已签署入驻协议，美国纽约大学时尚学院、英国圣马丁艺术学院和意大利马兰欧尼时尚学院三大国际知名时尚学院正在积极引进中，七匹狼、太平鸟等 40 余家国内知名品牌已签订入驻协议。未来的艺尚小镇，将是时尚产业驱动、弘扬人文价值，让设计师们"聚集灵活思想、人性回归"的圣地。

第三节　阡陌解读：如何将特色小镇做"真"做"实"

客观地说，特色小镇，放在乡村振兴战略的背景下来看，确实是个好的方向，结合田园的、农旅特色的特色小镇，是推进乡村振兴和城乡融合的一个有效手段。

但是，当前"一窝蜂"式的开发热，也导致同质化、形式化、运营不足、流于"形象工程"等问题的出现，有些特色小镇建设甚至成为房地产商制造库存的新手段，"房地产化"倾向明显。在阡陌智库调研的某些特色小镇，由于缺乏产业内容与运营能力，也没有精心打磨的耐心和产业注入的考虑，某些特色小镇仅仅追求急功近利的目标，导致一些项目毫无任何"特色"可言，成了"千镇一面"。

阡陌智库认为，特色小镇大量成了"假"的、"虚"的，发展将不可持续，为了特色小镇的发展必须要做到"真""实"。怎样做到"真"和"实"呢，魂就在于产业。小镇发展的核心不在于开发，更不是图纸上的故事，而在于扎实的产业支撑和有效的产业运营。

在阡陌智库服务的众多案例中，有一个特色小镇非常"与众不同"。说它与众不同的原因在于，这个位于山东菏泽的牡丹创意家居小镇，有别于依靠自然、人文旅游资源兴起的景区式小镇，而是依托于互联网+家居产业，通过产业聚集和合理引导形成具有竞争优势的产业集群，打造出了特色小镇的"产业样本"。下面以该小镇的产业发展来做一些剖析。

一、特色小镇的产业选择

对于山东菏泽来说，作为林业大市，家居产业是其优势传统产业，仅木材加工

企业和加工点就多达 4.6 万个。但企业较为分散，设计与创新能力不足，产业聚合度不高，能为电商服务的代加工企业缺乏，造成诸多家居电商不在本地采购，却纷纷在外地找代工的怪现象。而且，很多作坊仍保持着传统的粗放加工生产方式，对环境与人体的污染较为严重。

在此背景下，菏泽天华集团的天荣家居成为本地产业转型升级的助推器。天荣家居的运营逻辑很清晰：整合菏泽家居特色产业，高标准建设规模化的家居智造产业集群，并与天华电商园强大的销售端融合，形成"园区网络销售＋标准化生产基地"的产业电商发展模式，从而带动区域特色产业的转型升级。

天华选择的家居产业电商运营模式，有助于推动当地特色产业转型升级，重塑产业发展新动能，尤其对那些虽有优势，但弱、小、散的地方产业形态，整合提升空间更大，所以具有多地域复制、多产业复制的较高经济价值与社会价值。

在此产业发展基础上，牡丹创意家居小镇应运而生。小镇规划占地 3.6 平方公里，投资概算 120 亿元，以家居业为特色启动产业，按照"产城融合"的发展理念，着力打造成产业上"特而强"、机制上"新而活"、功能上"聚而合"、形态上"精而美"的地方特色小镇。

小镇项目建成后，以电子商务为依托，通过"园区网络销售"＋"标准化生产基地"的电商发展模式，其容量能集聚家居产业生产、设计、销售、仓储、物流企业 200 家以上，吸纳创业、就业 1 万人以上，带动就业人口 6 万人。

结合了菏泽本地的区域优势产业，并结合互联网，进行新旧动能转换，家居小镇就具备了成功的产业基础。

二、特色小镇的产业培育

"集中式突破"是特色产业发展的关键。小镇的主导产业、支柱产业选定之后，根据特色小镇的培育要求将主导、支柱产业做精、做强。首先要采取集中式策略，重点突破，挖掘产业潜力，延伸产业发展圈，发展产业的核心优势。

"规模化发展"是特色产业稳定发展的保障。规模化发展是在产业发展基础上，全面降低了成本、提升了运营效率，从而在产业研究、应用、服务、运营方面形成集群发展，在市场竞争中形成规模，保持竞争优势，获得持续稳定的发展。

同时，在产业培育上要注重产业集群的打造。要将既有联系又相互独立的产业，按照其区域的布局、专业化的要求等，发挥其各自的优势，在空间上形成高度集聚、融通发展。在小镇范围内，推动形成产业聚集，增强产业活力、降低产业发展成本。形成产业的集聚发展，将会综合提高产业发展的规模化效应和竞争力。

在牡丹创意家居小镇，一件件家具从流水线上产出，在产业培育过程中，秉持着"再好的厂房，不如一个好车床"的理念，天荣集团分别从意大利、德国、等国家和地区引进了 800 余台、套的家居生产全自动化设备。

在家居生产之外，天荣为保持设计的新意，引领潮流，分别从北京、上海、深圳等家居产业的前沿阵地挖掘和聘请家居设计师，来提高自主创新能力。在家居研发生产方面，天荣以互联网思维、高起点定位，按照五个突出的理念，突出创新意识和科技含量，突出高端制造，突出绿色环保，突出市场引领，突出个性化需求，着力打造家居产业品牌效应，极大地提升了家居产业的档次和水平。产品 80% 通过电商销售，20% 产品通过天荣家居深圳分公司外贸出口，较好地实现了虚拟与实体、线上与线下、创新与创业的有机结合。

天荣的战略目标就是，坚持宜居宜业、宜创宜游的第四代产业园区标准，以多元、包容、开放、跨界为引领，通过创意、创新、创造，引进国内外一流创意家居企业、与创意家居业广泛关联的多元化产业，将其打造成现代化生态型人文智慧小镇，建成中国中部现代家居产业集群、中国创意家居产业华东总部基地、产城融合、具有核心产业带动力和推动力的中国新型产业主题旅游综合体，实现中国家居产业发展模式的革命性突破。

三、特色小镇的产业品牌

产业品牌的打造核心是培育龙头企业、标杆企业，发挥其带动效应。龙头企业是小镇产业发展的带领者和掌握者。在一定层面上，龙头企业的发展水平，代表小镇产业的发展水平。

阡陌智库针对天华集团的整体现状及未来布局，提炼出独创的"天华模式"，并为之匹配了相应的战略性的顶层设计，使天华集团成为"中国产业电商引领者，区域产业电商整合运营专家"。在此过程中，团队多次调研天荣牡丹创意家居小镇，为天荣家居也进行了顶层咨询服务，并打通天荣家居与天华电商园之间的"O+O"（线上+线下）关联，使家居小镇成为"天华模式"的产业核心。

在梳理企业定位与品牌体系的基础上，阡陌智库又先后带队组织中国社会科学院学部委员、中国区域经济学会会长金碚，以及"中国产业电商研究第一人"、中国社会科学院财经战略研究院信息服务与电子商务室主任李勇坚等专家一行，以及中国市长协会考察团深入考察牡丹创意家居小镇，为"天华模式"和牡丹创意家居小镇，做了进一步咨询和背书。

同时，阡陌智库利用在菏泽举办的第五届中国淘宝村高峰论坛，为牡丹创意家居小镇确立了一系列传播策略，组织了几十家中央级媒体、省级媒体对"天华模式"和牡丹创意家居小镇的建设进行了深度报道，引爆了话题热点，塑造了该产业小镇"多地域复制、多产业复制"的产业小镇样本。

四、特色小镇与乡村振兴

乡村振兴战略提出后，特色小镇的培育和建设，又成为乡村振兴的一个新抓手。

十九大闭幕后，阡陌智库敏感地捕捉到乡村振兴的价值，并帮助天荣牡丹创意家居小镇梳理出与乡村振兴的关联及未来发力点。据统计，在实现全面脱贫、乡村振兴的道路上，牡丹创意家居小镇也迸发出了别样的耀眼火花，天荣集团位于牡丹创意家居小镇的工厂已招用工人 8 560 人。随着生产能力的不断扩大，几年内有望突破 2 万人，整个项目建成后，未来可带动就业 10 万人。这些工人主要来自于周边村镇农民或返乡就业的务工者。

　　家居小镇所在的吴店镇负责人表示:"在天荣家居拉动下,我们镇已有近 3 000 人由农民转变成产业工人,360 户农民实现脱贫。有的甚至夫妻俩都在天荣工作,学本领不说,挣得比以前种地翻了好几番。贫困户只要能在天荣工作,就可实现一人脱贫、全家脱贫,日子就变得红火起来了。"

　　阡陌智库认为,在乡村振兴战略的大背景下,特色小镇将生产、生态、生活融合起来,将产业这篇文章做"真"做"实",并创造出一种尺度适宜、环境优美、产城融合的城镇生活空间,这将是推动城乡融合的一个有力加速器。

第五章

DIWUZHANG

GUANYU XIANGCUN LVYOU

关于乡村旅游

第一节　模式分析

一、田园农业游

以农村田园景观、农业生产活动和特色农产品为休闲吸引物，开发农业游、林果游、花卉游、渔业游、牧业游等不同特色的主题休闲活动来满足游客体验农业、回归自然的心理需求。

田园农业游以大田农业为重点，开发欣赏田园风光、观看农业生产活动、品尝和购置绿色食品、学习农业技术知识等旅游活动，以达到了解和体验农业的目的。

园林观光游以果林和园林为重点，开发采摘、观景、赏花、踏青、购置果品等旅游活动，让游客观看绿色景观，亲近美好自然。

农业科技游以现代农业科技园区为重点，开发观看园区高新农业技术和品种、温室大棚内设施农业和生态农业，使游客增长现代农业知识。

务农体验游通过参加农业生产活动，与农民同吃、同住、同劳动，让游客接触实际的农业生产、农耕文化和特殊的乡土气息。

田园乡村旅游是集现代农业、休闲旅游、田园社区为一体的特色小镇和乡村综合发展模式，是在城乡一体格局下，顺应农村供给侧结构改革、新型产业发展，结合农村产权制度改革，实现中国乡村振兴的一种可持续性模式。

二、民俗风情游

以农村风土人情、民俗文化为旅游吸引物，充分突出农耕文化、乡土文化和民俗文化特色，开发农耕展示、民间技艺、时令民俗、节庆活动、民间歌舞等旅游活动，增加乡村旅游的文化内涵。

农耕文化游利用农耕技艺、农耕用具、农耕节气、农产品加工活动等，开展农业文化旅游。

民俗文化游利用居住民俗、服饰民俗、饮食民俗、礼仪民俗、节令民俗、游艺民俗等，开展民俗文化游。

乡土文化游利用民俗歌舞、民间技艺、民间戏剧、民间表演等，开展乡土文化游。如湖南怀化荆坪古文化村。

民族文化游利用民族风俗、民族习惯、民族村落、民族歌舞、民族节日、民族宗教等，开展民族文化游。对现已消失的民俗文化通过信息搜集、整理、建设、再现，让游客了解过去的民俗文化。一些少数民族村落或民俗文化丰富独特的地区由于时代的发展已在建筑、服饰、风俗等方面有所淡化，不再典型，或者民俗文化的一些重要活动（如节庆、婚嫁）原本在特定的时期才会呈现，令游客不能完全领会当地民俗文化的风韵，这就需要特定的乡村旅游打造，或在一个民俗文化相对丰富的地域中选择一个最为典型、交通也比较便利的村落对旅游者展开宣传，以村民的自然生活生产和村落的自然形态为旅游内容，除了必要的基础设施建设外几乎没有加工改造，让游客有真实感，能自然地与当地居民交流，甚至亲身参与劳作，有很大的活动自由度。

三、农家乐

农民利用自家庭院、自己生产的农产品及周围的田园风光、自然景点，以实惠的价格吸引游客前来吃、住、玩、游、娱、购等旅游活动。

农业观光农家乐利用田园农业生产及农家生活等，吸引游客前来观光、休闲和体验。

民俗文化农家乐利用当地民俗文化，吸引游客前来观赏、娱乐、休闲。

民居型农家乐利用当地古村落和民居住宅，吸引游客前来观光旅游。

休闲娱乐农家乐以优美的环境、齐全的设施，舒适的服务，为游客提供吃、住、玩等旅游活动。

食宿接待农家乐以舒适、卫生、安全的居住环境和可口的特色食品，吸引游客前来休闲旅游。

农事参与农家乐以农业生产活动和农业工艺技术，吸引游客前来休闲旅游。

农家乐突出"农"字特色，强化文化意识。"农家乐"旅游区别于传统大众旅游，追求的不是豪华舒适的饭店设施，而是彻底融入当地农民生活的特点，体验和享受原汁原味的农家风味。一是要着重体现"农"味。让旅游者了解农林业科技知识、当地的历史文化、民风民俗、社会变革、家庭变迁等。组织和引导旅游者参与农事活动、民俗节庆等，其中参与自做农家美食尤其受女性游客的欢迎。二是要大力弘扬特色文化。城乡文化的差异、不同地区、不同民族文化的差异是"农家乐"旅游的重要吸引物，我国地域辽阔，民族众多，各地农村的习俗、民间文化丰富多彩。各地农村的饮食、穿着打扮、节庆、婚嫁、等乡土文化都充满地方色彩，开发这些资源，让游客参与其中，可以使民俗文化得到更广泛的传播。

四、古村游

古村游，是以古村镇宅院建筑和新农村格局为旅游吸引物，开发观光旅游。我国古村落数量多，分布地域广，历史文化价值高，古朴的民俗民风与美丽如画的乡村田园风光交织在一起，表现出独特的旅游观赏价值。从旅游的角度来看，古村落

的景观无疑是一种不可多得、内涵丰富、能较好满足当代都市人景观需求的人文旅游资源。古村落是由历史遗留下来的古民居建筑群、艺术表现、自然环境、人类活动以及一种抽象的文化内涵、风格、古韵氛围等组成的综合景观体。

村落乡镇旅游的特点是:

1. 重要的历史价值

是一种历史文化资源,代表人类生活的一个历史阶段,一种类型,是历史文化信息的物质载体,是我国古代自然村落发展过程的一个历史见证。

2. 独特的建筑风貌

是一种特殊的乡村文化景观,是当时的历史条件和生产关系下的产物,在空间形态和构景方面独具风格,与现代村落景观有巨大的差异。它们大多选址独特,因地制宜,青山绿水,组景合理,建筑风格古朴典雅,富有地方特色。古民居建筑群在建筑外观、内部建筑结构和艺术装饰上,也与现代民居有很大的差别。古村落的传统建筑较之于极重礼制的历代官式建筑,在适应地理环境和当地风土人情习俗、满足生存需要诸方面也显示出无比的机巧、智慧,极富灵动之气。这些都是游客乃至各类研究人员备感兴趣的。

3. 特有的古韵氛围

古村落文化景观、自然环境、人类活动等组成古村落一种特有的古文化氛围。这种古韵氛围是古村落旅游产品中十分独特和宝贵的组成部分,是古村落旅游的重要依托。由于文化的差异及自然环境的不同,现存的中国古村落有着千姿百态的景观特征,亦即各地的古村落都有着自己独特的景观意象和文化表征。

4. 深厚的文化积淀

古村落的价值不仅仅是古老建筑本身,更是其中的文化内涵。尤其是那些不表现在外的,由思想、态度、价值观和民风民情等构成的"隐在文化"。因此,现在越来越多的游客更倾向于有文化底蕴的地方,不仅仅是旅游而且可以接受文化熏陶。

五、休闲度假游

依托自然优美的乡野风景、舒适怡人的清新气候、独特的地热温泉、环保生态的绿色空间,结合周围的田园景观和民俗文化,兴建一些休闲、娱乐设施,为游客提供休憩、度假、娱乐、餐饮、健身等服务。

休闲度假村以山水、森林、温泉为依托，以齐全、高档的设施和优质的服务，为游客提供休闲、度假旅游。休闲农庄以优越的自然环境、独特的田园景观、丰富的农业产品、优惠的餐饮和住宿，为游客提供休闲、观光旅游。乡村酒店以餐饮、住宿为主，配合周围自然景观和人文景观，为游客提供休闲旅游。

休闲度假旅游，是以旅游资源为依托，以休闲为主要目的，以旅游设施为条件，以特定的文化景观和服务项目为内容，离开定居地而到异地逗留一定时期的游览、娱乐、观光和休息。与一般的出国旅游不同，越来越多的人选择以休闲度假的形式出去游玩。度假旅游的特点是：

1. 修身养性

让身心放松是度假旅游的基本要求。休闲就是要在一种"无所事事"的境界中达到积极的休息。因此，在紧张工作后到心仪的度假地度假，或游泳、或阅读、或徜徉于海滨、或踯躅于森林草原、或置身于温煦的阳光下，使身心完全放松。这种放松，完全有别于平常的工作节奏，是一个身心的调整。

2. 目的地重复

度假旅游具有一个显著的特点，就是游客对其认同的度假地具有持久的兴趣和稳定的忠诚度，甚至对一家自己喜欢的度假酒店也有非常稳定的忠诚度。有的游客一生中的度假地可能只有一个或少数几个地方，一个度假地一生中可能去很多次，因为度假客对度假目的地带来的熟悉感、亲切感非常在意，很关注外出度假感觉和在家里生活感觉的内在联系。因此，度假目的地就会拥有一批稳定的回头客群体，这一群体越庞大，度假地服务的针对性就越强，针对该群体提供服务的人性化程度就越高。重复地到达同一目的地这一特点意味着度假目的地在经营方面须培育和保护游客的忠诚度，努力争取每一个"头回客"，使其变为"回头客"，促进游客对该度假区的品牌忠诚度，成为该度假区的终生客人。

3. 消费能级高

从世界旅游发展规律来看，当人们在拥有满足生存需要的收入和足够的闲暇时间后，就会考虑旅游消费，观光旅游便应运而生。随着收入水平提高、闲暇时间增多、文化品位提升，休闲度假旅游在一些发达地区一些高收入人群中逐渐兴起，这种情形决定了休闲度假旅游者的消费能级的增高，且相对于观光旅游而言，在目的地停留的时间比较长，而且会产生重复消费，是很值得开发的市场。

4. 停留时间长

度假旅游与观光旅游的重要区别，在于度假旅游对目的地的指向比较集中。与观光旅游所追求的"多走多看"的价值心态不同，休闲度假者则往往在一个地方停留较长的时间，而且消费的目的性非常明确。目前国内虽然仍以观光旅游为市场主体，但观光向休闲度假过渡的现象已经出现，休闲度假旅游的市场开始逐步形成。例如以前游客到海南岛，主要是观赏椰风、海韵景观，现在逐步转变为投身于椰风、海韵的情境中，并获得放松身心的享受。

5. 要求交通便捷

与观光游更加关注经济成本相对比，休闲度假旅游更加关心时间成本，即追求从客源地到目的地交通上的低时间成本和快捷性。因为度假旅游并不主要关心旅游交通过程中的观赏效应，更关心尽快进入休闲状态，提高度假的质量。因此度假目的地与客源地的距离不应太遥远，一般追求"点对点"的直接交通方式。如西班牙之所以成为欧洲首选的度假地，除了阳光、沙滩、营销出色以外，优越的地理位置和便捷的交通也是一个重要因素。

6. 自助、半自助方式

和观光旅游的组团出行不同，休闲度假游更偏好于自助式旅游或半自助式旅游（仅通过旅行社安排机票、酒店）。在出游单位上，家庭朋友出游的比例明显增高。散客与家庭式的旅游在国际上是从 20 世纪 70 年代末、80 年代初开始兴起的，目前在中国也逐步成为一个重要方式，这就对现有旅游企业的经营提出了更高的要求。

7. 层次丰富

度假旅游客群体的产生是在观光客群体中逐渐成熟转变的，度假旅游客旅游消费的进一步成熟会产生更高的文化需求，这是因为游客的体验已经不仅是到森林度假区呼吸新鲜空气，或者去温泉度假区洗温泉浴，而是更加追求度假地的文化氛围和内涵。因此，如果度假地经营能够在文化层次上满足游客的多方要求，度假地的度假文化就会逐步成熟，就会成为巩固度假客对目的地忠诚度的驱动力。

六、科普教育游

利用农业观光园、农业科技生态园、农业产品展览馆、农业博览园或博物馆，为游客提供了解农业历史、学习农业技术、增长农业知识的旅游活动。

　　观光休闲教育农业园利用当地农业园区的资源环境，现代农业设施、农业生产过程、优质农产品等，开展农业观光、参与体验、DIY教育活动。

　　少儿教育农业基地利用当地农业种植、畜牧、饲养、农耕文化、农业技术等，让中、小学生参与休闲农业活动，接受农业技术知识的教育。

　　农业博览园利用当地农业技术、农业生产过程、农业产品、农业文化进行展示，让游客参观。

　　农业科技教育基地是在农业科研基地的基础上，利用科研设施作景点，以高新农业技术为教材，向农业工作者和中、小学生进了农业技术教育，形成集农业生产、科技示范、科研教育为一体的新型科教农业园。

　　农业科普教育基地，是指利用农业生产、生态环境、动物植物、农村生活文化等资源来设计体验活动的休闲农业基地，以休闲的形式和轻松心态来完成农业科学技术和知识的普及。科普活动的开展方式应该具有较强的互动性、参与性、趣味性、知识性，应该从视觉、听觉、味觉等多角度来打动和感染科普对象。对于青少年学生及城镇家庭居民，农业作为自然科学的重要组成部分，与人类的日常生活息息相关，可以通过寓教于乐的方式，让他们学到更多的科学知识。

　　科普教育主题的休闲农业，主要以展示农业科学知识（如动物、植物生长过程），农耕历史文化，生态、环保等自然知识和设计动手生产、体验活动为主题元素。主要以儿童、青少年学生及对农业知识、科学自然知识感兴趣的城市游客为主要服务对象，兼顾了知识传播与休闲娱乐双重功能，是今后休闲农业的发展趋势。

　　打造农业科普教育基地重点要做好如下几个方面基础性工作：

1. 可供观赏和认知的各种动植物

　　例如，本地植物种类、外地植物种类、以及常见的家禽家畜、特种种养等。

2. 各种动植物生命过程

　　例如养蚕房和桑果园通过选种、暖室、温度、卫生、喂食、照明、防雨等展示及面向广大中小学生开展送蚕养蚕科普活动，向民众直接、客观地介绍了蚕种的选育、制种、给桑饲养、蚕病防治、养蚕工具、禁忌等养蚕技术及操作方法。

3. 展示技术

　　如园艺花卉和农作物栽培技术、立体种植技术、动物养殖技术、微生物养殖技术、环保技术、园林景观设计技术、乡土文化挖掘展示技术等。

4. 产品购物中心

农庄园区各种景观设计应新颖别致，奇思妙想如潮。产品购物中心的设计要与科普教育相配套，其经营状况决定了农庄的赢利与否。

5. 科普教育主题休闲农庄内部管理机制和设置

一般有行政管理部、旅游接待部（含导游讲解）、园林园艺技术部、现场展示与培训部、营销推广部、餐饮部、客房部、产品销售部、安全保卫部等。

七、个体农庄模式

个体农庄是以规模农业个体户发展起来的一种相对独立的乡村旅游模式。它将当前农村最缺乏的现代管理、科技、资金等引入土地，个体经营者对自己经营的农牧果场进行改造和旅游项目建设，能完成旅游接待和服务过程中的全部工作。个体农庄的发展，吸纳了附近大量闲散劳动力，他们通过手工艺制作、表演、服务、生产等形式加入到旅游服务业中，形成以点带面的发展模式。

它的意义在于是以规模农业个体户发展起来的，以"旅游个体户"的形式出

现，通过对自己经营的农牧果场进行改造和旅游项目建设，使之成为一个完整意义的旅游景区。农庄吸纳大量的农户闲散劳动力和资本，集体获利，农户增收。

个体农庄模式是单体经营户的发展方向，是乡村旅游经营综合化的一个表现。个体农庄吸纳附近闲散劳动力，通过手工艺、表演、服务、生产等形式加入旅游服务行业中，形成一定规模的游客接待，对社区旅游经济发展形成以点带面的发展模式。

1. 优势

（1）农庄自主经营，投资少，回报率高。

（2）农户可获取大量利益。

（3）土地增值。

（4）解决就业压力。

（5）个体经营者更好地维护当地基础设施和生态环境，从而改善投资环境。

2. 劣势

（1）由于农庄自主经营，管理水平不高，相关知识技能底下，影响整个景区运营。

（2）农户会承担一定量的资金风险。

（3）规模小，竞争优势差。

（4）个体农庄模式竞争力低，农户承担一定量的资金风险，对于农庄的管理缺少专业、科学地指导。

八、村集体经营模式

村集体对旅游开发经营进行规范和管理，组织村民自愿参与村集体开发经营的旅游项目，而将家庭旅馆及其他旅游服务交由村民自主开发和经营，村集体开发经营的旅游项目以乡村社区中的农户为单位自愿参加。这样的方式由村集体统一管理，农户参与性强。

它的价值就是在村集体统一开发管理下，有利于调动农户积极性，在短期内会对乡村旅游发展有一定促进作用。

1. 优势

（1）具有一定公平性，有利于解决利益冲突。

（2）易于统一管理，低投入，高回报。

（3）减少了农户开发的盲目性。

（4）农户参与开发和经营，有利于提高积极性。

（5）保护了乡村的原生性。

2.劣势

（1）村集体形式在经营管理方面存在局限性。

（2）规模较小，难以形成较强竞争优势。

（3）资金缺乏，不利于长期发展。

（4）专业人才缺乏。

3.解决方案

（1）可以适当让企业、政府、旅游相关部门介入，提高经营管理水平。

（2）招商引资提高其融资渠道。

（3）积极培养人才培训与储备。

九、公司制经营模式

公司制度的模式包括了以下几种。

1."公司+农户"模式

（1）内容。通过旅游公司的介入和带动，吸纳社区农民参与经营与管理，利用社区农户闲置的资产和富余的劳动力，开发各类农事活动，展示真实的乡村文化。通过引进旅游公司的管理，对农户的接待服务进行规范，提高服务水平。

（2）意义。通过开发各类丰富的农事活动，向游客展示真实的乡村文化，避免不良竞争损害游客利益，从而促进乡村旅游的健康发展。

（3）投资收益。地方政府帮助社区引入外来投资者成立旅游开发企业，由企业投入巨资对旅游地社区进行规划建设。独立开发经营旅游经济活动，外来投资者占有企业的全部股份，获取旅游经营利润。旅游企业在开发建设中对征用社区的土地进行经济补偿，招收社区村民进入企业工作，并根据经营获利情况给予社区居民一定的利润分红。

2."公司+村委会+农户"模式

（1）内容。是"公司+农户"的延伸模式，公司一般不与农户直接合作，而是通过当地村委会组织农户参与，由旅游公司来组织服务培训及相关规则的制定。

（2）意义。在农民将土地承包经营权进行流转并与村委会签订协议的基础上，企业实现农民土地的集中使用，使农民共享成果，共担风险。

（3）投资收益。公司负责资金与技术以及培训的投资，村委会负责将农户的闲散的资金与设备收集与整合，当地居民从经营家庭旅馆等旅游服务所获得的旅游收益却可以大大高于景区的旅游收益，当地社区村集体和居民获得了丰厚的旅游利益。

3."政府+公司+农户"

（1）内容。这一模式其实质是政府引导下的"企业+农户"，是由县、乡各级政府和旅游主管部门按市场需求和全县旅游总体规划，确定开发地点、内容和时间，发动当地村民动手实施开发，开发过程中政府和旅游部门进行必要的指导和引导。

（2）意义。通过政府进行有效的规划，农户参与旅游建设，旅游公司的指导，达到政府获益、企业增值，农户增收的效果。

（3）投资收益。当地村民或村民与外来投资者一起承建乡村旅游开发有限责任公司，旅游经营管理按企业运作，利润由村民（乡村旅游资源所有者）和外来投资者按一定比例分成，除此以外，村民们还可以通过为游客提供住宿、餐饮等服务而获取收益。

4."政府+公司+农村旅游协会+旅行社"模式

（1）内容。政府负责乡村旅游的规划和基础设施建设，优化发展环境；乡村旅游公司负责经营管理和商业运作；农民旅游协会负责组织村民参与地方戏的表演、导游、工艺品的制作、提供住宿餐饮等，并负责维护和修缮各自的传统民居，协调公司与农民的利益；旅行社负责开拓市场，组织客源。

（2）意义。充分发挥旅游产业链中各环节的优势，通过合理分享利益，推进农村产业结构的调整，为旅游可持续发展奠定了基础。

（3）投资收益。政府负责乡村旅游的规划和基础设施投资，乡村旅游公司负责经营管理和商业运作投入，农户负责旅游活动的投入，旅行社负责线路设计，各方均按投资比例进行分配。

十、股份制模式

（1）内容。根据旅游资源的产权，可以界定为国家产权、乡村集体产权、村民小组产权和农户个人产权四种产权主体，在开发上可采取国家、集体和农户个体合作的方式进行，这样把旅游资源、特殊技术、劳动量转化成股本，收效一般按股份分红与按劳分红相结合。对于乡村旅游生态环境保护与恢复、旅游设施的建设与维护以及乡村旅游扩大再生产等公益机制的运行，企业可通过公益金的形式投入完成。

（2）意义。乡村社区居民作为企业的股东和员工，直接参与乡村旅游的开发决策、生产经营活动和利益分配旅游地社区居民和企业具有共同的利益和目标。主要是通过采取合作形式合理的开发旅游资源，获得相应利益。

（3）投资收益。采取合作的形式合理开发旅游资源，按照各自的股份获得相应的收益。

（4）优势。这种模式有利于扩大乡村集体和农民的经营份额，有利于实现农民参与的深层次转变，引导居民自觉参与生态资源的保护中去。有利于提高企业和资本的运行效率，是组建大型旅游企业集团的有效途径。实现旅游企业跨地区、跨部门的资产联合；较好地体现了所有权与经营权相分离的原则，共担风险利益均沾。

（5）劣势。股份制自负盈亏，获益双方有一定的风险性，影响乡村旅游长期稳定发展。

（6）解决方案。

①优化股权，明确产权。

②进行跨地区跨资产的联合，降低风险。

③让当地农户代表成为合法股东参与企业经营管理。

④合理划分各自红利，使农户得到应有的股权。

⑤把社区居民的责（任）、权（利）、利（益）有机结合起来，保证乡村旅游的良性发展。

第二节　实操案例

一、袁家村：玩转地道的民俗味道

袁家村现在全国闻名了，袁家村位于陕西省咸阳市礼泉县烟霞镇下辖村，袁家村的运作方式和其他乡村有很大不同，袁家村让农民挣钱，让产业发展更久远。应该说，在中国乡村，能充分了解农民和农村，将旅游产业与农民融合得最好的，袁家村算其中之一了。

袁家村的村民，称得上是新时期的村民。为了把产业持续下去，袁家村把教育农民放到了第一位，成立了农民学校，并专门设有"明理堂"，由德高望重者主持，村干部、村民和商户代表参加，谁有问题都可以上"明理堂"，讲明道理，化解矛盾，解决问题，以主人翁的姿态对待村子的发展。

如今的袁家村，农家乐、小作坊、酒吧等经营者已达三千多人，袁家村人自己经营的产业只占到三成左右。为什么允许外地人在自己的地盘上和自己竞争？因为袁家村要实现的是共同富裕，要做的是百年袁家村。

袁家村原来只有 62 户人家，五十多户农家乐。如果关起门来，怎么也发展不到今天，通过搭建农民创业平台，让更多外地人把袁家村当成自己家，在袁家村里，家家有生意，人人能就业。通过优势项目股份化管理，大家入股享收益，又很好地平衡了收入差距问题。如今，不管是外来商户还是本地商户，大家都把袁家村当成家。现在常年有 2000 多人在袁家村打工，很多外来商户已在袁家村安家定居，还带动周边和旅游沿线一万多位农民通过出售农副产品和提供服务增加收入。

在陕西复制"袁家村模式"的就有 70 多个乡村。所有的模仿，没有一家和袁家村一样成功的。袁家村是一个村子在做，做的是产业链。袁家村运作出发点是为了帮助农民共同致富。从最初小吃街开始，慢慢培养新的业态，发展乡村度假，引进酒吧街、艺术街、回民街、祠堂街。袁家村一直致力于不断调整发展的产业，而且还在不断寻求有生命力的可持续发展的产业。

现在一些古镇或者古村，形式也是仿古，经营的也是关中小吃，表面上跟袁家村没什么两样，实际上因为投资和收益的问题，往往质量难以保证，运作难以持久。袁家村要做的是百年袁家村，追求的是长远的产业发展。在避免同质化问题上，四个字：因地制宜。袁家村是一个地地道道的关中小村，没什么旅游资源，最大特色就是因地制宜。为什么不做红色旅游、不做唐昭陵，因为没有直接联系。袁家村的主题是关中民俗，说的话、衣着、很多内容形成，都是关中民俗的一部分。打造百年袁家村，核心在于产业的发展。从 2007 年至今，袁家村的产业发展经历了三个阶段，从关中民俗旅游，到发展乡村度假游，再到现在发展农副产品产业链。

袁家村"旅游+"，"+"的核心是品质。不管是小吃还是农副产品的供应，袁家村首先给游客保证的是品质。作为一个综合性产业，旅游涉及行业多达百种，袁家村选择"旅游+"的产业一定是高品质。比如引进以民俗创意文化为核心的系列化、高端化、个性化产品，酒吧街、艺术街等，一定程度上提升了袁家村的品质，志在逐渐培养一些小品牌，跟着大品牌走出去。尽管这些产业现在可能赔本经营，但从长远来看，营造的这种文化氛围实际上是增加了乡村的造血功能，是一种大业态的完善。村里所有的艺术家都是袁家村的无形财富。

袁家村能走出去的只有两样东西：思路和经验。袁家村有自己的发展经验，有专业的团队，不论是规划设计还是招商运营，袁家村已经做好了走出去的准备。

未来袁家村要做两件事：一是旅游发展，二是三产融合。袁家村现在在陕西做的是袁家村·关中印象，未来将把自己的思路和经验带到全国，结合当地的特色，打造出更多袁家村印象。袁家村的目标，就是让全国的游客不管走到哪里，都要去找不一样的袁家村。

在三产融合方面，袁家村将通过品牌带市场的方式，三产带二产，二产带一产，致力于将袁家村的农副产品卖到全国。同时，袁家村注重精神文明，弘扬传统美德，倡导无私奉献，坚持诚信为本，最终给游客呈现一个古朴典雅、诚实守信的美丽乡村的模本。

二、雁南飞：农旅结合的旅游胜地

"不到雁南飞，不算到梅州。"雁南飞，已成为公认的梅州旅游的代表作。雁南飞将生态理念、客家文化与景区发展完美融合，以生态、文化、农业与旅游并重的发展思路，为山区社会主义新农村建设找到了一条新的康庄大道。多年来，多位党和国家领导人先后亲临雁南飞茶田视察，对雁南飞茶田农业与旅游相结合的开发模式给予了高度评价。

雁南飞茶田度假村地处广东省梅县雁洋镇，总占地面积 450 公顷，雁南飞把农业与旅游有机结合，是融茶叶、水果的生产、生态公益林改造、园林绿化和旅游度假于一体的生态农业示范基地和旅游度假村，并先后荣获国家 AAAAA 级旅游景区、全国农业旅游示范点、全国高产优质高效农业标准化示范区、全国青年文明号、省农业龙头企业、省林业龙头企业等二十多种荣誉称号。

雁南飞茶田依托优越的自然生态资源和标准化种植的茶田，以珍爱自然、融于自然的生态为理念和"精益求精""人文文怀"的企业文化，树立了"雁南飞"名牌精品。雁南飞开发模式即是产业化的度假庄园模式＝产业经济树品牌＋绿色经济促发展＋度假经济变主流，一个乡村就是一座度假庄园，一座度假庄园提供一种高品质田园生活方式。

雁南飞实际是一座基于乡村优势农业产业之上的田园休闲度假综合体。其在产业经济上树起品牌——三高农业、生态农业、休闲旅游农业三结合的经营模式。

雁南飞以"公司＋基地＋农户"的产业化经营模式，努力推进农业产业化，大胆开拓市场，追求效益；以旅游带动当地新农村建设，以当地农村的发展带动整个景区旅游环境的改善，实现雁南飞茶田景区与当地农村的双赢。

公司致力于茶叶的种植、加工和旅游度假的开发，实现农业产业化。雁南飞茶田从 1995 年起在梅县雁洋镇坳头坪的 700 公顷荒山上开发，投资因地制宜，栽培优质茶、水果及生态林等，近几年年产优质单枞茶 10 多万千克，产值超千万元。目前已初步形成高科技、高产出、高效益的"三高"农业。

茶田重视绿化、美化，以生态学理论为指导，秉承"黄土不露天"的完美生态理念，形成群山环绕、芳草遍地、花团锦簇的良好生态环境；独特的园林式建筑，众多的景点和优质的旅游服务，吸引众多的国内外游客。雁南飞茶田先后被授予

"全国高产、优质、高效农业标准化示范区""省级旅游度假区""生态旅游示范区"等多样荣誉称号。

同时，雁南飞打造国内以"客家文化和茶文化"为主题的最具代表性和典型性的旅游精品景区，目前已是国家AAAAA级旅游景区。

雁南飞在开发过程中，始终把"精益求精，追求完美"的企业文化理念贯穿其中，注重打造精品文化、客家文化、旅游文化，以文化的外延和内涵显示旅游的魅力。以文化打动人，以文化教化人，在文化、旅游、游客之间找到共鸣点是雁南飞打造企业文化的优势之一。

三、"五朵金花"：城郊休闲好去处

成都"五朵金花"农业区，指成都市锦江区三圣街道（原三圣乡）的5个乡村，是著名的统筹城乡示范项目，面积12平方千米，距离成都市区二环路5千米，是以观光休闲农业和乡村旅游为主题，集休闲度假、观光旅游、餐饮娱乐、商务会议等于一体的城市近郊生态休闲度假胜地，包括花乡农居（红砂村）、幸福梅林（幸福村）、江家菜地（江家堰村）、东篱菊园（驸马村）、荷塘月色（万福村）等5个景区（村）。景区先后被国家旅游总局、建设部、文化和旅游部、林业局等部门授予"国家AAAA级旅游景区""全国首批农业旅游示范点""中国人居环境范例奖""国家文化产业示范基地""市级森林公园"、"省、市首批干部教育培训现场教学点"。

"五朵金花"可谓是我国乡村旅游发展的典范，三圣乡（5个乡村）地处城市通风口绿地，根据规划要求不能作为建设用地，而土质系龙泉山脉酸性膨胀土，粮食产量不高。因而，锦江区创新思维，充分利用城市通风口背靠大城市的地缘优势，结合现有的旅游资源、人文资源以及自然资源优势，因地制宜，创造性地打造了花乡农居、幸福梅林、江家菜地、东篱菊园、荷塘月色等"五朵金花"生态休闲度假胜地，推进社会主义新农村建设和旅游产业发展的结合，大力发展都市旅游，整体提升"农家乐"为载体的乡村旅游，形成了社会主义新农村建设的示范点。

1. 农房改造景观化

环境营造上，田园变公园，农村变景区。以"资源有限、创意无限"理念为指导，按照宜散则散、宜聚则聚的原则，对城市通风口的农房，由"农户出资、政府补贴"的方式进行房屋的外饰改造。一幢幢赏心悦目的老成都民居和仿欧式建筑

群，构成了一道道风景线展现在都市游人的眼前。

2. 基础设施现代化

以城市道路、污水处理、天然气等现代生活设施标准，对基础设施进行整体规划，完善乡村基础设施建设，让农民就地享有城市文明成果，给游人较为舒适的观光、休闲环境条件。

3. 景观环境田园化

在保护原生态植被和农田利用的基础上，以田园风光为主体，以符合都市人生活、消费为标准打造观光、休闲场所和满足都市人乡村情趣的农耕文化的建设。新建绿地，打造湿地，建成微水治旱工程、农业文明记忆馆和迁建牛王庙，同时举办梅花节、菊博会等吸引人气、传承文化的人文自然景观，营造优美的生态环境。

4. 土地开发集约化

对土地硬化严格监督，整合农宅，拆除违建，严禁乱搭乱建，减少农户占用耕地。充分利用荒山、沟渠、坡坎等土地修建会所，盘活土地资源，使有限的土地资源发挥最大的效益。

5. 产业开发有文化

注重产业支撑，促进传统农业向休闲经济发展，培植生态产业，实现可持续发展。通过文化旅游与传统农业相结合，赋予"花乡农居"花卉文化内涵，挖掘"幸福梅林"梅花传统文化，注入"荷塘月色"音乐、绘画艺术内涵，再现"江家菜地"农耕文化，展现"东篱菊园"菊花韵味，变单一的农业生产为吸引市民体验、休闲的文化旅游活动。

6. 其中的关键因素有

（1）科学规划，规模经营，创新品牌。

"五朵金花"具有浓郁的文化品位，既具有兼收并蓄、博采众长的品格，又具有吸纳外来文化的风格，"同化"的能力也非常强，在对成都"五朵金花"规划时，注重突出蜀文化民居风格，形成"一村一品一业"产业特色。"五朵金花"的快速发展，主要得益于其规模化经营，用连片联户开发，共同扩大发展的市场空间，破解农民单家独户闯市场的风险，走出了一条专业化、产业化、规模化的发展之路。在产业布局上，围绕共同做大做强观光休闲农业这一主导产业，五个景区实现一区一景一业错位发展的格局。

（2）注重挖掘文化内涵，提升文化品位。

177

文化品位融入于发展观光休闲农业之中，增加其文化和人文价值，是成都"五朵金花"不断创新发展模式的不竭动力。诸如"花香农居"的休闲餐饮文化，"幸福梅林"的传统花卉文化，"荷塘月色"的音乐、绘画艺术文化，"江家菜地"的农耕文化，"东篱菊园"的环境人文文化，无一不是锦江人精心挖掘打造的符合当地民俗风情的杰作珍品。同时，锦江人注重改变单一的农业生产为吸引市民体验休闲的文化活动，使文化产业与农业产业相得益彰，以文化支撑产业，以品牌塑造形象，按照"一村一品"的文化格局不断推出和延伸新的品牌项目，使其接连不断的萌发出新的生命力和凝聚力。

（3）政府主导，政策扶持，资金支持。

休闲观光农业是一项高投入、关联性很强的产业，打造精品观光农业示范点和旅游农家乐，需要政府给予政策倾斜和资金扶持。政府主导是休闲农业与乡村旅游发展的重要前提。发展过程中，应充分发挥政府在促进乡村旅游发展中的主导地位。各级政府应围绕发展思路、政策导向、设施建设、市场推介、人才资源建设、资金投入等诸多方面给予全力支持。

成都"五朵金花"从建设到管理，始终体现了政府的强势推动。在旧村庄改造中，涉及拆迁等各种农民实际利益的问题，各级政府不回避矛盾，按照"宜拆即拆、宜建则建、宜改则改"等办法改造了许多户旧农居，把原来的 6 个行政村合并成 5 个景区，农民在新景区就地转市民。在政府的推动引导下，企业和农户一起投资整修农居、新建花卉市场和游泳馆等经营性项目。

四、"花舞人间"：以花为媒打造农业主题公园

成都新津县"花舞人间"景区占地面积约 200 公顷，集科普教育、观光旅游、休闲娱乐、生态环保等功能于一体，是成都最大的综合性农业主题公园。景区以花为载体，品种多样、颜色各异的花在色彩、线条等方面形成独特的景观效果，同时，融合文化、人文、艺术和美学等元素，成为创意农业成功案例的典型代表。景区年接待人数可达 300 多万人次，旅游综合收入高达 10 亿元，成为成都居民节假日旅游的首选之地，建设有迷宫花园、同心潭、杜鹃长廊、云海、花卉博览园、花舞天阶、森林漂流、金沙沟花海和海棠山舍等著名景点。

"花舞人间"旅游模式已经成功复制到攀枝花市、海南地区和合肥等地。该项目主要有以下几个亮点：

1. 举办各类主题花节，持续吸引眼球

"花舞人间"景区将设计理念与环保相结合，利用景观的"顺势而为"，保留原有野生植被并选用本地栽培植物品种，既降低了维护成本，又保护了当地原有的生态系统。景区内每年举办郁金香节、杜鹃花节、鲁冰花节、向日葵节、百合花节、野菊花节、花粉节、兰花红叶节等多个主题花节庆活动。

2. 丰富主题文化活动，提升景区品牌形象

（1）传承成都慢生活文化。"花舞人间"景区将现代文化和传统文化相融合，依托成都本地的慢生活文化理念，已举办多届乡村旅游节、有氧登山节等活动。

（2）创造四季赏花文化。现已形成春季杜鹃花节，夏季荷花节，秋季百合花节，冬季菊花节等特色景观，全年 365 天花开不断，被誉为"西南赏花首选地""全球郁金香展示时间最长景区"。

（3）打造精品杜鹃文化。在花卉园艺的创意展示方面，景区融合美学、艺术等元素，自身设计、培育出全球独有的杜鹃花瓶、杜鹃围栏、独杆杜鹃、高秆杜鹃等创意产品，造型独特多样的花艺景观大大激发了游客的赏玩兴趣，也进一步提升了

园区的创意品牌形象。

3. 引领低碳旅游，突出景区特色

"花舞人间"景区坚持以"低碳旅游"为主题的开发理念和"理解自然、尊重自然、利用自然"的思想，其"顺山、顺水、顺势"的设计理念既降低建设费用和维护成本，又利用山体的自然落差将蜿蜒而下的水势转换成能量。不使用任何电动设施，巧妙地运用流体力学和机械学原理，让水从山上往山下流动的过程中一路做功，串起 30 多个低碳景点，如"人间春色""升降花亭""击鼓喷泉""开心一撞"等景点；还利用重力、磁力、浮力等力学原理，建设了"生命颂""鱼水塔"等景点，被"第六届全球人居环境论坛（GFHS VI）"授予"全球低碳景区最佳范例"称号，成为国内唯一获得此称号的景区。

4. 建设花卉主题的博览园，拓展体验活动，延长景区观赏期

花卉博览园冬暖夏凉、清风拂面，365 天鲜花不断，各种名花异卉满园芬芳，有德国高山杜鹃、比利时风信子、澳大利亚金合欢、荷兰郁金香、荷兰百合花等。博览园的温室面积有两万多平方米，水体冬暖夏凉，夏天比室外温度低 5 ～ 7℃，通过水帘调节园内温度，增加水雾，有人间仙境的感觉，还设有儿童游乐区、小型的亲子活动区。

借助"花舞人间"发展花卉的"花卉观赏＋体验活动＋农旅商品＋住宿餐饮"模式，我国创意农业园区既要注重整个园区的布局和单一的景观打造，又要丰富园区内的项目和特有农旅商品的种类，从而拓展经济体系，满足游客"吃住行游购娱"的独特体验。

五、兴隆热带植物园：热带风景明珠

兴隆热带植物园位于海南兴隆华侨旅游经济区内，隶属于农业农村部中国热带农业科学院香料饮料研究所，是海南最早对外开放参观的热带植物园。

园区占地 32 公顷，汇集了 2 300 多种名优稀特果树、林木及园艺植物品种，是一座物种资源丰富、园林景观优美，具有科研、科普、观光和植物种质保护功能的综合性热带植物园，素有"热带风景明珠"之称。园区划分为五大功能区，物种资源丰富、园林景观优美。植物园拥有热带经济作物、林木及园艺植物品种，保存有野生植物资源和珍稀物种，引进国内外名贵的热带植物种类，合理配置，结合林草等优美景观的相间布局，是一座物种资源丰富，园林景观优美，具有科研、科

普、观光和植物种质资源保护功能的综合性热带植物园。

兴隆热带植物园大力开发特色旅游项目：开展热带植物观赏、义务讲解活动，为旅游者提供一个热带植物观光、游览场所；开展农业科研考察活动，为专业团体进行考察、交流、合作研究提供试验示范基地；开展农业科普教育活动，青少年提供热带农业科普知识和环境保护意识教育；开展热带农业休闲体验活动，为旅游者提供参与农业活动的实践和乐趣。植物园适游期为全年，适宜各类人群的参与。园区内休息处免费品尝到植物园自产的各种饮品，有香浓的兴隆咖啡、可可椰奶和甘香清冽的香兰茶、苦丁茶等。

植物园集科学研究、环境保护、生态农业、园林艺术为一体，集中体现了绿色生态环境给人们带来的经济、社会效益，为促进海南热带旅游、农业资源的开发和建设，促进海南热带高效农业、旅游业持续发展作出积极的贡献。

兴隆热带植物园是我国热带地区十分重要的热带作物科研教育基地、试验、示范基地和物种基因库，它填补了海南观光农业及生态旅游的空白，成为我国热带农业考察重点单位。

六、乌镇：多元化的江南小镇

1. 乌镇是中国古镇旅游的代表，位于浙江省嘉兴市桐乡，梳理乌镇的发展，可以分为三个阶段：

第一阶段：以茅盾故居为核心打造旅游小镇。21世纪初，乌镇以茅盾故居为突破口，建立东栅观光景区。东栅街区是典型的观光型的产品，游览时长两个多小时，一头进一头出，有很清晰的路线，两旁有很均衡的景点，没有住宿。东栅建设的首要目的是聚人气打响乌镇知名度。

第二阶段：开发西栅开创休闲度假古镇模式。在东栅取得成功之后，乌镇继续开发西栅景区，推出度假旅游产品。西栅并没有复制东栅模式进行简单的修复，而是颠覆性地以建设古镇休闲度假目的地为目标，提出了"历史街区的再利用"的概念。西栅建设了风格各异、层次鲜明的酒店客栈，通过丰富的夜生活和美景使游客住下来，向他们提供度假休闲的内容。

第三阶段：文化会展活动为古镇注入新内容。戏剧节、互联网大会落地乌镇，文化体验独一无二。"小桥流水人家"是古镇的共性，只有文化是不一样的。在相似的江南历史文化中唯有通过后天的创造才能填充独特的文化内涵。乌镇在这样的思路下建设了大剧院、木心美术馆，举办了现代视觉展、建筑展、乌镇戏剧节等。

景区近年来推动"观光古镇"向"文化乌镇""世界互联网小镇"升级。景区推出每月一节的传统民俗活动，已成功打造乌镇戏剧节、当代艺术邀请展等文化活动。同时，乌镇着力开发会议市场，成为世界互联网大会的永久会址。新项目的推出使得景区冬季的淡季客流量出现大幅度增长。

2. 乌镇西栅景区经营绩效优异根本原因在于上市公司对景区内经营主体实行统一、专业管理。归纳西栅景区的成功要素，主要来自三个方面：

（1）定位清晰。

①产权明晰、整体开发：乌镇西栅在开发中首创整体产权开发模式，投入 3.5 亿元巨资买断西栅所有原商铺和住家的房屋产权，再请回原住民作为景区房东，协调景区与原住民关系。用这种方法实现了整个景区开发的主体一元化，规避开发中主体多元化带来的诸多弊病。

②定位精准、系统改造：乌镇西栅定位高端休闲与商务市场，与定位观光游览、客单价 50~60 元的东栅景区不同，西栅过夜游客较多，住宿游客的客单价达到 1000 元/人次，已经成为营收的主力。考虑到休闲游游客的旅游需求具有硬件需求层次高、消费多元化、个性化的特点，西栅在水电、卫生、游乐设施等硬件方面进行了系统性改造。

③复合业态、专业管理：除了收取门票外，西栅景区内同时经营住宿、会议、餐饮、娱乐等多种业态。一方面，餐饮、酒店带来的多元化消费极大地提升了景区内客单价，另一方面，在散客化大趋势下，脱离了门票经济后，景区营业收入增速远超游客量增速。

（2）在商业模式设计上，乌镇打造了多元的收入来源。

一般古镇旅游开发基本上靠门票经济，除此之外就是购物与餐饮，经营的业态比较单一。而对乌镇来说，门票只是进入门槛，景区内的多业态复合经营才是营收的主力。乌镇二期开发出住宿、会议、餐饮、娱乐等多元化产品，实现复合式经营，景区内酒店餐饮消费较多，因此，游客组成及旅游消费的结构变化使得收入增长幅度远大于游客量增速。

（3）在运营管理上，乌镇以公司为主体展开精细化运作。

乌镇对景区内客栈、商户精细化管理并严格统一调控，以达到可以全国复制的目的。管理方对于景区内的细节制定了详细的标准：例如客栈店内椅子数量、菜品的食材用量、卫生间的温度清洁度等等。此外景区管理公司对景区内的商品售价规定价格上限，商品会比景区外略贵一些，但是幅度非常有限。

通过精细的管理运作，乌镇和其他古镇、景区之间形成了明显的反差，有利于形成品牌效应。根据调查数据显示，乌镇各项指标满意度指数保持在较高水平，众多游客表示愿意推荐朋友来乌镇游玩，显示出乌镇的游客体验满意度较高。

七、篁岭村：独辟蹊径打造高端度假乡居

位于江西省婺源县江湾镇的篁岭村在中国最美的乡村婺源声名远播，当江湾、晓起、李坑、思溪延村等还是以传统观光为主体发展思路时，篁岭则开启了婺源乡村旅游转型升级的新模式——高端度假乡居模式。区别于传统的乡村观光休闲旅游模式，篁岭将荒废村落与新农村建设完美结合，通过市场经济杠杆进行产权收购、建设品牌乡村景点，进而延伸产业带动一方致富的旅游规划发展新模式，为国内乡村旅游资源的新型开发提供了极具借鉴意义的样板。

婺源篁岭景区，地处"中国最美乡村"婺源县江湾镇东南7公里的石耳山脉，整个村落总面积5平方公里。由索道空中览胜、村落天街访古、梯田花海寻芳及乡风民俗拾趣等组成。婺源之美，美在人与自然的和谐相处，美在文化与生态的珠联璧合。篁岭浓缩婺源旅游精华，被誉为"最美乡村最美景致"。

篁岭有三省交界、紧邻长江三角洲这么优越的地理区位，有古徽州文化区深厚的文化底蕴，有集古村落、古树群、梯田花海、民俗晒秋为一体的最美景致，有"中国最美丽乡村"婺源的知名品牌，篁岭与其他婺源古村落并没有太大区别，而且开发时期较晚，已然落后与其他的古村落。采用传统开发方式，可能又是多了一个古村观光产品而已，然而篁岭却高瞻远瞩，开创了属于自己的乡村旅游发展新模式。

婺源县乡村文化发展有限公司抛掉收门票经济的经营方式，抛却"吃农家饭、住农家店、享农家乐"的传统休闲观光方式，将眼光投向对艺术有执着追求、对生活有高品质要求、对生命有高度诉求的艺术家、高端商务人士等高端旅游消费市场，主打以"晒秋"为主题的高端度假乡居品牌。

篁岭打造高端化的度假乡居将闲置农宅集中经营＋度假社区整体打造＋高端度假品牌塑造：

1. 集中经营奠基础

婺源县乡村文化发展有限公司通过对村庄进行全面产权收购、搬迁安置，自筹资金，进行整体度假化改造，并塑造独立度假品牌。其"梯云村落·晒秋人家"主要奉行"养生＋度假"经营模式，古村内将原有民居修葺，打造成独具特色的主题文化精品度假酒店，游客可以根据自身需要，通过网络或景区热线提前预定各式客房。

2. 整体改造创实效

开发企业将篁岭民居整体改造，全面包装。高端住宿民居的改造讲求文化性、乡土性与品质感兼顾，追求外旧内新、外朴质内奢华的效果。

酒店引入"安曼"国际精品度假酒店的品牌理念，与徽州古建、传统民俗等人文特色完美结合，打造精品个性化度假酒店。酒店整体格局完整保留了徽派建筑与篁岭民居风格，古色古香。小青砖、马头墙，古朴雅致，护栏、天井，结构严谨，石雕、木雕、砖雕，雕镂精湛，且质朴高雅，内敛浑厚，徽州建筑精华尽收眼底。

3. 对接市场树品牌

篁岭古村精品度假酒店设有度假别墅、豪华套房、标准单间等房型，同时设置高端乡村休闲会所，宾客在体民风、享民俗的同时，亦能体验山泉泡浴SPA、森林瑜伽、浪漫酒吧等带来的休闲愉悦。独栋别墅带独立院落，会客厅、卧室、书房与豪华浴室的完美结合，将精致客房度假享受推向极致，环境幽雅宁静、木雕华丽精美，置身其中，可以领略古宅的徽派风韵，仿古情怀与现代舒适完美结合。

八、莫干山庾村 1932 文创园：特色文化集市

莫干山庾村 1932 文创园坐落在浙江省湖州市德清县莫干山脚下。这座包含了文化展示、艺术公园、乡村教育培训、餐饮配套、艺术酒店等在内的特色文化市集，吸引了来自四面八方的旅游者、商家、文化学者、农品经销商，不同的人群都能在这里找到自己需要的情感、物产和交流方式。

近年来，由台湾一个文创团队开始着手对这里进行新的改造建设，一看到蚕种场的沿廊，他们就被吸引了，他们带着乡村建设和社区改造的梦想偶然间邂逅了莫干山庾村蚕种场。这座 1936 年建造的蚕种场园区可以说是乡村文化事业的一个缩影，单凭这点就足够吸引这班创意人在这里发挥热情。于是，一座以乡村再造为梦想的文化市集就这样诞生了。在设计师和工人们的手上，昔日的蚕种场一步步蜕变成今日的文化型集镇。他们在这里用方正的石材砌起围墙，用山间的绿竹扎起凉棚，用河滩的石子铺设路面。旧的建筑和格局被完整地保存下来，并加以修补和美化。

园区内有精致优雅的咖啡厅，有工业复古的自行车主题餐厅，后山有充满艺术气息和设计感的青年旅舍，还有造型独特的窑烤面包……整个文创园区包含了艺文展览中心、特色农贸市场、主题餐饮酒店等多种业态，而这样的创意市集将逐渐成为推进城乡互动发展的乡村枢纽，让来自城乡的不同人群都能在这里找到自己需要的情感、物产和交流方式。

最终改建完成之后的庾村文创园，将成为对接沪杭两大城市的城乡互动圈中最重要的乡村支点，承载着展示乡村产业、联动城乡发展与促进当地特色农产品文化提升的要务。

九、明月村：乡村文创"集中营"

距离四川省成都市区 90 公里的明月村隶属蒲江县甘溪镇，在 2009 年还是成都市级贫困村，当地没有优质山水资源，没有历史文化的古迹，甚至没有一条河。而如今，明月村已引进全国文创项目 41 个，带动本地村民发展文创和乡村旅游项目 30 多个。经过不到 3 年发展，该村被评为中国乡村旅游创客示范基地和四川省成都市的重大旅游项目。从一个名不见经传的贫困村到如今乡村示范基地，明月村的发展"秘籍"是什么呢？

造乡村文创品牌，共享乡村家园。明月村的定位是以陶为主的手工创意聚落和文化创客聚落，明月村原住民 727 户，2 300 人都没有被迁出去，和从全国引进的艺术家、建筑师和文化创客一起共创共享家园。明月村以保护自然机理为原则进行规划，将剧场、美术馆、学堂等不同艺术类的建筑散落在田间，共同构成了 12.47 公顷陶艺手艺的文创园区。明月村除了本地陶艺之外，还引进了全国不同品牌的陶艺工室和国家级美术大师进驻，在明月村可以看到不同陶艺文化的相互交流。文创的发展带给明月村实际的便是自做的衣服、鞋子，自有品牌，利用天然植物染料，纯手工制作完成。光销售鞋子一年就能有 4 000 多万元的收入。

以农业为主，深度发展乡村旅游。在乡村做事情，始终要把农业放在最重要的位置上，在传统农业的基础上，注入文创、农业衍生品的元素。明月村依托 12.47 公顷的生态竹林和 133.33 公顷生态茶园，在做好农业的基础上发展休闲农业，对农产品进行深加工，从 2016 年开始推出自有品牌手工茶、花果酒等，取得了较好的市场反响。在乡村旅游方面，明月村打造新乡村田园生活方式体验游，把火锅放到松林茶田，让游客体会到别样的四川火锅。在这里，人们也可以为自己染衣服、做陶器，感受传统文化的意境。明月村鼓励村民利用自己的房子开设农家乐，用新鲜的食材、质朴的服务态度以及特别的乡村体验，带领客人体验不一样的明月村。

复兴乡村、建设乡村，人是核心的因素。为了进一步建设乡村文化，营造社区意识，明月村从 4 方面进行着手。第一，开办明月讲堂。在讲堂上给村民进行乡村建设、乡村文化等方面的讲解，让他们真正认识乡村、认识产业。2016 年还将该课堂带到了北京 798 艺术区。第二，开办夜校。在夜校课堂中，聚焦国外的乡村规划，让明月村的村名探讨农业的发展、民宿的经营等，让他们真正能够认识到乡村发展的必要性。第三，技能培训。定期给村民进行书画、陶艺、篆刻等专业技能方面的培训，让他们能够掌握技能。不少村民已经成为明月村艺术工作室的工作人员，并且有的村民开设了工作室进行创业。第四，举办文化活动。举办中秋诗歌音乐会、成立儿童合唱团等，通过这些音乐活动让更多的人知道明月村，来到明月村。

　　明月村与其他项目不同的地方是很多人生活在这里，共同建设安居乐业的家园，在自然环境生态友好的基础上，培育第一、第三产业的互动，这里面不仅有产业的发展，更有农民的淳朴和明月村的初心。

第三节　阡陌解读：乡村文旅营销的五个窍门

在乡村振兴战略下，乡村旅游成了各地的香饽饽，各地都在做，但要做好、做出特色，却并不容易，尤其是要想在激烈的市场竞争下脱颖而出，需要很多思考和窍门。文旅行业的重头戏是营销，无论是先天的禀赋，还是人为策划的 IP，都需要强有力的营销驱动。

一、回答"我是谁"，为项目找魂

首先要思考的是自身定位。阡陌智库创始人蒋晨明曾经在一场安徽文旅营销论坛上向参会者现场提问一个问题：大家都是做旅游的，你所在的景区也好、乡村也好，最具有独特性的最大的卖点是什么？要求是注意两个关键词：一是卖点要大，二是它还是独特的。

问题要求是 10 秒回答出来。如果超过 10 秒还没想出来，说明文旅营销做的不够好，因为如果特点很鲜明，卖点很突出，就会脱口而出，10 秒太长了；如果需要 10 分钟总结才能答题，说明也许你的项目有好东西，但平时提炼的不够，那还是营销做得不好；如果给予更长的时间，需要 10 个小时甚至 10 天也回答不出来，那说明你的营销策略得分是零。

这虽然只是一个问答题，但背后反映的却是最简单也是最困难的问题——我是谁，也就是顶层的思维。在强手如林的乡村旅游市场中，要对顶层思维给予高度重视。重视到什么程度呢？就是要超出一切的重视营销，把它当作名词，那就是关于×××的营销；当成动词，就是营销×××。那这个×××是什么呢？必须想明白，这就是顶层设计。

我们经常会遇到这样的合作方，说我这里有个活动，你帮我宣传宣传拉点人气。我们首先就要了解你的顶层思考是什么，我才能找到创意的方向。我们也会直说，回答不清楚"我是谁"，钱都是白花，即便为一个活动拼命做广告，不能回答特质的话，那活动一结束，游客就都撤了。

从一个项目的流程看，无非是策划——规划——建设——运营，那营销在哪里？怎么看不到？其实它无所不在！我们必须确立全流程营销的理念。顶层设计，解决的就是营销的第一步策划。策划就是"找魂"，就是寻找和塑造价值的过程，就是价值确立的过程。后面的规划建设运营只是价值的进一步沉淀和落地。

有了魂，我们才能说说有什么窍门。窍门是干什么的，就是将这个魂释放出来的过程。文旅营销上的方法很多，下面重点说说阡陌智库团队认为最有必要提醒的五个方面。

二、打爆点，搞事情

有了魂，我们对自我的认识应当比较深刻了，营销的点到底在哪里也应当清晰了。那么怎样快速地实现营销效果？"阡陌"的建议是集中力量办大事，实施"爆点营销"，不要面面俱到，也不要温吞水。就是制造一个引爆市场的营销点，重投入，攻其一点不计其余，一下子扎下去。我们常用的词是扎针效应，这一针扎下去要疼，要见血，要有强烈的市场反应，这样效果就出来了。

我们以费用打比方就会比较清楚。如果温吞水式营销，或者撒芝麻盐式营销，钱花完了市场可能也没什么反应。这里说的撒芝麻盐，既包括面积，你撒的范围，也包括时间跨度。比如你100万营销费用，全年按时间按任务的数量做平均分配，这是一种效果；如果你拿出其中80万，在一个集中的时间段，去砸一个事情，则又是另一番效果。哪种效果好？答案不言自明。

当然这个爆点要找准。每一个项目不同，爆点的策划也会不同。

三、找"三陪"，做"信托"

这里讲的"三陪"，是指可以全程陪伴你成长的合作方。文旅营销必须找到陪伴式成长的战略伙伴，就像交朋友，你首先得有一个铁哥们，他懂你，也愿意陪伴式帮助你，你可以放心地将自己的各种事托付于他。

反之，如果你面对N多平行式的合作方，他们都是你的乙方罢了，没人能站在甲方立场上替你思考问题。陪伴式伙伴，在站位上他是能够与你一起成为甲方的，成为自己人。这样你就"赚"大了。

我们看PPT中的这两个图形，左边的是平行式的，右边的是"三陪式"的，我们推荐右边的方式。如果是左边的图形，还会有一个实际的问题，就是你作为甲方会累的一塌糊涂，因为ABCD都是你某一个环节的合作方，都不会对你的策略和结果负责；而"三陪式"则完全不同，你遇到的困难与问题，这个"三陪"都会乐意而且也有责任帮你解忧（图27）。

无论是乡村，还是一个景区，文旅营销都必须找到陪伴式成长的战略伙伴。交朋友首先得有一个铁哥们，他懂你，愿意陪伴式帮助你，你可以放心地将自己托付于他。

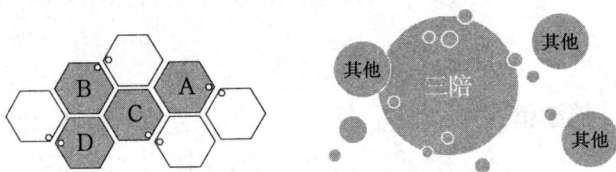

图27　找"三陪"，做"信托"

四、重内容，"吃软饭"

现在是内容为王的时代，还有多少人在传统媒体上投放硬广告？尤其是乡村和文旅，这里简直是内容的集大成者，太多故事可讲了，"软"的植入，"软"的推广，可以毫不夸张地讲空间无限，越软越值钱。

新媒体最适合讲"软故事"。比如四川一家民宿，开在前不着村后不着店的偏远山区里，交通很不便利，也没有其他客源导流，结果火得一塌糊涂，几个月的房间都订不上，就是因为用好了网络这个营销渠道，成功炒作了自己，性价比极高。

所以各位都应当重视"原生营销"的理念，就是将内容与营销有机融合，这才是王道。

五、强体验，敬"二老"

体验与互动的价值旅游界无所不知，但大家也都清楚，事实上真正做好的并不多。中国大量的旅游还陷在传统的观光时代。原因就是这个体验理念没有深入骨

髓。在乡村旅游领域，其实不存在单一的观光旅游，必须是体验型的。农事体验、农家乐、民宿等，都是体验型旅游消费。体验与互动具有双向的价值：一是对于旅行者，感觉身心愉悦；二是对于项目方，白赚一大笔营销费用。

欧洲、日本都很注重体验旅游。比如日本，金泽市有个 21 世纪美术馆，去美术馆的人最着急的并不是看艺术作品，而是直奔一个游泳池。这个游泳池其实是假的，但它的视觉设计就感觉人在水下一样，很好玩，谁去了都拍照发朋友圈；在金泽古城里，先是让你参观古代建筑艺术，然后就让你按榫卯结构去建房；在东京国立博物馆，一些有名的文物，他们做成仿制品，专供游客把玩、触摸、敲打。

这样下来，旅行者感觉很开心过瘾，纷纷发朋友圈给这些地方做免费广告。所以，总的来说，目的地的定义已经发生改变，它不再是一个漂亮的地方，而是一种可以融入的场景；不再是单向的展示，而是双向的互动与社交的分享。

什么才是一个营销成功的目的地：从这个层面简单地理解，就是一个可以让人拍 100 张照片，发 10 次朋友圈的场景。

再归纳，就是"二老"。一是"老有事干"，好看的好听的好吃的好玩的，不断刺激你感官，这事关你的内容设计；二是"老想炫耀"，体验感强了不分享都难受，这事关场景设计。为什么叫敬"二老"？就是要将这"二老"作为营销策划的基本维度去对待，一个项目地从立项策划到建设运营，时刻要提醒自己，是不是遵从了"二老"逻辑。

六、花小钱，赚大钱

营销是要花钱的，所以业内也有说法营销是一门花钱的艺术。其实错了，应当倒过来，营销是一门赚钱的艺术。因为它是花小钱赚大钱，或者说是花大钱赚更大的钱。

比如阡陌团队服务过的江苏一个目的地，花费百万让我们做了一本画册特刊，对他们进行了总计 10 余万字、几百张精美图片的深度解读。几年过去了，我们反过头去问当时主政的领导，为什么你会同意花这么多钱做这本刊物？他说，因为我当时没有钱。我们问该怎样解释。他说，我没钱所以要挣钱，所以才要做重磅营销，这一本册子至少为我带来 2 个多亿的投资。这就是"花小钱赚大钱"的思维和效果如图 28 所示。

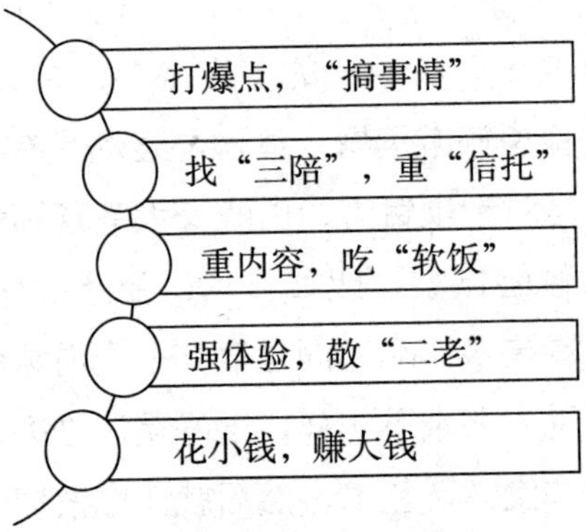

图 28　五个窍门

打爆点，"搞事情"

找"三陪"，重"信托"

重内容，吃"软饭"

强体验，敬"二老"

花小钱，赚大钱

第六章 DILIUZHANG
GUANYU XIANGCUN MINSU

关于乡村民宿

第一节　模式分析

一、赏景度假型民宿

结合自然的景观或是精心规划的人工造景，如万家灯火的夜景、满天星斗、庭园景观、草原花海或是高山大海等。结合当地人文、自然和生活资源加以设计改造，并以旅游经营和服务的方式，提供乡村住宿、餐饮和乡村生活体验的场所。

"民"字当头，民宿首先应该是利用当地农民的居所；"宿"字当家，民宿又当是农家生活的微缩。在这个意义上，民宿不只是提供"住宿+餐饮"，更多的应是利用并整合当地生态、文化和旅游的资源，荟萃当地乡村的生活元素，提供一种原真性的乡村生活体验，创造一种原生态的乡村生活方式。在这个意义上，乡村民宿就是乡野间一个微型的旅居、度假目的地。

二、艺术体验型民宿

由经营者带领游客体验各项艺术品制作活动，包括制陶、雕刻、绘画、木展、果冻蜡烛、天灯制作等，游客可亲手创造艺术作品，体验乡村或现代的艺术文化飨宴。同时又具有人文情怀的类型，都市人们宿于乡村、隐于田园、归于慢生活的诉求和情怀越来越浓。

体验型的民宿以手工技艺为主，以乡土材质为骨，以乡土情怀为魂，以市场价值为需，展现了传统技艺与现代生活的契合，对大众具有极大的吸引力，可通过开发体验教室、农业塾、学习班、技艺馆等方式，将乡村手工艺人变为乡村传承人，让住宿的人感受学习的乐趣。

比如生活工艺：观茶、种茶、采茶、制茶、茶道、茶膳；酿酒、品酒、酒疗、酒艺；风味小吃、包粽子、糯米香茶、烤地瓜、磨豆腐等。

比如艺术工艺：陶艺、刺绣、竹编、草编工艺、农民版画等。

可利用乡村节令节庆，如：元宵节的观灯、跑旱船、耍龙灯、舞狮子、观焰火、拜庙等活动，中秋拜祭，春节年饭，祝寿习俗，婚庆习俗；蒙古族的"那达慕"，藏族的"跳神会""跳锅庄"，高山族的"丰收节"，白族的"三月街""背新娘"，彝族的"火把节"，壮族的"歌圩节"等。

也可利用乡村特色建筑，如：四合院，天井院，云南"一颗印"与"三坊一照壁"民居，蒙古包，客家五凤楼，藏族方室、碉房，彝族土掌房，傣式竹楼，苗族吊脚楼，新疆地铺民居等。历朝历代遗留下来的众多古村落、古桥、祠堂、古坊、古庙、古碾、古楼、宗祠文化、民间传说、历史典故、名人胜迹、道观佛寺等。

三、农村体验型民宿

农村体验型民宿，是指在传统的农业乡村中，除提供农村景观、体验农家生活之外，还有农业生产方面的体验活动，配套观光果园、观光菜园、观光茶园等。

农耕是乡村民宿的最基本特色的体验活动，在我国广阔的乡村范围里，不同地区、不同民族的农耕各具特色，将农耕活动进行原真开发，是乡村民宿体验活动的最基本形式。

陆地农业：春天参与播麦、插秧、耕作、扬谷、脱粒、春火、吊井水、点豆、种花、养鸟等；秋天采摘瓜果梨桃、种植蔬菜、喂鸡放鸭、收割麦子、摘棉花、掰玉米、挖土豆、狩猎、手工挤奶等。

水上农业：滩涂船速滑，挖沙蛤，打紫菜，摇橹接力，渔家垂钓，锦鲤喂养，戽水，踩龙骨车，采菱角，采莲子，摸鸭子等。

四、民宿的开发模式

民宿的开发模式有自发型、协会型、政府主导型、企业主导型四种运作模式如图29所示：

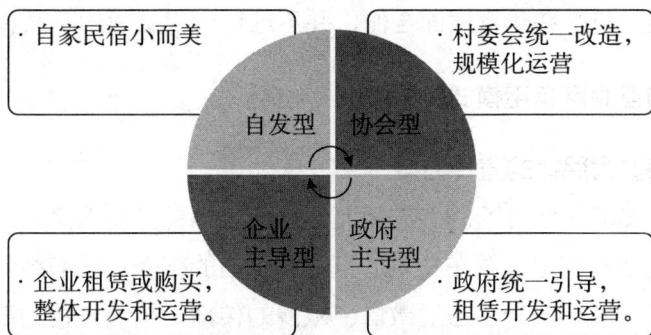

图 29　民宿的开发模式

1. 自发型

这种模式目前比较普遍，自家民宿小而美，有个店长管家基本就可以，暂且不用委托他人。房屋所有者自发开发民宿，个人租赁居民房屋进行民宿打造，资金由业主＋个人＋资金募集，本地居民进行开发和经营，政府的政策支持和社会环境引导。外来居民也可以开发、租赁和经营。

2. 协会型

村民的住宅经过统一改造、装修后，以规模化运营的方式面向游客统一经营。游客想要住宿不需再费心在村子里选择农家乐，而是进村后直接找到该村乡村酒店的前台去订房间。业主（村委会）成立协会，居民以服务入股，由村委会进行统一运作，资金的来源由业主＋协会＋政府共同支撑，本地居民进行开发，政府做引导、支持和规范，协会进行开发、管理和推广。

3. 政府主导型

由政府统一引导，当地居民改造自己房产开发成民宿，由业主＋政府形式进行资金支持，本地居民进行开发和经营，政府进行管理、推广、监管、培训和协调，外来居民可租赁开发和运营。并由专业化酒店主导的连锁管理模式：借助专业化酒店成熟的管理经验和平台，并通过其庞大的会员系统、营销系统、管理系统、品牌影响力、渠道先发优势，进行连锁化运营，从而实现民宿品牌连锁化。

4. 企业主导型

由企业租赁或购买的形式实现对住宅的所有权和使用权，进行整体运营，资金由运营商或资金募集形式获得，本地居民参与服务，由政府进行引导、规范和管理，运营商进行开发、运营和推广。形成专业化托管模式：这种模式如同聘请专业的物业管理公司，只是在运营层面合作，并不进行产权层面的交叉和持有。

五、民宿的互联网运用模式

1. 通过网格扩大民宿的宣传力度

可以通过在知名网络社区的旅游版面，发布民宿的宣传信息，或撰写图文并茂的风景区旅游攻略与游记，并在文中适当介绍民宿的亮点。民宿经营者还可以自行建立微信公众号、微博账号，通过微信、微博的传播，扩大宣传力度，为更多用户所熟知。

2. 扩展民宿客栈与潜在客户之间进行沟通的互联网交流渠道

民宿经营者可以通过网站、微信、微博等方式，利用图片、文字和视频，对酒店内各房间情况如报价，提供餐饮情况如特色菜肴、酒店位置和周边环境等进行展示，使得潜在客户可以自行获取大部分所需信息。此外，还可以通过网络论坛与Email等离线方式，腾讯QQ、微信群与Skype（主要面向国外游客）等在线方式与客户进行无障碍沟通。

3. 利用互联网运营商搭建的民宿预订平台，或自行建设互联网预订管理平台。

个体民宿客栈的房间数量虽然有限，但由于预订信息较多，而且预订信息变更频繁，如客户因特殊原因修改住宿日期、取消订单等。民宿经营者可以利用已有的互联网平台，或自行开发建设具有后台数据库支持的网络预定管理平台，使民宿主人能随时了解房间的空余信息，同时也可以给游客提供 24 小时查询和预订的服务。民宿互联网营销平台包括这些内容和功能模块：民宿宣传信息（酒店外观、周边环境、不同房间信息、特色餐饮等服务）、房间预订模块、在线交流模块、接站预约模块、意见反馈模块、游客交流论坛等。

六、民宿的商业模式

民宿需要策划的内容有很多方面，包含：模式、风格、结构、价格、预算、广告、营销等。首先要策划的就是商业模式，如果商业模式不创新，后期是很难让项目成功的。

对于民宿行业来讲，商业模式包含的内容有：投入多少钱、什么时间收回成本、风险有哪些风险能否控制、销售板块分为哪些、产品定价是多少、销售目标设置、成本控制怎么设置、淡旺季怎么控制成本和质量、利润率怎么控制、附加值如何体现和目标是什么等。如何才能算是一个好的民宿项目，以下为基本目标，供参考：

1. 不管项目大小和投资多少，最迟三年时间必须回本。

这样的保证才能对自己、投资人负责。成功的商务酒店回本时间都是在 4 年左右。民宿的价值远远高于商务酒店，文化氛围极高，收益必须得更快。本目标是全盘工作最重要的指标，一切工作得围绕这个问题来展开和控制。

2. 做民宿必须放弃现有的朋友照顾生意的预测

这个问题是 90% 的经营者都容易犯的错误，项目策划之初都想到的是有多少朋友能带来多少生意，来几次，朋友再给你推荐又增加多少收入等等。最核心的一点是你的朋友很难变成你的忠诚客户。你的民宿面向的是市场，是完成陌生人到粉丝的转变，这个目的性很强。所以眼光必须放开，让你的项目去接受市场的考验。

3. 民宿项目的收入

一定不只是几个房间几个菜，得是你的梦想能包含的任何商业行为。项目是你梦想的展厅、生意的谈判桌、交友的客厅等等，怎么去实现，自己一定要做好准备。

4. 必须体现民宿的附加值

由于互联网的发展，自媒体时代和粉丝经济的到来，得做好准备，能否达到在房间住一个晚上，但是可以买一辈子的产品的目标。怎么做到这个目标，可以请人完成，但大多数都还得靠自己，所以得学会：新闻扑捉能力、文字写作能力、摄影能力等。得有文化，没有文化就容易做成农家乐了，当然这个相对的概念是相对而谈。

5. 好的民宿一定得有文化

什么叫有文化？得让客人说有文化，可以从很多方面去体现：氛围营造、服务、餐饮、附加值等。不只是放点古董、摆几本书、挂几幅画。

6. 商业模式定位准确，然后才有设计风格、装饰摆件、服务流程和特色，而且风格是统一的。

七、莫干山民宿发展模式

1. 发展乡村旅游，不仅为群众提供一个休闲的好去处，是真正提质增效的供给侧改革途径，更有助于提升本地环境、富裕本地居民，是一举多得的无烟产业。在这方面，浙江的莫干山是一个成功的案例。莫干山的乡村旅游民宿有这样几个特点：

（1）移步换景的自然禀赋。莫干山位于浙江省湖州市德清县境内，是国家 AAAA 级旅游景区、国家森林公园，山峦连绵起伏，风景秀丽多姿。每当顺着弯曲小路驱车深入，仿佛远离都市喧闹，步入世外桃源。

莫干山凭着清新空气带来的健康感、层峦叠嶂带来的隔绝感，使居住其中的人即便是仅仅散步、骑车、登山就能获得极大的享受。

（2）定位高端的重金打造。无论是原舍的 800 万 11 间客房，还是占地超 300 亩、堪称旅游目的地的裸心谷，均是定位高端的民宿产品。正是这一个个的民宿精品，形成了良好的引领和示范效应，带动了整个莫干山民宿高端化发展，打造了莫干山良好的品牌形象，使得各方游客驱车百里，体验价值不菲的乡野生活。

莫干山民宿的拓荒者，他们普遍具有较高品位和文化素质、资金实力，在当地居民极不理解的情况下，冒着巨大的投资风险，不仅坚持了下来，还投入巨资、花费数年时间打造出了示范性的作品，这对整个莫干山地区民宿经济的成功起了至关重要的作用。莫干山的经验表明，只要你的产品做得够好，就无须考虑市场的问题。

（3）顺天应时的运作模式。近几年，上海等城市率先兴起的逆城市化，使得城市居民开始渴望乡野田园的宁静和平实，促使了乡村休闲度假市场的快速生长。

2. 纵观整个莫干山民宿经济的发展，是一个民进国退、民间资本自主选择、自由发展的过程，投资主体多元化、立意设计丰富化、运作模式多样化、经营服务特色化、客户群体小众化。如果没有一个个精品民宿的串联，没有区位优势，没有市场机遇，莫干山虽美，也只不过是一处普通的山水风景。莫干山的经验如何学，特别是对缺山少水的地方，如何激活村庄资源，发展乡村旅游，有以下五个"套路"可以作为参考：

（1）只有大河有水，小河才不会干。从莫干山的经验看，一个裸心谷成就了莫干山。要发展乡村旅游，成就民宿"树林"，必须要在前期做出具有引领示范作用的精品"树木"，只要有了带动力强的"头雁"，就不担心后面的追随，到那时农民再自主开发民宿也有了基础、标准和收益保障。

而要做出精品，形成新闻效应、品牌效应、聚集效应，就必须邀请业内领军企业，进行高强度的投资。在乡村旅游布局上，建议不搞以行政区划为基础的村村点火、镇镇冒烟，而是搞以自然风光（比如同一座湖的周边）为基础的区块性发展，做熟一个区域后，再启动另一个区域。

（2）政府请闭眼，市场请睁眼。一个层面，民进国退。莫干山的任何一个民宿，都是一种特色，一种创意，一种文化感知，而这种丰富的创造力，只能来源于大众。每个民宿，少则几间客房，多则二三十间客房，规模普遍较小，经营比较分散，客户群更是具有小众化特点，适合文创人士的"游击队"打法，不适合国有企业的"集团化作战"。

另一层面，监管适度。在农村发展民宿，很多政策上的障碍如果不牵扯到经营手续合法化问题，是不成为问题的。经营手续不完整，对国有企业和大型公司是障碍，但是对个人经营或者小型公司，不存在根本性问题，只要政府以灵活的方式进行监管，放一池活水蓄小鱼，定会形成乡村旅游发展的蓬勃生机。

（3）舍不得孩子，套不着狼。在莫干山民宿发展的初期，最珍贵的不是同质化严重的山水"资源"，而是带着创意、带着文化、带着前景的投资"资本"。前期没有"资源"的"贱卖"，必然没有后期"资源"的升值（莫干山上曾经被散乱废弃的农房，现在每栋租金高达 100 万元）。

在投资界有一句话：不能增值和兑现的资产是"有毒资产"。农村空心化是世界性趋势，能够把贬值资产兑现的只有发展乡村旅游，过度纠结于所谓"租金多少、租期多长才合算"，只会错失发展良机。

因此，在前期发展过程中，应当组织建立农房合作社，将租金收益平均化、长期化、隐形化，一方面避免因为对民房估值尺度的不一致带来的争论，另一方面，对前期较低价格出租的住户，后期有收益增长的机制，平衡先做和后做之间的利益分配。

（4）真正的伯乐永远在赛马，而不是在相马。从本质上看，乡村旅游是市场上的一种商品，既然是商品，就必定要进行完全充分的竞争，就会有优胜劣汰。莫干山民宿成功的最大经验就是其发展是市场自发的过程，做到成功的民宿没有一家是政府培养出来的。

因此，从普通商品的三个属性（功能、价格和渠道）来分析，只要把民宿最低价位定死，功能（民俗的品质、特色）和销售渠道（客户群）完全由经营户自主负责，对我们来说，只要经营户拿出自己的真金白银、自主承担风险，我们的资源就不会有很大的损失。

应充分借鉴工业招商的工作思路，排出国内外乡村旅游顶级企业，主动走出去，一家一家推介，一家一家招商，用市场的方法，实现村田野资源最大的价值。

（5）开大会，建组织，出政策，雷霆万钧抓推动。这个就是明显的政府工作套路了，虽然老套，但是却非常实用。因此，建议召开全市性专题性会议，出台推动乡村旅游发展的若干意见，制定乡村旅游相关鼓励政策，分解阶段性工作任务，以思想上的统一实现行动上的一致，以阶段性的督办实现各项工作措施的落实。

成立乡村旅游工作领导小组，建立并"半实质化"运作领导小组办公室，建立联席会议制度，项目推进到哪里，问题就协调解决到哪里，以一个案例作剖析标本，来解决乡村旅游发展过程中的普遍性问题。

八、各国民宿模式

1. 英国民宿模式

公元 1960 年初期，英国的西南部与中部人口较稀疏的农家，为了增加收入便出现了民宿，当时的民宿数量并不多，是采用 B&B (Bed and Breakfast) 的经营方式，它的性质是属于家庭式的招待，这就是英国最早的民宿。

    B&B是英国一种传统的旅馆经营方式。B&B是英语Bed and Breakfast 的缩写，也就是提供床铺和早餐的家庭旅馆服务方式。尽管和旅馆饭店相比，B&B提供的服务和设施有限，但是它低廉的价格对于广大的普通老百姓来说还是很有吸引力的。英国夏季的旅游者中，多数人会选择B&B这种住宿方式。英国的B&B不同于嘈杂的青年旅馆与拥挤的旅社，热心的主人通常会带游客去享受采收农产品、喂食牛羊的乐趣，探索乡村的奥秘。在公元 1990 年，英国的一项休闲旅游调查，发现有八成的英国民众每年到农村旅游至少一次，他们大胆预测英国在 21 世纪时最大的产业将是观光产业，因此值得协助推动与发展。今日，英国大约有 40% 的旅客选择民宿过夜。

2. 法国民宿模式

二次世界大战之后法国百废待兴，农村人口急速外移到城市去，空留许多农舍见证农村危机。1936 年起，法国制定每年必须要有十五天的法定休假日，漫长的战乱之后，城市工作者更想抓紧享受机会，只是经济能力有限，农舍接待度假旅客的想法，正好符合城里人向往宁静田野度假生活的需求，又不必付昂贵的旅馆费用，同时为危机中的农村增加一些额外收入。

1951 年，法国第一个农村民宿开张。1955 年，法国民宿联合会成立，印发的第一本民宿指南共收录 146 个地址。法国民宿联合会如今已成为世界最大民宿组织，雇用 600 名职员，协助 56 000 家民宿业者辅导与咨询各项管理事项，负责监督、严格检查旅舍质量，并向两百万绿色旅游爱好者推销这些民宿。法国民宿从简单的小农庄到设在文艺复兴城堡的可爱客房，应有尽有。政府规定民宿房间数最高是六间，申请设立必须符合消防、建筑及食品卫生等安全规范，同时必须为旅客办理保险。

3. 日本民宿模式

日本民宿在公元 1959 年至 1960 年期间，由于社会经济高度成长，夏季旅游胜地与冬季滑雪活动人潮汹涌，旅馆住宿空间明显不足，此时洋式民宿开始兴起；部分农场也以副业经营方式，提供旅客住宿需求，农场旅舍的住宿形态随即产生，因此日本民宿的流行热潮，缘起于昭和 45 年（公元 1970 年）。

民宿在民宿立法上学习欧洲的模式采取许可制，而且名称取为体验民宿，更说明了农业体验才是农游民宿的主要卖点和特色。只要有意愿即可推动农游事业，其经营者不限于农业背景，也不见得是由农协经营。因此，日本进入劳动时间缩短化后，使得都市民众的自然生活取向及农业体验取向日渐增强，另一方面农家所得也需要农游提供新的来源，因此日本未来农业旅游及农家民宿扮演可期许的新城乡交流模式。

第二节　实操案例

一、山楂小院：原乡营造的村野小落

从北京市区出发，过居庸关，折向东北方，驱车两小时即可抵达坐落在延庆下虎叫村的山楂小院。小院依山而建，青砖灰瓦，芳草依依，因庭中有山楂树而得名。春可观山花烂漫，冬可围炉夜话。屋内摆放的物件，大大小小，基本都是农村人家常用的东西，秉承了隐居乡里一贯的设计理念——回归自然，回归随性的生活，既有格调又能满足现代都市人对居住舒适度的需求。

山楂小院是隐居乡里的第一个民宿项目。隐居乡里团队帮助农民将废旧农宅改造为高端民宿，然后运营推广，吸引高知客户体验消费。隐居乡里的每个小院都聘请当地的中年农妇做管家。迎来送往，打扫庭院，端茶倒水……经过隐居乡里系统培训的当地村民可以服务入住高端民宿客人。隐居乡里的管家更像是客人的农家亲戚。她们会把自家腌制咸菜给客人，会把自家种的玉米送给客人。

隐居乡里把自己定位为乡村整体运营商。它不仅运营民宿，还运营农产品和农文化。隐居乡里开发了"山楂汁""有机小米"等多种农产品。

通过一个小小的民宿项目的落地，村庄乃至村民悄悄地发生了变化。首先是村庄环境的改变。有了更漂亮的，更符合乡村特点的房屋，城里人和村民都很喜欢。村民的生活变得更加方便，项目建设的一些公共设施，包括图书馆、步道、公共厕所等，不仅受惠于游客，也是受惠于村民的。然而，更重要的是村民有了一份更体面的工作和当地化的劳动，不用外出务工。一方面可以照顾家里，另一方面可以很

好地赚钱持家。城市人群的消费力是非常旺盛的，项目所在村庄的村民的收入往往比周边村庄的村民的收入要高出很多。

把乡土元素和城市的优势充分结合在一起，形成城乡的共融。目标客户是城市人群，很多城市人喜欢乡村，但接受不了乡村的住宿环境和卫生条件，所以隐居乡里做的东西就是给城里人回归田园提供一个支点，提炼出他们需要的核心服务。在改造的过程中不刻意设计太多现代化的符号和标志，尽量保留乡村的乡土元素，让乡村的魅力得到最大化的彰显；在内部的舒适度上力求做好实用、舒适，床上用品、卫生用品、洗漱用品是规格非常高的五星级酒店的标准，甚至比五星级酒店还要有特色。

二、"山里寒舍"：山村里的野奢

1. 概况

"山里寒舍"位于京城东北部的密云区北庄镇的干峪沟村，距离北京 108 公里，是一处由古村落改造成的乡村酒店群。"山里寒舍"将整个村子的宅基地和农民的田地租用，约 15 公顷。预计在废弃或闲置的宅基地上改造建设 86 套创意乡村民居及 1 公顷公共配套功能设施，形成"山里寒舍"创意乡村休闲度假区，预计开发的配套设施还包括会所、高尔夫球场、马术场、SPA 中心、会议中心、多功能娱乐中心、泳池、手工坊、农耕博物馆、观光车等。

2. 干峪沟的"山前山后"

（1）"山前"——"山里寒舍"开发前。由于地处偏远，交通不便，干峪沟村村民逐渐外迁，导致大量民居闲置乃至荒废，村内民居空置率高达 80%，成为名副其实的"空心村"。干峪沟村户籍人口仅有 41 户 71 人，平均年龄超过 60 岁，常住人口不足 20 人。随着年龄结构逐渐老化，年轻劳动力纷纷外出谋生，造成土地和山场无人打理，全村 43 处宅院，大多处于闲置状态，村庄日益凋敝，了无生机。

（2）"山后"——"山里寒舍"开发后。2013 年，北庄旅游开发公司以 50 年租用、二套闲置房入股合作等形式，收租了村里废弃或闲置的宅基地（或集体土地），对村落的供电、给排水、通讯、网络等基础设施进行高规格建设，并将传统民居院落改造成为高品质的度假酒店，以"奢华与朴素混搭，舒适和自然结合"为特色，将城市化的星级酒店享受与乡村自然宁静的生活自然融合，并配套了游泳池、高尔夫、儿童游乐场等休闲度假项目，目前开放的院落有 20 余座，入住价格从 1 500 元至 4 000 元不等。通过这一模式，村民不仅可以获得稳定的租金，同时还成为山里寒舍的员工，获得相应的工资收入，而干峪沟村的土地、果林等各类资源也得到了系统盘活，昔日荒凉的"空心村"变身成为国际范的乡村度假区。

3."山里寒舍"成功之路

（1）有效的土地流转

在"山里寒舍"的带动下，干峪沟成立了旅游专业合作社，着眼于干峪沟村独特的自然人文资源以及特殊的旅游市场需求，有效推动土地、房屋流转，在不改变所有权前提下，村民以房屋、果树、土地入社，化零为整，委托企业统一管理。利用这些废弃或闲置的宅基地（或集体土地），以 50 年租用、二套闲置房入股合作等形式，改造建设 40 套创意乡村民居及 1 公顷公共配套功能设施，形成了"山里寒舍"创意乡村休闲度假区。

（2）最乡土的资产升级开发。"山里寒舍"最大的特点就是具有乡村的原始生态特征，开发不破坏当地环境，保留了原有的古老建筑外貌。在开发建设过程中，最大限度地使用当地的石材和木料，最大限度地保护民居的原始状态。酒店房间在原有老房基础上改造装修而成，从外面看还是村民老宅，木门、木窗、椽子、石头院墙等都得到保留。而室内却别有洞天，糅合了中西设计，融合了古朴与现代理念，创建了古朴而不失现代化的混搭风。五星级的客房及卫浴设施，中西餐厅，无线网络覆盖，是最乡土的资产升级模式。

（3）有力调动农民积极性。北庄旅游开发公司与干峪沟村村民签署了一份为期 20 年的委托经营合同。20 年之后，如果村民对现有的经营状况和收益表示满意，可通过召开村民代表大会的形式，优先续租给开发企业。开发若干年后，根据村民意愿，项目经营权、基础设施、房屋和土地使用权将一并交回他们手中，也可以继续委托开发企业经营。这种模式，最大限度地保障了农民的土地所有权。

"山里寒舍"为居民提供了租金、分红以及工资等多种收益形式，全村人均年收入达 2 万多元，在企业就业的社员年收入超过 5 万元。出租房屋、土地、果园等均可以获得租金，还可以入股合作社，按照经济效益和入股比例获取一定的分红，另外北庄镇政府还监督企业为村民优先安排社员就业，为农民提供土建维修、客房服务、安保巡逻、卫生保洁、农场耕作、果树管护等力所能及的工作。"山里寒舍"还吸引了本地青年回流。现在山里寒舍的客房部主管、餐饮部主管、大客户经理，都是北庄镇土生土长的农民子弟。

三、大乐之野：公共社交的平台

大乐之野专注于做小而美的乡村度假民宿，单店房量在 20～30 间，客单价在 1 000～2 000 元，布局在大城市周边，目前主要以长三角区域为主，将来会往北京等其他大城市周边以及一些较大知名度的景区周边做布局。

民宿吸引客源从来不是靠奢华和气派，而是细节设计上的用心和讲究，这从来不是靠钱能够堆起来的，也不是单靠设计师能做到的。大乐之野设计的落地来源于对整体流程的细节把控，不太会用那些豪华卫浴设备和奢侈的软装家具，重点在客户体验上做重点投入，比如空间感受、建筑与自然的关系、硬件上的保暖防潮及隔音处理等舒适度处理，这些细节上用了心，客人肯定会感受得到。

民宿的社交需求分为私密小型内部社交和公共社交。首先谈私密社交，大乐之野 6～10 人出行的客群占比最高，也最容易组织。人如果再多，组织难度很高，又不符合私密社交的场景。所以在产品设计上，针对这部分客群，大乐之野主要是别墅包栋的形式，3～5 间客房+厨房+客厅+封闭式花园+部分小型体验业态（如

温泉、茶室、书房等），目前大概有 60%以上的产品是这种形式。对于公共社交，有部分客人到大乐之野，他们可能想和民宿老板、管家或者其他客人，甚至是当地的一些人互动，这时候的社交就偏公共性，就会配备有小型的野有咖咖啡馆、野有酒居酒屋、野有集的分享和展示。对于这部分人群需求，需要配套软性服务。

大乐之野每个单店像个体户，在去年上半年之前，团队还在围绕单店进行，就是一个店配一个店长，然后下面带一些管家、阿姨，各店之间是彼此独立的。后续的搭建了后台系统，开始打造总部的雏形，从设计、开发到运营，包括SOP管理、像培训中心、销售中心、预警中心等，目前已经搭建起6—8个部门，希望能对每个项目的品质和服务做好把控和技术支持。

大乐之野流量来源于社群公众号以及合作的自媒体，OTA的占比应该不超过20%；现在自媒体流量红利已经过去，但内容引流和客户心理的本质没变，只是说大家要求越来越高，不再是早前简单的"爆改"标题，或者一个情怀故事就能打动他们。

大乐之野的公众号运营主要是以乡村文化和生活方式的传播为主，像秋收宴的打板栗，很多客人不知道这个过程，而团队把它挖掘了出来，并且用能够理解的生活方式和设计产品的态度传递给客户，在这个过程中，客户会对品牌形成非常强的黏性。

大乐之野遇到几个关键节点，一是开始扩大规模，二是开始做品牌建设，三是开始做区域连锁。之所以会有这三个节点的改变，是源于从业人员的流动性和上升空间的诉求，也包括企业对产品的态度和传递大乐之野生活方式的想法，以及企业发展的自我驱动。

四、花间堂：文艺范儿的品牌连锁

花间堂品牌 2009 年诞生于云南丽江。花间堂拥有线上会员体系（花粉世界、花粉惠）和线上社区（花讯、花间美学），已在丽江、香格里拉、周庄、苏州等8座城市拥有 15 家店 400 多间客房。

1.用户体验

（1）用户可以在线上进行无担保预订、到店免押金入住、无查房离店，加深花间堂和用户之间的信任感。

（2）花间堂除客房外，还有餐厅、自助厨房、瑜伽馆、红酒吧等，目的就是构建家庭式温馨环境，提升用户体验。

（3）引入DingDong智能音箱，打造花间堂智能入口。用户可直接通过DingDong智能音箱发出语音指令调控房间灯光、空调、加湿器等，还可以向DingDong说出要求，比如打扫房间，就会呼叫人去打扫房间，不需要再像以前通过电话呼叫前台或者亲自跑去前台。

2. 运营模式

（1）成本控制采用区域组团式运营管理模式，即片区式统筹管理，比如把丽江看作一个片区，建立一个管理统筹分公司，全权负责丽江范围内的所有日常运营事项。和各个店独立运作相比，单店运营成本降低很多。

（2）连锁不复制，在常规的连锁酒店里通常都容易产生一个问题，就是体验一致化。而花间堂不同的是，采用连锁方式运营和管理，但是每个花间堂的店都有自己独特的主题和服务，这一点各店名字和各店的配套设施上有所体现，比如丽江古城植梦院、束河古镇墨香苑。

（3）销售渠道单一却高质量。在时下流行的OTA方面，花间堂和携程达成独家战略合作，在淘宝上也坚持官方旗舰店直营，除了这两种销售渠道外就是花间堂官网直营。虽然用户预定渠道不多，但是却能够很有效地保证乱价比价等现象的发生。

（4）品牌名声大噪、坚持直营，不加盟。花间堂创始人张蓓曾在公开场合表示，花间堂坚持直营模式，不会实行加盟制。因为实行加盟之后，花间堂的品质就不能完全由自己把控，也不能保证加盟的业主不会因逐利，而做出有损花间堂声誉的恶劣事迹。

3. 发展战略

（1）花间堂模式的管理输出是工作重心。花间堂创始人张蓓在接受记者采访时表示，花间堂前几年所做的自建项目都是为了"养品牌、建模板"，和验证花间堂的商业模式，现已基本成熟，因此接下来会将工作重心放在管理输出方面。

（2）为民宿打造平台。张蓓认为，时代在发展，不能为了做民宿而做民宿，比如引进职业经理人管理民宿，势必会让民宿越来越不像民宿。因此，花间堂有意打造平台，和政府合作，将适合做民宿的物业改造，进行平台化运营。

（3）实现规模化发展。"花间堂经过几年时间的发展，品牌知名度已经得到提升，产品也越来越成熟，规模化时机已经到来。"张蓓认为。而关于如何实现规模化，张蓓认为可以通过管理输出的模式，对通过花间堂审核的主动前来接洽的项目可以像无锡阳山稼圃集一样，为业主提供项目设计和施工的管理咨询，完工后，交由花间堂管理，同时冠以花间堂的品牌。

花间堂通过"养品牌、建模板"积蓄力量、验证商业模式和人文特色服务理念，无疑是精品酒店成功的例子。近年来，旅游人数的快速增长，也为非标住宿的发展提供了契机，这也是花间堂能够成功的大背景，但是随着民宿越建越多，花间堂面临很多的挑战。一方面同质化现象日趋严重，在发展过程中该如何避免而维持其独特性；另一方面非标住宿的大爆发吸引了众多竞争者进入，规模和价格竞争将更加严峻。尽管如此，以花间堂在众筹的表现，足以见得非标住宿市场的火爆。

五、七间房：回到一个"别致的家"

双廊七间房位于云南大理，专为享受安静舒适，自在悠闲的度假客人而设，通过类酒店似的设施和服务，为客人提供一个在大理双廊的"家"。客栈所有的房间、家具、装置装饰，都由知名设计师原创精心设计，注重细节品味，提供私享空间。七间房的特色就在于他的美食和定制的服务。

1. 主食

主厨叫松松，是七间房老板丁磊的发小。松松高大温和，在英国开过四年餐馆，厨艺了得。从一个国外餐厅老板转化为一个客栈的主厨，只是因为在大理，在七间房，显得顺理成章。

"七间房秘制焗排骨套餐"是七间房西餐厅主推的菜品，也是主厨松松的招牌菜。排骨需要经过 6 个小时的熬制，急冻，再做后续的处理，故这道菜不能马上就做，即使当天点餐也无法制作完成，需要住客提前预订；七间房将这道菜成功打造为客栈的饮食 IP，成为很多住客停留七间房期间必点的一道菜品，也成为七间房客栈文化重要的组成部分。

2. 定制服务

自由行成为国内度假游首选，越来越多的度假客人预订完酒店后，选择自驾自由出行，七间房紧抓这一趋势，将自己打造为大理地接社，为住客提供行程安排和攻略，并增加旅拍等个性定制化服务，但远远无法满足市场需求。2015 年，七间房老板丁磊做了一个新的项目，叫"七苹果"。这是全国首家"自驾车+公寓+自助厨房"的度假公寓，可以为客人提供定制行程、定制旅拍和微电影、定制早餐、定

制车型等定制化服务；七间房完全走轻资产运营模式，上游与房产开发商合作经营空置房源，下游通过与租车公司长期合作，为游客提供可定制的车型和酒店到机场的接机服务。七苹果"2个房间+1辆车"的组合型产品设计，不仅满足了自驾游旅客的需求，也让产品性价比实现最大化的体现。

六、饮居·九舍：社会艺术的交流空间

饮居·九舍是ART-STAY的理念在中国的第一个实践项目，位于浙江西塘古镇。ART-STAY指在一定空间中挖掘和植入新锐艺术现象，为当下社会艺术运动和关注者搭建交流、驻场及传播平台，同时能提供复合旅宿关怀和交流生活美学的开放式场所。和传统分离式的旅宿空间不同，九舍被植入了"群居生活"的概念，使用者在其间拥有街巷邻里间的空间状态，并共享由空间语言营造的社会性。

九舍重新思考并延续"移动空间布局"这一古典庭院的典型特征，引入西塘原有建筑群处理正负空间、构造立体空间体验的手法——建筑布局的促动，空间极度压缩后又突然释放。建筑间以上下、左右错动的方式来表现空间节奏感，同时形成荫处、阳台，以及巷和廊；庭院串联起建筑，与一层休、居区结合紧密，使住客在早晚使用频繁期都能充分亲近自然。

212

饮居·九舍选址西塘古镇，是寻求可以回归儿时邻里间最为亲切的空间尺度，这里有吴冠中笔下最为动人的小桥、流水、人家，三维立体江南图景。地理特征决定了建筑聚落的形态，西塘镇巷陌纵深，水岸交错，民居堆囊于交通与河道，窄而成室，宽而成院，临水成廊，聚集成巷，呈现着丰富的非线性负空间集合。正如吴冠中画里并非关注那些建筑元素的表象堆叠，九舍的设计中，同样也超出了对于表面建筑符号的依赖，注入了对城市的思考和对生活的理解，融合古镇地域文化的同时，也延续和创新了江南独有的古镇基因。和传统分离式的旅宿空间不同，九舍被植入了"群居生活"的概念，使用者在其间拥有街巷邻里间的空间状态，并共享由空间语言营造的社会性。

九舍凸显的是一种江南独有的市井文化，强调群居生活和人与人之间各种微妙关系。它与江南水乡的气质相得益彰，却又有独树一帜的鲜明风格。这里由九个房间模数的体块组成，并将其沿基地边界动态摆放，上下错动，又用多面通透的玻璃幕墙加以运用，使室内外正负空间相呼应，人在其中又与空间充分互动，同时更接近了人的尺度范围。看似与古镇其他建筑并无二致，推开门却是具有现代设计感、又融入古镇肌理的生活空间。

清晨的阳光层层折射后撒进落地窗，恍如镜中。每处转角都留有惊喜，现代设计与千年古镇的融合，书写出一种情怀。推门而入，便能看到长长的楼梯，女主人介绍说一级级的楼梯代表着西塘的桥，整个空间里的斜面屋顶则与西塘风雨长廊的廊篷相呼应，而通往房间的小路两旁地面都被铺上了白色碎石和长满青苔的老木头，她说这代表着西塘的水与船。"就像西塘是一个生活着的千年古镇，九舍也想给客人一种穿过桥、穿过廊檐回到家的感觉。"

七、慢屋·揽清：与乡土相融

云南大理慢屋·揽清位于莨蓬村洱海畔，是一个基于原有农宅的改扩建项目。莨蓬村是环洱海最小的自然村，村庄周围环绕着独有的自然景观—海西湿地：杨柳垂荫，芦苇飞絮，水鸟游弋，天蓝海清。整个村庄宁静秀美，五六间小客栈沿湿地岸线散布，慢屋就在其中之一。"慢屋·揽清"的建设理念包括以下内容：

1.精心策划，从考虑使用者的体验开始设计：分析酒店客人的使用行为模式，注重使用者的体验，做到"设计创造价值"。

2.控制造价，强调"适宜的建造策略"：在相对较低的建造成本情况下，以及在大理相对落后的施工技术条件下，用建筑师可以控制的施工方式做出更讲究的空间品质。

3.强调社会责任感：在洱海环路市政管网不健全的背景下，在有限的投资成本下，花数十万元为项目配置中水系统，污水处理后可作为庭院景观用水，不向洱海排一滴污水。

4.建筑师的话语权：建筑师为主导的开发建设，推动项目的建设及运营走向良性，达成使用者、业主及社会多方共赢的结果，而非之前房地产粗放开发时期，开发商一味地追求资金回报率的传统开发模式。

5.使用后评价对设计的促进：客栈投入使用后客人的反馈作为真实存在的建筑评价，将是今后酒店设计改良的依据及动力。

6.朴素的设计出发点：不做标新立异的建筑，而是一次"当代乡土"的尝试，让建筑真正属于这个场地。努力尝试做到：尊重自然环境与地域人文、注重设计的新旧关系、注重创新，注重属于场地的建筑布局——控制尺度，将建筑体量化整为零，多个坡屋顶与周围农宅尺度相呼应。

八、墟里：归园田居般的静谧旅舍

浙江温州墟里，是一家位于永嘉山区的民宿，墟里的名字出自《归园田居》里的诗句："暧暧远人村，依依墟里烟"，意指中国传统村庄。这原是一栋普通的民宅，经过设计师的设计和翻修，改造成为了一处幽静的避世之所。墟里的设计采用大量"有温度，有感情"的木质元素和天然材质。用最朴实、低调的建材，最大限度地接触自然。没有强烈的风格表达，只想营造一席"户庭无杂尘，虚室有余闲"的栖息之地。客栈里，搭配上收藏的古旧器皿，有质感的肌理材质在充满自然气息的空间内，依稀可以触摸到有温度的感触——木与砖石的房子，发声的木板，打滑的石板和路边不知名却熟悉的草虫，当然还有泥土的气息和雨季的霉味……，步入其中，便觉一身轻松。

墟里的体量很小，目前只有两栋别墅——墟里壹号和墟里贰号。壹号入云，贰号临水，每栋只有三间客房，而且也只接受整栋出租的形式。这样独立、私密的别墅乡舍，最适合邀请最好的朋友、最亲密的家人，来分享这里最自然美好的时光。

1.墟里壹号

"隐居山野，享受温暖质朴的山居生活"，位于永嘉茗岙的梯田景区之中，群山环绕，步行可到 5、6 号梯田观景点。配有瑜伽垫、投影仪、蓝牙音箱、很多的书和绘本。清晨，客人可以在露台上面对群山，放着舒缓的音乐，做瑜伽。

2.墟里贰号

"享受窗前稻禾，院内花香的田园生活"，意境里有"仁者乐山"的高亢清远，那么贰号的笔触就是"智者乐水"的活脱自在。墟里贰号位于永嘉谢灵运后裔聚居地蓬溪村，是楠溪江中游风景最优美的古村之一，有着浓厚的人文底蕴。贰号别墅在村子的最深处，远有山、近有水，窗前稻禾，院内花香。

相比于墟里壹号，贰号则有更丰富有趣的生活气息，每天放羊、赶鸭子的村民都会经过墟里门口的小溪，牛在窗前的稻田里耕地，村民在溪边洗衣服、晾酸菜，十分热闹。墟里贰号，在远处转角处呈现出童话的姿态，以及入口处绕门绽放的粉蔷薇，也是在视觉和嗅觉上第一时间给来客一个下马威：现在开始就放下手机和都市生活的缠累吧。

九、西递猪栏酒吧：最贴近自然的老油厂

占地 600 多平方米的猪栏酒吧，坐落于安徽省黟县西递古落村堪称西递村最知名最独特的民宿。即便放到全国民宿界，这家有着典型徽州民居风格，且已经营 8 年的民宿，名气也是响当当的。

猪栏酒吧，这是小光、寒玉在徽州修建的第三栋房子。原址是废弃的碧山油厂。这间"藏"在乡村路边的民宿客栈，几乎和田野融在一起。猪栏酒吧三楼是观景台，屋架、柱子、墙壁上钉满了各色名片，诗人、作家、学者、律师、广告人、设计师、企业家、书法家、普通白领……

第一次走进猪栏酒吧，可能会觉得这儿像个迷宫。它的整体形状和布局是不规则的，也自然而然地分割出了很多的公共空间。从正面铁门入院，首先看到的是院内两棵大樟树，冬天也依旧繁茂，挡住了后面那栋写着"碧山油厂"大字的老宅。推门而入，宽敞开放式的空间集吧台、餐厅、休闲区于一体。右手边是另一个开放式客厅，木质墙上红漆写的"人民公社好、全国学人民解放军"的标语总会一下就吸引住来客的目光。客厅同时也是个小舞台，舒适的沙发围坐，投影、音响、火炉一应俱全，很多自发的演出也会在这儿举行。客栈现共有 19 间客房，每一间都是寒玉亲自设计的，风格均不相同。她对装饰细节有着自己独到的审美和要求。老楼后面是一个四合院，厨房、餐厅、几间客房，还有在原油厂车间里布置的书屋。书

屋的空间很宽敞，随处可窝的舒服沙发和座椅，可以给你一段柔软而安静的阅读时光。

猪栏酒吧乡村客栈入住率差不多 50% 左右，但这并不等于经营者没有赚到钱。"一方面猪栏酒吧的房价比较高，而且不分淡旺季。另一方面我们雇佣的基本上是本地劳动力，运营成本比较低，盈利并非难事。"在猪栏酒吧乡村客栈创始人寒玉看来，一个好的民宿就是一个目的地。猪栏酒吧的特色之一是餐饮，让很多客人慕名而来，很多客人是因为猪栏酒吧来黄山度假。坚持自己的个性，在任何时候都不会被淘汰。

十、台湾花莲金泽居：景观民宿的鼻祖

在台湾，提到民宿，业界没人不晓得花莲金泽居，这间民宿是很成功的经营范例。因为这间民宿是早期把景观民宿推向热潮的一个代表。去过日本的人，常看偶像剧的人应该常常听到金泽这个地方。花莲金泽居位于台湾花莲吉安乡干城村，会呼吸的健康住宅。有着白墙斜屋顶的漂亮房子，建筑空间独立而又丰富，环保钢构绿色建筑，具有耐震、防潮、冬暖夏凉的建筑特性。院子不小，挺立着枝桠婆娑的大榕树。房间宽敞舒适，色调温馨，大型落地玻璃窗设计使室内采光优良。配备树窝餐厅，各式自行车供游客到附近绿色隧道、莲花池、农场草原自由骑行。

民宿主人是集合建筑师、五星级饭店经营的完美经营者。老板本身是花莲理想大地度假饭店的经理，后来转战民宿界，加上之前在日本留学，所以学到了很务实和细腻的服务经营理念。他的姐夫，也就是金泽居的原设计师，本身是花莲知名的建筑设计师。拥有在本地的营建成本和团队优势。两人的优势互相结合之下，金泽居就兼具了不同的话题和服务水准。

另一个金泽居成功的因素，在于同业结盟的效应。因为金泽居的建筑师不只设计了这间民宿，花莲有超过十间景观民宿都出自同一建筑师的手笔。客人住了一间和老板聊了之后，很可能就会在口碑效应下，去住了另一间，品牌效应非常明显。

第七章 DIQIZHANG
FUPIN GONGJIAN

扶贫攻坚

第一节　模式分析

一、模式关键词："三变"

贵州省六盘水市："三变"模式催生"三农"新颜

六盘水是贵州省地级市位于乌蒙山集中连片特困地区，4个县区中有3个国家级贫困县、1个省级贫困县，2014年贫困人口达50.99万，贫困发生率19.55%，比全国高出12.55个百分点。2013年之前，全市城乡居民收入差距高达3倍以上，农民如何脱贫致富一直是个"老大难"的问题。然而通过"三变"改革，农民们从原来"面朝黄土兜里没钱"到现在"入股分红天天数钱"。六盘水的"三变"，是指资源变资产、资金变股金、农民变股东。

"三变"改革，构建了村集体、农民、经营主体"三位一体""产业联体""股份连心"农业经营新体系，激活了农村自然资源、存量资产、人力资本，促进了农业生产增效、农民生活增收、农村生态增值。

从2014年到2016年，通过"三变"改革，活化了农村资源，创新了农业经营体制，激活了农村发展内生动力，让33万贫困群众成为股东，整合各类资金57亿元，打造了851个扶贫产业平台，两年内带动22万贫困群众脱贫，贫困发生率从23.3%下降到15.67%，促进了绿水青山与金山银山的有机统一，夯实了脱贫基础。

"三变"改革为什么能在短短三年时间内，就让大山里的农民摘掉了几十年的"贫困帽"，并且正在逐步走向富裕？这其中到底有什么奥秘？

　　政府推动"三变"改革的目标指向，就是增加农民的资产性收入。农民收入，原则上可分为两大类：一类是劳动收入；一类是资产性收入。研究表明，收入水平的提高主要靠资产性收入。根据国家统计局的一份调查资料，目前我国收入最高的10%家庭，其财产总额占城镇居民全部财产比重已接近50%，收入最低的10%家庭其财产总额所占比重仅为1%。从国外经验看，富人的高收入也主要来源于财产性收入。比如在美国，公民的财产性收入占其可支配收入的比重高达40%，拥有股票、基金等有价证券的人占到了90%以上；芬兰、日本农民的财产性收入占比也高达40%左右。

　　可在我国，农民一直是低收入群体。数据显示，在农民的可支配收入中工资性收入占49.5%，家庭经营性收入占35.9%，转移性收入占11.0%，财产性收入仅占3.6%，在中西部欠发达地区这一比例更低。四川农民财产性收入占比为2.3%，重庆农民财产性收入占比为2.8%，甘肃农民财产性收入占比为2.1%，贵州六盘水"三变"改革之前农民财产性收入占比仅为1.63%。这表明，农民收入低，主要原因是没有资产，无法获得资产性收入；农民要想脱贫致富，最根本的途径就是增加资产性收入。

　　正是从这个角度考虑，六盘水探索提出了"三变"改革思路，其中关键是给农民的资源确权。现实中农民有资源，但却没有资产。比如土地，实施农村土地承包制度以来，国家虽允许农民流转土地，但由于没有严格进行确权登记，导致承包地块的权属界限不清，不仅流转不畅，经济效益实现不了，还引发了不少土地矛盾。再如农村集体资源，以前集体土地、林地、水域等大量自然资源闲置，集体产权主体虚设，名义上"人人有份"实际却"人人没份"，农民"拿着金饭碗讨饭"。通过确权颁证，农民成了土地承包经营权的权利人，真正成了土地的主人，不仅财产权益得到了保障，过去沉淀下来的土地矛盾也得以化解。原来的农村集体资产通过清理核实、确定权属关系后，经集体组织三分之二以上的成员同意后，就可将集体资产评估入股，集体组织和农民都可以按比例获得收益。不少农民都津津乐道："确权颁证给我们吃了'定心丸'，现在我们农民更有底气了。"

　　可以说，通过"三变"确权入股，农民最大的改变就是拥有了资产。目前六盘水全市共有111 986.67公顷承包地、27 126.67公顷集体土地、9 540公顷集体林地、4244.69万平方米水域水面、1 773.33公顷集体草地、8.66万平方米房屋变成了资产入股经营；共整合财政资金6.6亿元，引导村级集体资金1.25亿元、农民分散

资金 4.28 亿元变成了股金；38.89 万户农民变为了股东，在"耕者有其田"的基础上，实现了"贫者有其股"，广大农民通过资产获得了资产性收入。

二、模式关键词：现代农业产业园

四川蓬安：现代农业产业园脱贫致富的奔康路

四川省南充市蓬安县始终把脱贫攻坚作为"头等大事"，紧紧围绕助农增收这一核心，坚持以系统规划为引领，以脱贫奔康农民产业园为载体，以增强内生动力为关键，千方百计保障贫困群众稳定脱贫、长效增收、致富奔康，有力促进 55 个贫困村成功退出、1.73 万贫困群众如期脱贫，贫困发生率降至 2.64%，如期摘掉贫困县帽子，实现了脱贫攻坚的首战首胜。

1. 精准编制"三大专项规划"，厘清目标、靶向发力

坚持规划先行，从县、村、户三个层面画好了增收"路线图"。一是立足长远编制产业扶贫规划。深入调查贫困村自然环境、资源条件和产业发展现状，充分尊重当地群众意见，结合农业产业"十三五"专项规划，精心编制产业扶贫五年规划

和年度工作方案，确立了以"三百工程"为主要路径的发展举措。即：加快建设100平方公里的国家现代农业示范园，全力打造全长100公里的优质柑橘、绿色粮油、经济林木、畜禽养殖4条产业带，连线成片、整体开发，带动100余个贫困村脱贫奔康。二是立足实际编制园区建设规划。选准选好贫困村支柱产业，按照种植业、养殖业、加工业三大产业类别，分类分村编制脱贫奔康产业园建设规划，逐月明确基础设施建设、业主招引、产业培育等重点工作的责任主体和形象进度，实行倒排工期、挂图作战。三是立足精准编制到户扶持规划。认真分析贫困户致贫原因和帮扶需求，充分发挥脱贫奔康产业园辐射带动作用，分户规划落实果蔬种植、畜禽养殖和劳务经济"三大增收计划"，并把技能技术培训、公益岗位兜底等项目列入扶持规划，实现了"户有当家产业、人有一技之长"的目标。

2. 努力探索"三大建园模式"，因地制宜、因村施策

按照"依托大企业、建设大园区、发展大产业、实现大脱贫"的思路，建立健全龙头企业带动、专合组织领办、贫困群众入股"三方联动"机制，分年度、分步骤规划建设水果、畜禽、水产等脱贫奔康产业园100余个，目前已建成59个。一是"单村兴建"模式。以单个贫困村为单位，通过支持现有新型农业经营主体扩大规模、鼓励农业企业建设产业基地、引导村集体成立专合组织、招引乡友回乡创业等方式，推进产业园建设。二是"跨村联建"模式。通过同一产业，由同乡镇的多个贫困村联合建园，打破地域限制，实现共同发展、携手奔康。同时，每个贫困村委派1名村"三职干部"，组成园区管理工作小组，定期召开联席会议，协调解决相关问题，促进产业园健康发展、持续壮大。三是"连乡成片"模式。依托大型龙头企业、现代农业示范园等主体，整合多个乡镇资源，打造"产销加"一体的全链条产业园。我县依托南充市唯一的农村改革暨精准脱贫试验示范区建成的脱贫奔康产业园，核心区达50平方公里，通过连片产业辐射4个乡镇、17个贫困村，带动2890人脱贫，形成了产业与扶贫的"双重亮点"。

3. 着力创新"三大增收机制"，稳定收入、防止返贫

坚持以务实管用为目的，创新利益联结机制，动员农业龙头企业、专合组织等新型农业经营主体"牵手"贫困村，促进农村资源变资产、财政资金变股金、贫困群众变股东。2016年，共带动12 133名贫困人口入园发展，人均增收2 900元。一是"三股分红"促增收。采取"参股入社、配股到户、按股分红、脱贫转股"的方式，通过资金入股、土地入股、免费增股三条途径，吸纳贫困群众参与规模化产业发展。二是"反租倒包"促增收。产业园集中流转农户和村集体的土地、林地，完成基础设施建设和产业发展规划后，再由贫困户按照"一保、二包、三统一"的模式进行承包经营，即：贫困户收入保底，产业园包生产物资和设备、贫困户包基本产量，产业园统一管理、统一技术、统一销售，实现互利共赢。三是"定岗务工"促增收。积极搭建"家门口打工"平台，在每个产业园开发保洁、管护、防病等固定工作岗位，定期不定期发布临时用工信息，引导有劳动能力、有技术、有一定文化水平的贫困群众就近就地入园务工，帮助其不离乡、不离土，赚钱顾家两不误。

4. 全域开展"三大农技行动"，强化支撑、提升质效

始终注重强化科技创新驱动和农业技术服务，着力提升贫困群众稳定脱贫能力，打牢产业园发展底子。一是开展农技员全覆盖帮扶行动。对全县 171 个贫困村逐村落实 1 名农技员，实行"一对一"技术帮扶，大力推行"四新"（新品种、新技术、新模式、新机制）和"六良"（良种、良法、良制、良壤、良灌、良机）模式。依托 70 所农民技（夜）校，采取"集中学习、流动培训、上门助学"等方式，开展技术培训 63 期，2 万人通过培训实现稳定就业。二是开展专家团巡回指导行动。组建农业综合技术专家服务团，设立种植业、养殖业、农机、科教四支小分队，采取"农忙时节常驻村、农民需求常到村、产业发展常联村"的方式，在全县巡回开展农业技术指导。三是开展校地合作深化行动。持续加强与四川农业大学、西南大学柑研所等高等院所的校地合作，促进农业科技成果转化运用，提升农业发展的质量和水平。目前，已利用种养结合循环技术，建成"玉—豆—草—畜"产业示范带 2 万亩。

5. 多方开辟"三大筹资渠道"，加大投入、有效保障

采取"财政投入、金融支持、业主自筹"的方式，多管齐下、多措并举，筹措产业扶贫资金 3 亿元。一是有效整合财政资金。在精准使用上级专项资金 2.3 亿元的同时，县财政安排产业扶贫资金 7 000 万元，并按一定比例逐年递增。按照"规划引领、渠道不乱、用途不变、优势互补、各记其功"原则，以扶贫规划为平台，大力整合交通、水务、农业等涉农项目资金 2.3 亿元。二是用好用活金融政策。采取金融与扶贫资金合作，通过政府贴息，开发"小额信贷"金融产品，开展"农村产权抵押融资"试点，撬动金融和社会资本更多地投向贫困村、贫困户，助力产业发展。2016 年，驻县金融机构共发放低息、贴息贷款 1.9 亿元，受益贫困户 7 389

户。三是引导业主加大投入。加大新型农业经营主体培育力度，新招引投资 5 000 万元以上的龙头企业 6 家，新发展专合组织 479 个，投入资金 1.3 亿元。

三、模式关键词："六＋"体系

吉林：创新扶贫模式助力产业扶贫

小康不小康，关键在老乡。让农民摆脱贫困，打赢这场扶贫攻坚战，关键在产业扶贫和精准扶贫，这是扶贫由"输血"到"造血"的最佳选择。吉林省农业资源丰富，多数贫困地区贫困户收入来源于第一产业，因此，产业扶贫的立足点就在第一产业，如何使农业增产增效，如何延长农业产业链条，如何让产业链条的各个环节的增值增效落在贫困户上，这是吉林省一直在研究探讨的问题。结合全省各地实践亮点，吉林省总结出以下六种产业扶贫模式，供各地交流借鉴。

1."企业（公司）＋基地＋贫困户"模式

企业通过开办实业基地，贫困户将产品委托经营给企业，企业一方面进行技术指导，另一方面进行品牌化销售，最后以利益分红的形式受益给贫困户，同时贫困户也可在基地打工，赚取相应的酬劳。这是吉林省最普遍，也是最广泛推广的一种产业扶贫模式，既规避了贫困户单一、分散种养的低效益和高风险，又实现了区域内的产业集聚做强。

延边朝鲜族自治州汪清县大兴沟镇以兴帮牧业有限公司为龙头企业，创建了优质延边黄牛养殖基地，受益贫困户通过委托经营方式，集中把所购扶贫架子牛统一委托汪清县兴帮牧业有限公司实行集中饲养育肥，企业将养殖黄牛所得收益，每年按7%回馈给贫困户。同时公司对贫困户进行培训技术和知识，贫困户还可以到公司打工挣得收入。"我岁数大了，别的也干不了，养牛非常适合我，工资每月3 000元钱，供吃供住，在这干活挺开心的。"村民王荣轩喜悦之情溢于言表。这种模式既实现了贫困户双向收入，又壮大了大兴沟镇的延边黄牛养殖产业，形成产业规模优势，使其成了延边最强大的养牛基地。

2. "企业（公司）+合作社+基地+贫困户"模式

这种模式即几个贫困户依靠国家扶贫资金或小额信贷，成立合作社，建立产业基地，通过几家龙头企业，延长产业链条，强化产销衔接，增强合作社抵抗市场波动风险能力，从而达到企业和合作社利益共享，实现双赢。这种模式较第一种模式多一个合作社环节，合作社组织直接加强了贫困户与企业对话的力度，同时可以享受国家有关信贷政策。

白城市镇赉县以嫩江湾、益健、吉光、嫩康等大型稻米加工企业为龙头，在稳定现有150万吨加工能力的同时，积极推动稻米加工企业升级改造，围绕"稻谷—大米—米制品"精深加工产业链，大力发展配制米、营养米生产项目，全力打造"镇赉大米"品牌；积极推广米糠综合利用、碎米综合开发、稻壳综合利用等项目，延长产业链条，全面提高企业带动能力。由龙头企业直接到贫困户田间或家中按照订单价格收购水稻，贫困户通过合作组织把水稻销售给龙头企业，贫困户以自身享受的低息贷款、贴息和项目补贴等优惠政策进社入股分红，实现"捆绑"致富，有效解决贫困户卖粮难和卖不上价的问题。

3. "合作社+村集体+农户"模式

在农民自愿的前提下流转土地，通过村集体进行统一组织，年底按股分红，使贫困户从中获取利益回报。

图们市月晴镇水口村深入推进农村股份制改革，以全村农民承包土地入股的形式组建"便民粮食种植专业农场"，对入股土地以高于市场流转价格给付租金并在年底还进行按股分红。确定的土地入股保底分红中，国家种粮补贴资金归承包户，以每年纯收入的 30% 按照股权占有比例分配给农户，剩余 70% 作为农场发展资金和村集体经济发展资金。水口村每年从村集体经济积累中拿出 3 万元资金为全村人购买合作医疗保险、人身伤害保险、房屋火灾保险以及资助村老年协会、妇联等组织开展文体娱乐活动。

4. "企业+科研院校+合作社+贫困户" 模式

这种模式即贫困户利用自身优势，享受国家出台的扶贫优惠政策，将国家扶贫资金和扶贫项目，通过合作组织注入到龙头企业，企业通过国家扶贫项目与科研院校合作，研发新科技、新技术，并投入到生产中创造效益，贫困户以国家扶贫资金和项目入股分红，从而实现年年分红，年年增收。

龙井市海兰江牧业有限公司采用 "企业创立产业基地、院校提供技术指导、科研打造实验平台"，社农效益连年递增的合作模式，公司利用国家扶贫资金统一购置优质延边黄牛，将黄牛为资本入股企业，由企业统一购养，并以相应资产做抵押，农民以每头牛的资本入股，产权归农民，通过股份合作的运作模式，农户实现效益增收，为确保受益贫困户利益，智新镇人民政府、受益村、海兰江牧业有限公司三方签订协议，海兰江牧业有限公司每年年底向入股贫困户支付分红。

5. "帮扶企业+贫困户+合作社" 模式

这种模式基于小额信贷 "两难" 的情况下，即贫困户不愿意贷，不知道怎么用，怕还不上；银行不愿意放，没有产业基础，害怕贫困户还不上。由具有社会责任意识的大型帮扶企业，为贫困户担保提供贷款增值，贫困户由合作社统一组织发展产业，同时享受政府给予合作社贷款贴息。

和龙市整合扶贫资金 600 万元存入农业银行作为保证金，放大 10 倍贷款额度；帮扶责任人与贫困户共同研究产业项目，并以工资作为增信担保，争取小额贷款；银行将单户贷款倍数放大至 2 倍，即每户最高可以申贷 10 万元；合作社统一使用贷款发展产业，每年保证贫困户获得不少于贷款额度 6% 的分红，并为有劳动能力贫困人口提供就业岗位和技术培训。

6. "乡村旅游+农家乐" 模式

休闲农业的发展成为农村的一道独特风景，吉林的贫困人口多在边境深山和少数民族地区，独特的地域旅游资源优势给吉林的乡村旅游发展带来机遇，也为贫困地区增收致富带来希望。这种模式主要是通过景区景点开发，带动贫困户融入旅游产业链，发展乡村旅游和农家乐，实现脱贫致富。

龙井市东盛涌镇仁化村建成的海兰江民俗生态园，是一个以旅游、观光、餐饮、住宿等为一体的综合型园区，是一个具有独特的朝鲜族特色园区，园区包括海兰江民俗园、特色经济植物规划区、仁化湖规划区、海兰江畔稻花香观光农业产业规划区、标准化住宅规划区等 5 个产业项目，蔬菜等食材取自本村无公害蔬菜栽培基地。在保障食品安全的同时，带动当地蔬菜产业的发展和销售。基地与村寨达成 1 对 1 订单式销售模式。可以提供草莓、蓝莓等反季节经济作物供旅客采摘体验。2016 年接待游客 5 万人，年营业收入 70 万元，带动周边 120 个贫困户实现脱贫。

四、模式关键词："党支部＋"

陕西安康：党支部挂帅的四种模式

陕西省安康市大河镇大坪村共 528 户 2 298 人，建档立卡的贫困户 244 户 674 人。该村确定了"发挥党支部领导核心作用，农业企业、种养大户、合作社带动作用，吸收贫困户融入特色农业产业链"的脱贫思路，探索提出了农业产业精准扶贫的四种模式。

1."党支部＋公司＋贫困户"的"规模流转"模式

村党支部与帮扶企业康宏公司签订战略合作协议，流转 460 亩 25 度以上的坡耕地，由公司栽植核桃、拐枣等经济林果。贫困户每年获得近 300 元/亩的土地租金，人均直接增收约 1 500 元。同时，公司吸收劳力在林果基地务工，每人每年 7 000 元左右的工资。这种模式主要带动缺资本、缺技术、缺劳力但拥有坡耕地的贫困户，共计 30 户 82 人。

2."党支部＋园区＋贫困户"的"分块倒包"模式

安康尚硒农业园区有限公司流转了 200 亩土地，建立了高山蔬菜基地。公司先在基地上投资修建蔬菜大棚，再把部分大棚倒包给贫困户生产经营。公司免费提供蔬菜种苗和肥料，并负责全程技术指导，蔬菜产品可由公司统一收购，贫困户也可自行出售，财政贴补贫困户倒包大棚的承包费。预计年底每个大棚收益 8 000 元以上。农户唐纪绪家中 5 人，去年人均收入仅 2 500 元。今年夫妻俩承包 3 个大棚，预计增收 2.3 万元，人均收入有望突破 5 000 元。这种模式带动的贫困户，除了劳力之外不需要其他投入，共计 20 户 71 人。

3."党支部＋能人＋贫困户"的"保底代养"模式

该村不少贫困户都住在山沟里，适合养殖禽畜，但普遍缺少技术。该村充分发挥养殖大户的示范带动作用，由大户负责养殖技术和销售门路，帮助贫困户养起了土鸡、土猪。例如，村"两委"与养殖大户王平签订了协议，请他指导贫困户养殖爬山鸡。王平负责提供鸡苗、选址建舍、技术指导、病疫防治和统一销售。村里对王平补贴贫困户的鸡苗钱和圈舍修建费用，并与贫困户签署养殖合同，要求出栏率达到80%以上，达到的给予一定奖励，达不到的就要收回鸡苗款。这种模式主要带动缺资本、缺技术但有劳力、有养殖山林的贫困户，共计103户359人。

4."党支部＋合作社＋贫困户"的"订单种植"模式

村党支部牵头成立魔芋种植合作社，吸收贫困户入社种魔芋增收。魔芋营养价值高，又是"懒庄稼"，适合部分年龄大、劳力不足的贫困户。合作社统一整合土地资源，改善基础设施，与贫困户签订种植协议，并负责种芋采购、技术指导，实行订单收购、统一外销。预计年底每亩魔芋能实现利润4 000元。目前，这种模式带动贫困户共计34户102人。

以上四种模式，共吸收贫困户187户614人融入特色农业产业链实现增收，涵盖了该村建档立卡贫困户的76.6%、贫困人口的91.1%。

五、模式关键词：城乡均等

云南开远："改革＋配套"破除城乡发展制度性障碍

近年来，云南省开远市紧扣"创新农村社会管理和公共服务"试验主题，紧紧围绕"推进城乡居民同权同利、建立良性的农村基层治理机制、增加农村居民财产性收入"三大课题，探索实施"6+2"的改革措施，即"六类改革举措＋两大配套措施"，着力破除束缚和阻碍农村生产力发展的制度性障碍，推进开远市城乡一体化进程。

1.实施城乡户籍管理制度

以"鼓励进城、自由下乡"为基本原则，全面取消城镇落户限制条件，完善城乡统一的户口登记制度、城乡双向自由流动的户籍管理制度，健全完善农业转移人口基本公共服务保障体系，促进有能力在城镇合法稳定就业和生活的常住人口有序实现市民化。截至去年底，全市累计"农转城"6.1万余人，城镇化率达73.4%。

2. 推进基本公共服务均等化

推进城乡教育均衡发展，加大资金投入，强化教育基础设施建设，建立城乡教育奖补体系。推动城市优质医疗卫生资源向农村辐射，继续实行城乡医疗机构新型委托管理模式，保障优质资源覆盖到农村医疗机构。大力推进农村文化建设与发展。

3. 推行农村社区化管理

将城市社区建设与管理理念引入社区，完善农村社区党组织、自治组织、协会组织建设，强化村级公共基础设施建设，提升农村社区综合管理和服务能力，实现社区社会管理职能与经济管理职能分开，建设管理科学、功能完善、和谐文明的新型农村社区。

4. 深化社会保障制度

医疗保障方面，在全省率先实行"城乡居民住院费用同比例报销"政策，使医疗保险制度覆盖农村居民。养老保障方面，探索建立统一的城乡居民基本养老保险制度，使退休保障制度覆盖农村居民。住房保障方面，建设农村保障住房，推进棚户区改造，对"农转城"人员优先提供保障房，启动农村公租房试点。

5. 扶持农村"两新组织"发展

健全完善新型经营主体的政策，全面推进农村合作经济组织规范运转、提质升级扩面。完善农村新社会组织管理机制，通过财政补贴和开辟绿色通道等方式，鼓励农村中介组织、社会团体以及各类群众组织蓬勃发展。

6. 创新城乡干部配置管理机制

创新城乡公务人员管理机制，将公务员编制向乡镇倾斜，不断优化基层班子建设。建立科学的考评机制，实行农村公共服务人员"双述双评双挂钩"考核管理制度，不断建立健全村社干部的选拔培养、教育培训、激励约束和监督考核的长效机制。

上述六类改革举措在破解城乡二元结构，推进城乡居民同权同利，提升农村基层治理能力，建立农民收入稳定增长机制，增加农村居民的财产性收入方面发挥着重要作用。但改革涉及领域广、牵涉环节多、触及矛盾深、推进难度大，两大配套措施的制定为推动六类改革举措的落地实施，提供了保障、增添了动力。

7. 产权制度配套改革

成立了全省首家县级产权交易平台——开远城乡产权交易服务中心，开展农村宅基地片区内"农对农"跨村组流转试点，推进农村集体建设用地、宅基地使用权等多权同确。

8. 金融制度配套改革

着力推进以农村房屋产权、土地承包经营权等抵（质）押融资为突破口的"三农"金融服务改革创新省级试点工作，设立涉农贷款风险财政补偿金等政策制度，鼓励开展银保合作。

"6+2"的改革措施，使开远市农村改革试验区建设各项工作有序推进并取得初步成效。完成试点试验任务，政府统一领导、部门密切配合是组织保障，城乡统一规划、强化机制创新是制度保障，财政重点投入、金融积极参与是经济支撑，统筹城乡发展、工作扎实推进是关键所在。

六、模式关键词：利益共同体

山西：探索产业扶贫"五有"机制

老泉头村是山西省忻州市繁峙县的一个贫困村。脱贫攻坚以来，村里选定蔬菜产业作为脱贫产业。

他们以农民土地入股、土地流转、贷资入股等多种合作方式，成立了涌泉种植专业合作社，发展合作社社员 100 户，其中贫困户 76 户。全村种植胡萝卜 40 公顷，种植卷心菜 60 公顷。

同时，村委会与山东润隆食品有限责任公司合作，成立了繁峙县亨隆绿蔬农产品责任有限公司，进行蔬菜的深加工和储存。在龙头企业的带动下，村委会建成 2 条生产线，每年生产脱水蔬菜 5 000 多吨，可实现销售收入 5 000 万元，解决 1 000 人的就业问题，农户的蔬菜种植亩纯收入可达 1 500 元以上。由此，老泉头村实现了村有产业、有带动企业、有合作社，户有项目、有技能的"五有"村庄。企业、合作经济组织、贫困户结成的利益共同体，不仅给企业带来了利润，也使贫困户成员成为"有事可做、有钱能做、有技会做、有人帮做"的人。

2017 年以来，山西加快"五有"产业扶贫机制建设、突出抓好贫困户与新型经营主体的利益联结，全省已有 5 626 个贫困村基本确立"五有"机制，带动 34.4 万贫困人口增收，其中 10 个深度贫困县 1 325 个贫困村，带动 7.7 万贫困人口增收。

1. 上联企业下聚农户多方要素为脱贫产业赋能

繁峙县亨隆绿蔬农产品责任有限公司 2017 年 11 月开始投资建设在老泉头村的二期工程，目前已经新建 2 条生产线，做洋葱和大蒜的脱水生产，同时建成恒温库 2 座，速冻库 1 座，并建成占地 50 亩的育苗大棚，满足农户种植蔬菜后对种苗的需求。这意味着，不仅是老泉头村，就是繁峙县的蔬菜产业也将得到引领带动。

老泉头村过去也有蔬菜种植的传统，但是蔬菜产业无法形成气候，带动贫困户的脱贫致富能力弱。公司和合作社主体的出现，解决了蔬菜规模化生产的问题；蔬菜的就地销售加工，解决了农产品难卖问题。

在"龙头企业+合作社+贫困户"的利益共同体构建之下，老泉头村的产业短板得以补齐，开始飞速发展。

山西的很多贫困村都和老泉头村一样，过去，因为没有新型经营主体，没有配套的人才、科技等要素的投入，依靠传统的小农经济生产模式，无法精准对接市场，不能将资源优势转化成产业优势，更没有形成支柱产业。因此，山西在产业扶贫上，一开始就以"一村一品一主体"为抓手，按照村村有脱贫产业、户户有增收项目的目标来提高贫困村的经济带动能力。

"当时，产业扶贫面临困境。一方面，贫困户依靠自身难以发展产业，更无法有效对接千变万化的市场。另一方面，贫困村的合作社等新型经营主体产业带动力不足，而且还不能算是完全的市场主体。怎样才能让贫困户小生产融入现代农业大生产，实现脱贫增收目标？经过多方调查研究，省里才确定了这一产业扶贫机制。"山西省农业厅有关负责人说。

2017年起，山西产业扶贫"升级版"中，实施了"五有"建设，明确了要有企业等新型经营主体带动。政策撬动之下，带动贫困村扶贫产业发展的企业达到2 600余家、合作社8 000余家。随着一批企业竞相进驻参与产业扶贫开发，一大批投资规模大、产业链条长、带动农民增收能力强的产业扶贫开发项目落地。

2. 既是门槛又是门神，参与主体与贫困户共生共赢

昔阳县大寨镇安家沟村，2015年年底全村建档立卡贫困户69户，贫困人口181人，年人均纯收入为2 800元，贫困发生率47%。

2017年，为谋求与国家农业龙头企业大象集团合作，安家沟村支两委成立了昔阳县鹿泉神养殖专业合作社，采取"大象集团引领+龙头企业带动+合作社+贫困户分红"的经营模式，龙头企业昔阳县厚基伟业农牧科技有限公司出资发展养殖业，并负责日常经营管理，共吸纳了45户贫困户入股。

该项目于2017年1月份开工建棚，共建2个大棚，每个大棚可养殖肉鸡1万只。一年可以养殖6茬肉鸡，每茬获利4万元，除去饲料、人员工资、水电消耗等成本2万元，净利润每茬2万元。

由此，脱贫产业实现了到村、到户，参与的主体和贫困户实现了共赢，产业扩张也规避了发展不带农、不扶贫的问题。

3. 生产基地配套、加工园区机制优化，推高脱贫能力

2018年，老泉头村的蔬菜产业再度升级，规划建设蔬菜种植加工园区，对基地农户进行无公害蔬菜培植技术培训，引导农户建设无公害原料基地，种植面积达到26 000多亩。繁峙县亨隆绿蔬农产品公司则与农户签订回收种植合同，按照最低保护价收购农户手里符合无公害标准的蔬菜，保护贫困户和农户的利益，降低他们种植无公害蔬菜的风险。

"五有"产业扶贫机制建设推动了老泉头村支柱产业的发展能力。园区化的建设使得中小农户的小生产变成了工厂化的车间作业，通过跟随龙头企业进入产业链，贫困户的技术水平、商品意识、市场理念得到了提升，他们的脱贫能力得到了提高。

"村集体经济的发展能力也得到了大大提升，大同县 175 个行政村共成立黄花专业合作社 95 家，吸收贫困户 7 905 人，黄花产业不仅帮农户脱了贫，也让集体经济破了零。"大同市农委主任麻树田说。

"参与扶贫的农业龙头企业，特别是贫困地区的扶贫龙头企业在与大集团大企业的合作中接受了现代农业经营理念的洗礼，提高了市场抗风险能力。"山西省扶贫办产业站负责人介绍说。

由此，山西"五有"产业扶贫机制建设，通过利益联结机制的形式构建利益共同体，为龙头企业拓展了发展空间，盘活了贫困地区发展绿色特色农业的资源优势，释放出了后发优势的活力，贫困户对脱贫产业看得见、摸得着、能参与，焕发出了脱贫的内生动力，贫困村的集体经济也实现了从无到有和与市场的有效衔接，夯实了村级组织的经济带动能力，成为激发贫困地区内生动力的新引擎。

七、模式关键词：流转"魔方"

山东聊城：土地流转推动精准扶贫

农民的温饱离不开土地，土地是农民的衣食父母，更是贫困家庭最大的资源。聊城市扶贫工作坚持因地制宜，利用土地资源，创新扶贫开发模式，由偏重"输血"向注重"造血"转变，通过土地流转等政策的灵活运用，走出了精准扶贫路。

家住聊城市开发区广平乡东姜村的姜贵庆因老伴卧床，不能外出打工，两人只能靠着 0.27 公顷薄田全年 4 000 元的收入度日，贫困潦倒。自从姜贵庆被纳入了企业在广平乡东姜村建立的扶贫基地中，生活面貌有了新变化：家中土地按每亩 550 千克小麦进行土地流转，保障了基本生活用度，同时，他还被安排到家门口的扶贫基地内打零工，全年还能再收入 8 000 元。

"以往卖了粮食就全还了账，一分掰成两半花。今年终于能有点富余，换了顶新帽子，生活也有了盼头。"姜贵庆告诉记者。

聊城市经济开发区以 17 家帮联企业为主体，动员企业下乡参与扶贫开发，到贫困村建设扶贫基地，通过土地置换等方式，流转贫困户土地、安置有劳动能力的贫困户就近就业。如今，已启动建设 17 处扶贫示范基地试点，完成土地流转

257.95公顷，年人均土地流转收入2 128元，务工收入6 000元。

"我们因地制宜，立足土地做文章，探索通过'土地流转+就近就业'的模式，增加贫困户土地流转收入和务工收入。通过政策支持，吸引企业来乡间筑起扶贫基地，稳定持续实现贫困户脱贫。"聊城市经济开发区管委会副主任、扶贫办主任苏永侠告诉记者，像东姜村扶贫基地不仅流转了一个贫困村的全部土地，还可以辐射到附近四个非重点贫困村的贫困人口。

扶贫基地还由企业投资，依托村委会成立农民专业合作社，采用"企业+农民合作社+基地+贫困户"的服务模式，村委会参与管理，企业支付管理费用作为村集体收入。同时，利用专项扶贫资金，让无劳动能力贫困户通过入股等方式，参与合作社的经营。

企业帮扶，不仅带来了就业机会，更带来了技术。贫困户脱贫意愿强烈，学农业技术有劲头。在东昌府区斗虎屯镇鲁西葡萄生态观光园，凡是加入种植专业合作社的社员，便可以免费在园内的教学基地学习种植技术。

"贫困户入社，我们出资请城里的技术员，手把手地教给社员怎样种植适合的经济作物，怎样科学防治病虫害。学成之后，可以在观光园里打工领工资，也可以自己建棚种植入股合作社，采摘后合作社统一收购销售。"民意葡萄种植专业合作社理事长张孟光说。

斗虎屯镇大徐村贫困户陈洪生是家中唯一的劳动力，两年前加入民意葡萄种植专业合作社后，先当帮工学技术，后在合作社的帮助下，自己建起了大棚入股合作社。今年，陈洪生收入近3万元，而像他一样，通过学习技术，然后自己建棚种植的贫困户，大徐村已经有20户。

"贫困户大多缺乏技术，学历不高，加上离城区远，村民顾虑多，不愿进城务工，农业劳动便成了带动贫困户脱贫最直接有效的办法。好的种植技术，不仅调动了本村贫困户的劳动积极性，而且还吸引了邻村的贫困户前来打工。"大徐村村党支部书记吕锡龙说。

张孟光介绍，通过种植入股的贫困户，将和他一样成为种植专业合作社的股东，贫困户得了实惠，合作社也形成了规模，更增加了附近贫困户在园务工的机会，实现了多赢。

"东昌府区通过土地流转，扶持农户附近就业已初见生效，涉及200余村，惠及贫困户3300余户。"东昌府区扶贫办副主任陆忠生说。

在外务工的农民对土地流转很支持，他们常年在外务工，没有时间种地，愿意实现土地收益与务工收益双丰收。但大多数没有外出务工的农民，特别是贫困户，对土地流转不很积极，甚至个别贫困户因为观念束缚，害怕失去唯一经济来源，抵触土地流转。

"我图种地方便，就和别人调了地，时间一长自己都记不清有多大了。想流转土地，可又怕流来流去流没了，这可是全家的命根子啊！"东昌府区闫寺街道办事处冯庄村贫困户冯冠喜，谈及了他过去的顾虑。

"通过土地流转可有效解决贫困户种植单一、收入很少等问题，但'一家三五亩、散落七八处'等问题，成了农民抵触土地流转的主要原因。为消除农民顾虑，我们提前完成了土地承包经营权确权登记颁证工作，让农民怀揣着土地确权的'小本本'安心流转土地。"闫寺街道办事处党委委员、副主任刘强说。

如今，冯冠喜以年租金500千克小麦/亩的价格，与山东久久中药材种植有限公司签订了土地流转合同，公司流转土地从事中药材种植。公司不仅每年提前支付冯冠喜土地租金，而且提出了小麦就算降价，保底1 200元/亩的保障，并雇佣冯冠喜进入公司打零工。

"闫寺街道办事处和村委的干部多次考察，了解久久中药材种植有限公司的发展前景和市场，并且监督、监管公司，要求公司每年都提前支付明年的土地租金，不能把风险转嫁村民，给贫困户吃了一颗脱贫致富的定心丸。"山东久久中药材种植有限公司总经理冯冠文说。

八、模式关键词："为村"

山东郓城："为村＋精准扶贫"打造脱贫新模式

郓城县电商扶贫以其精准的模式，越来越成为精准扶贫的重要渠道，"为村＋精准扶贫"的建设作为一种电商脱贫模式，也开始逐渐显现成果，并走在了全国前列。

1. 认识"为村"建设的背景

近年来，随着互联网普及率不断提高，电子商务快速发展，越来越多的农民通过电子商务实现了脱贫致富。

近十几年来，为获得更高收入，郓城县贫困农村的青壮年大规模走上进城务工

的道路，引发了留守儿童和空巢老人等社会问题，造成情感的"失连"，也加剧了"空心村"与时代发展信息的"失连"，进而带来了财富的"失连"，以至于造成了贫困村农业生产的内生动力的严重不足，越是贫困村越是贫困的现状。

2016 年 12 月初，人民日报用了一个整版的篇幅报道了"为村"情况。菏泽市敏锐地发现了其中的价值，进行了专门研究，并把它作为"互联网＋"发展到一个新阶段的重要抓手，在全省率先启动"为村"建设，并在郓城县进行了试点。

郓城县高度重视，迅速推进，第一时间组织扶贫干部随考察组到贵州山区进行考察，年底前上线了六合苑项目，成为山东省第一家"为村"项目，为全省加快推进电商扶贫提供了新样本，带动了菏泽市"为村＋精准扶贫"的健康发展。

2. "为村"探寻脱贫攻坚新路径

郓城县六合苑社区、随西村、张武屯村等村，活跃度位列全国第一，仅郓城就在全国前一百名的"为村"中占据 28 家，我省其他地市还没有发展"为村"项目，这也充分体现了我县"为村"建设起步早、运行质量好、工作扎实，率先开辟了"为村＋精准扶贫"的新途径。

（1）"为村+精准扶贫云（融）平台"实现帮扶精细化。郓城县精准扶贫云（融）平台是我县自主研发的大数据、多系统"融合"平台移动应用，主要是郓城县 4 000 余名帮扶干部为内端应用，精准扶贫云（融）平台系统充分依托"为村"平台 263 215 名外端关注群体优势，开展精准扶贫，形成了内外互补、内外兼修的精准帮扶新举措，实现了脱贫攻坚向纵深发展的新局面。在过去，扶贫干部由于不熟悉村庄道路，经常是在乡镇工作人员或者村干部带领下进村入户，走访帮扶时还要随身携带各种各样的纸质表册。如今，只要在手机或者平板上下载云（融）移动平台客户端，通过已定位的贫困户GPS位置，直接入户，遇到不在家的贫困户，联系时一键拨出即可进行通话。同时，帮扶干部申请为"为村"村民，随时可以征求全村的意见建议、发布扶贫政策、公示贫困户、公示帮扶项目，收集贫困户帮扶需求。只要通过手机切换即可两平台交互使用，实现了扶贫干部单兵信息化的新突破，实实在在打通了服务百姓的最后一公里。

（2）"互联互通平台"惠民生。一是搭建互联网销售平台。扶贫工作中充分利用腾讯"为村"平台网络资源优势，将开发出的特色商品进行销售，将特色农产品、手工商品（无公害水果、吊篮、马扎、花盆和多肉植物等为主）在网上销售。二是建成"村淘"服务站无线WIFI点。六合苑、随西村将村淘服务站和"为村"管理员合二为一，在村淘点建立免费WIFI热点，让农村免费享用互联网服务。截至目前，郓城县"为村"平台通过帮助贫困户在网上销售农产品 420 余件次，帮助贫困户创收近 3 多万元。通过乡村旅游吸引游客到贫困村短途旅游 20 000 余人次，贫困户为游客提供农家饭和销售农特产品等服务，增加收入达 25 万余元，其中 88 户贫困户获益，户均增收 1 363 元，通过乡村旅游，为村集体创收 3.4 万元。

（3）"为村+公益"让信任不再有危机，救助不再有界限。"互联网+"颠覆了许多行业的传统模式，扶贫公益也不例外。

郓城县"为村"平台准确把握住了"互联网+公益"的低门槛、开放性、创意性的特征，通过互联网"为村"为贫困户或者因突发事故的村民发布筹款需求。

为了适应移动用户碎片化时间和"读图"习惯，"为村"管理员主要通过精简的文字和精心设计的海报进行展示，触及观看者个人心底的柔软，使更多的人慷慨解囊或者加入志愿组织。

六合苑"为村"通过平台发展，已自发组建起了全省第一支村级志愿者服务队伍—南赵楼镇六合苑"为村"志愿者服务队，目前该志愿服务队已有53人，从教室、村干部到医生、个体户包含了当地各行各业，所有人也都尽其所能。

志愿者对村内贫困孤寡老人和留守儿童家庭发放支援服务联系卡，同时按照每2名志愿者承包一户的方式进行三天一探望，每周一清扫之外，服务队志愿者们每月都捐出50~100元的善款为贫困孤寡老人送去生活必需品，为贫困家庭学生购买学习用品，让当地社区和村居民感受到温暖，形成了一股良好的社会风气。

郓城"为村"平台聚少成多的功能生成了影响大众的力量，快速形成并推动了当地"全民慈善、人人公益"理念的发展。

3."为村＋返乡创业"开创扶贫新局面

郓城作为全国返乡创业试点县，县委、县政府把促进贫困群众就地就近就业作为推进脱贫攻坚工作的重要抓手，制定出台扶持政策，落实保障措施，形成了政府推动就业、贫困群众自主就业、产业带动就业的良好工作格局，强力推动了贫困群众就地就近就业工作。

为鼓励支持在外郓城人返乡创业，全县190个"为村"账号发布了《给非公有制经济企业的一封信》《致全县非公有制经济人士的倡议书》，发布内容通过以亲情连接为切入口，积极引导广大民营企业进一步增强参与脱贫攻坚的责任感和使命感，致富思源、富而思进，主动承担社会责任，奉献爱心帮扶力量。

目前，全县2 200余家企业先后投身脱贫攻坚事业，各民营企业对筛选出具有一定劳动能力、有就业愿望的28 673名贫困群众主动认领，发布企业用工信息500余条、用工岗位3万余个，新增就业2.8万人，"送岗上门"精准服务活动3 588次，1.1万余名贫困群众实现就业脱贫。

"为村＋返乡创业"与脱贫攻坚紧密结合，打开了具有郓城特色的返乡创业助推脱贫攻坚的新局面。

4."为村＋乡村旅游"开辟脱贫新道路

为推动乡村旅游与市场"联动"，突出"互联网＋旅游""旅行社＋乡村游"重点，促进线上线下乡村旅游良性互动。郓城县通过"为村"平台发布旅游信息进行品牌宣传，吸引了我县多家旅行社与旅游特色村签订合作协议。"为村"平台的高效利用，促进了线上线下乡村旅游良性互动，建立起了与当地旅行社多方联动机制，形成旅游扶贫强大合力。

九、模式关键词：电商

山东日照莒县："1+2+N"电商扶贫开辟致富路

脱贫攻坚以来，山东莒县立足实际，抓住电商迅速发展机遇，积极开展电商扶贫，建立了"1+2+N"电商扶贫体系。目前全县共建设各类电商平台9个，带动16个贫困村，贫困户75户人，实现户均增收6 500元。

1. 健全覆盖县、乡、村三级的电商服务网络体系

该县建设莒县电子商务服务中心1处，在乡镇建设了电商服务站9个，另外，还有3个乡镇的电商服务站正在建设中，逐步实现全县电商扶贫全覆盖。同时，制定出台了《莒县电子商务发展扶持暂行办法》等制度文件，将电子商务工作纳入全县经济社会发展考核体系，设立专项扶持资金，在全县层面上形成了重视电商、发展电商的工作导向，实现了电商快速发展，为开展电商扶贫奠定了坚实基础。

2. 壮大电商人才培训和电商扶贫产业两大支撑

依托乡镇电商服务站，在贫困村建设电商服务网点，加大电商培训力度。共建设电商服务站点20个、开设网店30个、培训2 600余人，其中贫困户130人。充分发挥电商辐射带动作用，依托莒县特产馆在阿里巴巴"特色中国莒县馆"和京东商城"中国特产莒县馆"上线运营，大力推广、销售贫困村、贫困户的特色农产品，培育了一批凤凰山杂粮、天城寨小米、南涧小米、石银山、莒国味等农产品品牌，共发展各类电商店铺4 000余个，直接或间接受益贫困群众300多人，实现年均增收1 000余元。

3. 发展N种电商扶贫模式

目前，莒县电商扶贫主要有区域电商扶贫和全网电商扶贫两种大的模式。

区域电商扶贫：这种电商扶贫方式应用较为普遍，如龙山镇北上涧村第一书记张扬，在微信朋友圈帮助贫困户销售鲜桃，短短一个月时间，就销售10 000多斤，有效解决了贫困户鲜桃滞销问题。去年6月份桑园镇黄桃滞销，桑园镇找到莒县特产馆，以每斤3元钱的价格收购黄桃，以每斤10元左右的价格通过微信平台销售，有效实现了贫困户增收。

全网电商扶贫：第一互联网＋资金扶贫，如阎庄镇渚汀村的扶贫大棚、峤山镇的扶贫车间，都是利用扶贫资金建设，充分发挥电商利润大、回收期短这个优势来

获得收益，为贫困户分红。第二互联网＋电商经营扶贫，如峤山镇的林庆礼，阎庄镇的肖立全等，尤其是县鸿宇孵化中心，还专门开展了残疾人电商培训。第三互联网＋劳动力扶贫，如峤山镇古乍石村招募贫困户采山菜、采石竹等，阎庄镇孵化中心招募贫困户做发包装发货等，贫困户通过获取劳动报酬增加收益。

同时，该县为切实保障"1+2+N"电商扶贫有效运行，不断加强服务能力建设。全县已建设各类创业基地12处，其中，经过市县人社部门认定的创业基地8处，莒县鸿宇电商人才孵化中心、莒县阎庄镇创业孵化中心、莒县夏庄镇惠众创业孵化中心被市人力资源和社会保障局、市财政局评为市级创业孵化基地，莒县创业大学生创业孵化基地被评为市级大学生创业孵化基地，并于今年通过市级大学生创业孵化示范基地评审。积极推动物流企业与电子商务企业协同发展，构建与电子商务发展相适应的现代物流配送体系。全县各类物流快递公司近20家，乡镇物流配送代办点100余个，从业人员600余人，日收发量30 000多件。探索建立电商产品供应基地，先后与寨里河镇贫困村后牛店村"老牛家果园"、峤山镇省定贫困村古乍石村"石银山"系列特色农产品签订合作协议，发展贫困村电商产品供应基地2处。

第二节　实践案例

一、依托农民合作社推进精准扶贫

湖南省怀化市沅陵县王家岭蛋鸡养殖专业合作社案例

湖南省怀化市沅陵县是国家级贫困县，该县凉水井镇王家岭蛋鸡养殖专业合作社依托产业发展和资金互助，针对贫困户社员的不同情况，因地制宜，分类扶贫，实施了吸纳社员、资金互助、资本参股和就业带动四种帮扶方式，帮助贫困户社员30户、贫困人口94人成功脱贫，完成了全村近一半贫困人口的脱贫任务，探索出一种通过合作社平台、依托产业发展带动贫困人口脱贫致富的精准扶贫新模式。

湖南省沅陵县是国家级贫困县，现有贫困人口7.98万人，而位于该县凉水井镇的王家岭村面临更为严峻的贫困形势，该村贫困发生率为22.45%，远高于全国平均水平（2014年全国贫困发生率为7.2%）。为了带领村民脱贫致富，王家岭村党支部书记王铁刚发起成立了王家岭蛋鸡养殖专业合作社，并在实践中探索了四种精准扶贫新模式，通过"分类+精准"，多措并举，帮助贫困户社员30户、贫困人口94人成功脱贫，完成了全村近一半贫困人口的脱贫任务，探索总结出一种通过合作社平台、依托产业发展带动贫困人口脱贫致富的新模式。

1. 建立专业合作社平台，发展蛋鸡养殖产业

王家岭蛋鸡养殖专业合作社成立于2009年7月，注册资本为950万元，由王家岭村村民自筹资金，以加强合作互助、提高生产效率、共享市场信息、增强市场话语权、共同抵御风险为主要导向。成立之初，该合作社主要养殖蛋鸡，产业结构较为单一、规模相对偏小；由于缺乏有效的抵押物，资金筹措十分困难。2014年以来，在沅陵县金融改革办公室的指导和帮扶下，该合作社积极开展新型农村合作金融组织试点，目前已成为集蛋鸡养殖、蛋鸡育雏、鸡粪有机肥加工、大棚蔬菜种植为一体的省级农民专业合作示范社。

（1）实施科学养殖。该合作社扎根于蛋鸡养殖这一产业链，将分散养殖户的产品统一进行市场销售，致力于解决小生产与大市场之间的矛盾。该合作社与北京农业职业学院、河北华裕集团、海大集团、正大集团等开展养殖合作，掌握蛋鸡育雏、养殖等管理理念和技术，发展现代化的设施农业，确保蛋鸡、鸡蛋产品质量。目前，建有现代化鸡苗育雏中心4栋，恒温鸡舍126栋，5万羽自动化高科技鸡舍1栋，总建筑面积为37 000平方米，总资产达2 400万元，笼养蛋鸡110万羽。

（2）对内实行统一的标准化管理。该合作社日常工作人员20余人，拥有会员126组（每组3~4人，负责1栋鸡舍）、农户300多人，采取"合作社+基地+农户"的运作模式，实行"五统一"的管理模式，即统一育雏、统一供料、统一防疫、统一品牌、统一销售。这既提高了社员生产经营的组织化程度，又有利于实现

标准化、规模化、产业化经营，还有利于产品的品牌建设和市场掌控能力的提高。

（3）对外建立市场报价机制。该合作社与外地多家农产品销售公司建立联系和合作，及时掌握市场信息，了解市场动态，熟悉市场运作，掌握市场话语权。该合作社根据广东省鸡蛋报价，再结合地区市场现实情况以及鸡蛋重量差异，采取科学合理的浮动价格定价，实行每日挂牌报价。目前，该合作社的鸡蛋报价已成为沅陵县乃至整个怀化市重要的蛋价参考信息。产品畅销湖南的怀化、吉首、衡阳以及广州、贵州铜仁等地。

（4）依托蛋鸡养殖延伸产业链。针对蛋鸡饲养过程中每天产生数十吨鸡粪无法处理且污染环境等问题，该合作社组织社员入股投资 87 万元，兴建了一座鸡粪处理厂，通过将其加工成有机肥，变废为宝，供应周边乡镇茶场、果园、大棚蔬菜基地。同时，该合作社还创办了 5 公顷大棚蔬菜基地，形成了环环相扣的产业链条。截至目前，该合作社已建成蛋鸡养殖、蛋鸡育雏、鸡粪有机肥加工、大棚蔬菜种植四大业务线。

2. 探索"分类+精准"的四种扶贫模式

近年来，该合作社借助精准扶贫契机，与产业发展相结合，区分贫困户社员的不同情况，因地制宜，实施了吸纳社员帮扶、资金互助帮扶、资本参股帮扶和就业带动帮扶四种精准扶贫模式。

（1）吸纳社员帮扶。合作社将本村有劳动能力和一定经济基础、又有参与合作社发展意愿的贫困户吸纳为社员，由合作社提供鸡苗、饲料等，并按市场价负责回收，安排专业技术人员"一对一"进行技术、防疫指导，实现贫困户养殖的低风险、高回报。该合作社不断发展壮大的蛋鸡养殖产业成为当地贫困农户持续增收、脱贫致富的有效载体。目前，该合作社采取吸纳贫困户为社员的帮扶方式，共帮扶 6 户贫困户社员（共 19 人），这些贫困户共养殖蛋鸡 2.4 万羽，年户均收入达 6 万元以上，成功实现产业脱贫。

（2）资金互助帮扶。合作社为本村有劳动能力和参与合作社发展意愿但资金实力不足的贫困户提供互助金。该合作社于 2014 年 11 月发起成立了农民创业资金互助部，贫困户社员养鸡可按每只鸡 10 元、种植蔬菜可按每亩地 5 000 元的标准申请互助金，其年利率为 8%—12%，低于当地农村信用社贷款利率。互助金申请程序简易，手续便捷，期限按 12 个月的蛋鸡养殖期限确定。社员李忠和是当地有名的贫困农户，合作社吸纳他为社员，为他提供 7 万元互助金，帮他建起了蛋鸡养殖场，现存栏蛋鸡5 800羽，年收入达到10万元左右，已经彻底脱贫成为当地的富裕户。目前，已有3户贫困户（共8人）获得互助金11.5万元，通过"资金+产业"帮扶方式实现脱贫致富。

（3）资本参股帮扶。针对劳动力少、缺乏资金和管理能力的贫困户，合作社采取吸收其资金参股和土地参股两种方式，让贫困户获得参股分红的收益。一是资金参股方式。根据沅陵县政府的扶贫政策，贫困户社员依据信用等级状况，可以从银行获得2万至5万元不等的小额信用贴息贷款。该合作社允许贫困户将这类小额贴息贷款入社作为参股资金，享受分红收益；这类小额贴息贷款由合作社向银行提供担保，并负责偿还本息。合作社按贫困户的参股资金额度进行分红，确保每个贫困户每年获得不少于6 000元的保底分红收益，上不封顶。二是土地参股方式。该合作社从贫困户手中流转承包地，按每亩600～800元的标准支付土地流转费。目前，有14户（共44人）既无劳动能力又无经济实力的贫困户，通过资本参股帮扶方式实现了脱贫致富。

（4）就业带动帮扶。针对综合素质相对差但有劳动力的贫困户，合作社优先安排在社内的养鸡场、仓贮中心、有机肥厂和蔬菜基地等的合适岗位就业，保证年收入不低于1.4万元。目前，有7户（23人）有劳动能力但无经济实力的贫困户，通过就业创收基本实现脱贫致富。

总体来看，王家岭蛋鸡养殖专业合作社初步形成了一种"组织吸纳+产业引导+资金互助+资本参股"的立体复合型精准到户金融扶贫模式，取得了良好成效。

3. 依托农民专业合作社开展精准扶贫模式创新的启示

王家岭蛋鸡养殖专业合作社将产业发展与精准扶贫相结合，探索四种分类精准帮扶贫困户的新模式，实施因户施策、精准扶贫、精准脱贫，有效提高扶贫实效，有力践行了共享发展理念。

（1）扶贫要以产业发展为基础。中央"十三五"规划建议中提出："分类扶持贫困家庭，对有劳动能力的家庭支持发展特色产业和转移就业"。王家岭蛋鸡养殖专业合作社将贫困户脱贫致富与其产业发展相结合，使脱贫致富建立在坚实的产业基础之上，不仅能够借助产业发展实现贫困户的彻底脱贫，而且能够使贫困户通过技术支持、资金支持等提高自身致富能力，走上良性致富之路。

（2）扶贫要以合作社等组织为依托。产业扶贫是脱贫的根本，但是单个农户无法实现传统农业向现代农业的转变，也无法解决小农户与大市场有效对接的矛盾，只有通过合作社等组织的帮扶，才能实现分散小农户与大市场的有效对接，化解单户生产的市场风险。王家岭蛋鸡养殖专业合作社发挥自身产业发展和熟人社会的优势，根据贫困户的实际情况，采取多样化形式，就近开展脱贫攻坚，有效节约了帮扶贫困户脱贫致富的异地交通费、设备运输费等成本，也避免了贫困户搬迁异地脱贫产生的人员流动、安家等费用，有效降低了脱贫致富的成本。

（3）扶贫要以精准有效为标准。针对贫困户致贫的具体原因，王家岭蛋鸡养殖专业合作社有针对性地开展扶贫帮扶，通过技术支持、资金互助、资本参股、吸纳就业等方式，将专业合作社和贫困户的比较优势相结合，在实现互利共赢的过程中，帮扶贫困户脱贫致富，不仅实现了精准扶贫、精准脱贫目标，而且还保证了专业合作社的可持续发展，使精准、有效扶贫具有了坚实的载体。

（4）扶贫要以政府扶持为保障。帮助贫困户脱贫致富需要持续投入大量的人、财、物，单靠一家蛋鸡养殖专业合作社的力量是难以完成的，而且也容易影响其可持续发展，使扶贫开发的载体出现萎缩，影响扶贫开发的整体推进。各级地方政府应加大对带动贫困户脱贫致富的有关企业、农民专业合作社的支持力度，尤其是对其提供中长期低成本资金支持，确保其实现可持续发展，推动其持续开展扶贫开发。

（5）扶贫要以金融创新为支撑。王家岭蛋鸡养殖专业合作社在当地政府的大力支持下，充分利用外源融资，通过对贫困户进行分类分层，精准结合不同类型贫困户的优势和痛点，较好地发挥了债权、股权两种不同融资方式的优势。例如，对于有能力而无经济基础的贫困户，给予资金互助扶持，通过债权融资方式，让其劳动能力获得最大化收益；对于无劳动能力又无经济基础的贫困户，通过合作社提供担保，帮助其获得一定的扶贫贴息贷款，并让这有限的资金获得相对确定的保本分红收益，解决生计难题。尽管在融资过程中需要进一步明确权属关系和加强风险防范，但这种产融结合的精准立体扶贫创新模式明显好于单纯的资金援助或就业带动。

二、科学规划精准定位创新服务率先示范

河北省保定市阜平县食用菌产业发展案例

河北省保定市阜平县地处太行山深山区、九山半水半分田，是红色革命老区、

国家级贫困县。全县 209 个行政村有 164 个是贫困村，有 3.2 万贫困户、5.66 万贫困人口，占农村人口的 29.56%。全县城乡人均年收入一万余元，农民人均年收入 5 150 元，有相当一批人均年收入不足 2 500 元，贫困程度深、文化程度低、经济条件差、思想观念朴实保守。2015 年在省市农业部门的帮助下，创新工作方法，用"八个一"指导食用菌产业率先发展示范，走上了一条特色产业精准扶贫、精准脱贫的帮扶新路子。

1. 制定一个科学完善的食用菌发展规划

省市县农业部门立足阜平县气候特点和自然禀赋，制定了《阜平县食用菌产业发展规划》，将食用菌产业总体布局为"一核、四带、百园覆盖"，即天生桥核心区、沿沟域干道四条产业带、星罗棋布覆盖边远山区全部贫困村的百余个产业园。全方位提供技术支撑，建成"一会、两组、十企、百社"服务体系，即县食用菌协会、领导小组和技术专家组、十家以上龙头企业、百余家食用菌专业合作社。以香菇为主，毛木耳为辅，兼顾发展秀珍菇、茶树菇、灵芝等品种，突出错季抓周年，分四个建设阶段连续建设 3 年，总投资 21.5 亿元，使全县 13 个乡镇食用菌基地面积达到 2 133.33 公顷，总棚数达 5.4 万个，年栽培规模总量达 4 亿棒，年产鲜菇达 45 万吨，总产值达 25 亿元以上。4 万贫困户通过种菇、务工、入股分红等形式全

246

部参与到产业之中，户均增收 2.75 万元。通过制定科学的发展规划，为阜县食用菌产业向集约化、专业化、标准化、周年化、现代化、产业化方向健康快速发展奠定了基础。

2. 出台一套作用明显的扶持政策

为加快食用菌产业快速发展，阜平县制定了系列的财政扶持政策。一是对入驻基地（片区），农户参与率达到 80% 以上且流转土地 100 亩以上的企业、合作社，水、电、路基础设施免费配套。二是对年设计生产能力在 1 500 万棒，日生产 5 万棒以上的菌棒加工厂给予全部资金投入 40% 的补贴。三是对基地（片区）内新建标准化冷库，给予每平方米 150 元的补贴。四是对高标准设施暖棚（要求冬季夜间温度保持在 10℃ 以上），给予每平方米 20 元的补贴；钢架结构的凉棚每平方米补贴 5 元；林下小拱棚每平方米补贴 1 元。五是按照菌袋栽培时间先后，给予每棒 0.5～0.3 元不等的补贴，先栽多补。六是对种菇农民实行贷款贴息。种菇户通过三户联保，无须抵押，由政府担保，每户可贷 5 万～15 万元贴息贷款。同时由政府出资将企业和农户的生产设施和出菇菌袋作为标的，买入金融保险，提高抗风险能力。七是对精深加工企业从土地、资金等方面给予较大优惠，吸引企业来阜平投资发展。通过落实上述政策，财政需累计投入 5 亿元。从 2015 年的实施情况看，扶持政策发挥了较好地扶持、引导作用。

3. 组建一支经验丰富的技术专家队伍

为确保食用菌产业健康发展，阜平县聘请专家成立了发展食用菌产业专家委员会（小组）和阜县食用菌产业专家组，做好产业发展的规划指导工作。特聘其中 5 名理论功底深、实操能力强的专家常驻县域，做好每一步产业发展的规划制定、培训指导、关键问题解决等工作。一期栽培 100 万袋左右的园区，由政府出资聘请一名经验丰富的技术员，逐棚逐户，手把手教菇农栽培管理。在此基础上，由县财政出资 2 000 万元设立科研基金，且每年再拿出全县财政收入的 1% 充实到该基金，成立太行山食用菌研究院，从菌种选育、设施设备、栽培基料、栽培技术、精深加工、文化餐饮六方面，聘用全国各地优秀专家担任岗位研究员，开发、引进、推广创新技术，培养当地技术人员，引领全县食用菌产业创新发展，将阜平县建成食用菌产业研究开发、推广应用示范县，力争使主栽食用菌品种位居全国单产最高、质量最高、效益最好的品种。

4. 引进一批实力雄厚的龙头企业

从北京市和河北省平泉市、辛集市、易县、涿州市、宁晋县、遵化市等地引进10家龙头企业落户阜平县，单独或与阜平县的企业共同注册成立了公司，辐射带动天生桥、城关镇、城南庄等区域食用菌产业发展。10家企业已全部完成了工商注册，9家已开始或完成了厂区建设，7家已达到日产5万菌袋以上的生产能力的企业。这些企业从事食用菌行业多年，是食用菌行业的"运动健将"，有成熟的技术、经营、销售团队，有各自稳定的销售渠道，始终将菇农的利益放在第一位，千方百计地保护菇农种菇的积极性，带动菇农发展好食用菌产业。

5. 形成一套详实可行的质量标准体系

为将阜平县食用菌打造成安全优质、放心高档的绿色有机产品，提升产品竞争力，打开国内和国际市场，按照绿色、有机、GAP认证管理和出口基地备案要求，制定了一套食用菌质量标准技术体系，细化食用菌生产环境、栽培基料、设施设备、人员条件、生产技术规程、质量标准、采摘分级、包装储运、生产管理、生产档案等各个环节生产操作流程，由阜平县食用菌协会推广至县内企业、园区合作社，按照统一质量标准技术体系进行生产管理，确保产品质量，统一打造阜平食用菌绿色品牌。建立健全质量追溯体系，每个基地设立一个二维码，消费者通过扫描可追溯食用菌生产、销售信息。鼓励企业或合作社开展绿色、有机或GAP认证，有出口能力的开展出口基地备案认证，为品牌营销创造条件。

6. 建立了一套兼顾各方的食用菌产业经营模式

探索建立"六位一体、六统一分"食用菌产业经营模式，即"政府+金融+科研+龙头+园区+农户"形成一个利益整体，由企业统一建棚、统一品种、统一制袋、统一技术、统一品牌、统一销售，农户分户栽培管理，兼顾各方，效益互补，提高了食用菌产业的集约化、专业化、标准化、产业化水平。"六位一体"是由企业、科研机构、政府相关部门、金融服务机构、农民群众组成，依托生产基地形成紧密型的利益联合体。企业或合作社负责菌棒生产、技术指导和产品营销。政府负责协调相关部门做好政策、资金、项目等相关服务保障工作。金融机构负责引进各类金融和社会资本，增强发展动力。基地负责统一规划食用菌生产布局和基础设施配套，建设标准化现代农业园区。农户负责食用菌生产和管理，与企业进行订单合作，实现勤劳致富。

7. 实施了一套精准脱贫的科学机制

研究实施了四种利益联结机制，实现全县贫困农户脱贫全覆盖。一是"小老板"机制。对于思想开放认识高的贫困户，通过三户联保、政府担保，一户贷款 5 万～15 万元，建设 2～3 个出菇棚、栽培管理 2 万～4 万袋，与龙头企业紧密合作，年创效益 5 万～10 万元，自己当小老板，实现脱贫致富。二是农企合作机制。对于思想保守的贫困户，采取两种方式与企业合作。一种是企业出资建棚，农户生产管理，菌棒生产与出菇成本和收益，由企业与农户各占 50%；另一种农户每户贷款 5 万元与企业合作生产，企业按每棒 0.8 元的管理成本按月发给农户，并负责按期还本付息。每个农户管理一个棚，7 个月的时间，最低可收入 2 万元，较好地解决了思想保守农户自愿种菇的问题。三是入股分红机制。对于没有劳动能力的贫困户，由县金融担保公司担保一户贷款 5 万元，交给企业由企业还本付息，每户每年可保底分红 3 000 元，其土地每年每亩可得租金 1 000 元，解决了没有劳动能力贫困户的收入问题。四是促农就业机制。一般情况下一个企业约需要 30~50 个固定工，生产旺季时需 300 多工人，当地贫困群众经过培训，有相当一部分农民转变为产业工人。

8. 构建了一个高效实用的产业融合体系

一是统一品牌。初步拟定以"老乡菇"为全县食用菌统一品牌，聘请一流传媒公司包装设计、宣传造势、营销推介，积极创建驰名商标，打开市场销路。二是强化宣传。建立阜平县食用菌网站——"老乡菇网"，由县食用菌办公室负责网站建设运营。全方位展示阜平县食用菌产业的质量技术水平和发展动态，让世界了解阜平食用菌，提高阜平食用菌品牌知名度。三是增强实力。组建成立阜平县老乡菇股份有限公司，按现代企业运营管理模式经营管理。依托"老乡菇"品牌，从事融资、研发、生产、销售等业务，增强企业实力，扩大食用菌定价话语权。四是加大支持。利用省政府支持的 500 万元农产品初加工项目资金，支持 2016 年 5 月 1 日前出菇的园区合作社，建设一座 5 吨多功能烘干窑和库容量为 800 吨的食用菌保鲜库以及配套分拣包装车间和成品库。通过 QS 认证的合作社再一次性补助 5 万元。推广使用的罐充惰性气体保鲜包装机，每台由县政府补助 50%，每个企业补助 3 台。五是政策扶持。出台土地、金融等配套政策，加大招商引资力度，引进国内外大型企业或国际先进工艺技术，培育发展大型龙头深加工企业，推行食用菌精深加工，提高产品附加值，已开多种食用菌休闲食品、深加工原料，后期可逐步生产保健品等高端产品。

三、"四个全覆盖"闯出扶贫路

云南省普洱市西盟佤族自治县产业扶贫发展案例

开展贫困群众技术培训是西盟产业扶贫的重要举措。近年来,西盟县积极探索产业扶贫新路,做到产业项目全覆盖、龙头企业带动全覆盖、利益联结全覆盖、技术培训全覆盖,把贫困群众全部纳入主导产业里面,助力全县近3万贫困群众持续增收,脱贫不返贫。

1. 政府统筹 产业项目全覆盖

作为国家重点扶持县,西盟产业基础十分薄弱。决战脱贫攻坚,西盟县提出"军令如山,行有章法",把培育增收产业放在突出位置。"贫困群众有了产业才有奔向小康的希望。"普洱市副市长、西盟县委书记杨宇说,随着全县逐步形成五大主导产业,干部群众在小康路上越走越有信心。

以农业供给侧结构性改革为主线,西盟县立足资源禀赋和发展基础,选择橡胶、茶叶、甘蔗、畜牧、文化旅游作为着力打造的五大产业,出思路,破难题,抓落实,扎扎实实推进扶贫产业建设,实现每个乡(镇)至少有1个产业基地、1个养殖示范小区,每个贫困村有1~2个产业项目、1个以上主导产品,每户至少有1个以上产业项目。

养殖蜜蜂是西盟县近年重点培育的脱贫产业之一。"培育脱贫攻坚的主导产业,政府着力抓好养蜂产业的要素配套,较好地解决了技术支撑、对接市场、贫困户增收这三个突出难题。"西盟县委副书记、驻村扶贫工作队总队长郑青江介绍,全县已经养殖中华蜜蜂3万群,覆盖建档立卡户3 963户11 441人,户均增收3 028元以上。

肉牛、养蜂、橡胶、茶叶等绿色产业在佤山开花结果,并实现贫困群众产业项目全覆盖。自开展精准扶贫工作以来,全县贫困人口由2013年底的9 011户29 563人下降到2017年底的4 867户14 832人;贫困发生率从2013年的38.8%下降至19.93%;贫困村由2013年的34个减少到目前的24个,计划今年底全县脱贫摘帽。

2. 招商助企 龙头带动全覆盖

八零后女孩丁畅是养蜂行家，三代人积累的养蜂情怀，让她对蜂蜜品质的要求十分严格。而西盟生态环境优越，当地政府寻求如何将好生态转变为好效益，转化为贫困群众受益的产业。双方经过洽谈，达成合作，把中华蜂养殖基地建到了大山深处，连接到贫困村寨。

丁畅是云南丁氏蜂业总经理，这是一家从原料到产品全产业链的龙头企业，她说，优质蜂蜜是不愁销路的，企业把养殖基地建到贫困群众看得见的地方，用 3 年时间示范带动群众标准养殖，实现贫困农户增收脱贫的同时，企业也将收获一个优质原料基地。

西盟县引入了云南三江并流公司等 10 余家省市农业龙头企业，创办各类农民专业合作社 120 家，覆盖全部建档立卡贫困户。在勐梭镇班母村，三江并流公司建起了一个肉牛养殖小区。农户陆续种植青贮玉米，提供肉牛饲草。村民二妹去年首次种植青贮玉米 0.27 公顷，单季收入近 3 000 元。"今年的青贮玉米长势很好，再过一个月就又可以有收成了，比原来种苞谷养猪多收入 2 000 多块钱。"尝到了依靠龙头企业增加收入的甜头，二妹想要多种些。

目前，全县已建成标准化云岭牛养殖小区 9 个，在建 4 个，存栏种牛 5 700头，带动 1.2 万名贫困人口参与到肉牛产业各个环节，人均可增收 3 350 元以上。

3. 发展共享 利益联结全覆盖

在丁氏蜂业的养殖基地，上千个蜂箱分布在人迹罕至的缓坡上和道路两旁，十分壮观。为充分发挥龙头企业对贫困群众示范带动作用，西盟县投入扶贫资金56.32 万元，为贫困农户购买蜂箱等生产资料，交由企业托管 3 年，每年按比例兑现红利到村级合作社，再由合作社根据贫困户贫困程度进行二次分配，鼓励贫困户参与产业扶贫。

互惠互利，发展共享，多方共赢。西盟县通过机制创新，全面深化贫困户和增收产业的利益联结。推行订单联结、股份联结、劳务联结、租赁联结、保险联结、激励联结等方式，实现了企业有原料，合作社能壮大，贫困户稳定增收"三赢"。

西盟"红太阳"合作社与肉牛龙头企业、贫困户分别签订合作协议，带领贫困户发展饲草种植。贫困户以土地入股的方式与合作社开展股份合作，收入的 30%归农户所有。此外，农户还可以参与生产，从合作社获得劳务收入。合作社与企业签订的饲草订单，既能保证饲草的销售，也得到了企业资金、技术支持，实现快速发展。"红太阳"合作社已带动 200 余户建档立卡贫困户种植青贮玉米、皇竹草等 2 000 多亩。

"与贫困群众的利益联结，符合市场规律和企业利益。"西盟三江并流公司副总经理欧江说，"饲草只是贫困户收入的一个渠道，种草脱贫，养牛致富。"未来公司将把西盟建成"云岭牛繁育基地"，随着产业化的不断推进，农户还将享受到产业链中繁殖、育肥等生产环节带来的红利。在企业带动下，可催生一批适度规模经营的养殖大户、种植大户、运输大户，辐射带动贫困户和其他农户一起发展肉牛产业，脱贫致富。

4. 提升能力 技术培训全覆盖

富母乃村民小组就在富母乃水库旁，共有 47 户人家，全都是建档立卡贫困户。作为地质隐患移民搬迁村寨，在政府帮扶下，家家户户建起了崭新的安居房。可是因为土地面积少，村里没有稳定的增收产业，大多数村民选择外出打工。

村民历来有在自家房前屋后养蜂的习惯。随着丁氏蜂业进驻村庄开展示范养殖，村民重新认识到蜜蜂养殖产业的增收价值。"以前养蜂是靠天吃饭，运气好才有收成。学到了新技术，大家认为养蜂致富有盼头。"村民小组长龚学东说，外出做临时工收入时好时坏，乡亲们还是希望能在村里发展，所以有一技之长很关键。

为了让贫困人口掌握更多致富本领，西盟县分产业、分类别对农户开展技能培训。去年以来，县内举办割胶技术培训 11 期，培训建档立卡户 2 541 人；举办甘蔗种植技术培训 56 期，培训建档立卡户 1 316 人；举办茶叶技术培训 9 期，培训建档立卡户 2 023 人。在肉牛产业上，西盟县建立以省草地动物科学院专家为主的技术服务组，举办饲草种植、肉牛养殖技术培训班 24 期。18 名省农业厅定点帮扶技术骨干长期蹲点指导，为肉牛产业发展提供技术服务和智力支持。

跟着企业技术人员边学边养，富母乃村小组养蜂的农户逐渐多了。学会了技术，产品有销路了，贫困群众信心满满。

四、多模驱动 生态产业双丰收

河北省张家口涿鹿县依托现代农业园区带动农村发展案例

在经济发展新常态、资源环境约束趋紧的大背景下，如何用发展新理念破解"三农"新难题，如何依靠建设现代农业园区助推乡村振兴发展，涿鹿县围绕上述

课题，站位京津冀水源涵养功能区和生态支撑区"双区"建设，依托矾山省级现代农业园区，大胆实践、锐意创新，探索了一条统筹推进农业农村领域小城镇建设、生态建设、绿色产业和脱贫攻坚的改革路径。

1. "统筹推进"绘制园区发展蓝图

涿鹿县矾山镇省级现代农业园区，于 2010 年开工建设，距北京市 120 千米，规划面积 18.5 平方千米。园区覆盖矾山镇六堡、燕王沟、李家堡、肖家堡、马槽沟、山兑等 6 个行政村、1 420 户、3 599 人。目前，以资产、土地入股园区企业的农户达 605 户，1 083 人。

涿鹿县紧紧围绕中央、省、市深化农村改革精神，以矾山镇省级现代农业园区为平台，以群众脱贫致富同步小康为目标，坚持政府引导、市场运作，加快资源集聚、资金集中，全面布局和实施"小城镇建设、生态建设、绿色产业发展和脱贫攻坚统筹推进"战略，在深化农村改革、推进乡村振兴上走出了一条改革新路。实践证明，通过高效的市场运作、多元要素的统筹推进，有效破解了园区建设资金、技术、土地等难题，激发了农业农村发展的巨大潜力。经过几年的发展，园区高端国际养老中心、现代化葡萄酒庄、农村小镇、休闲农业观光园、现代农业示范园全面建成，达华养老、三祖帝都、派派食品等龙头企业发展壮大，山青、水秀、林茂、路畅、村美的现代农村初具规模，在发展现代农业和新农村建设上迈出了坚实步伐。目前，园区入驻企业 13 家，总投资 26.8 亿元。2017 年园区农业总产值达到 3.65 亿元，辐射带动矾山及周边镇村 4 000 多农村人口实现了增收致富。

2."多面齐抓"打造省级园区"航母"

涿鹿县将建设矾山省级现代农业园区作为践行新理念、发展现代农业、推进脱贫攻坚的重要抓手，坚持"多面齐抓"统筹推进，以更高质量的发展实现更高水平的乡村发展。

（1）以小城镇建设为引领，注重三产融合，促进城乡一体化。由于改革开放发展的步伐加快，导致我国很多地区的土地供求矛盾较为突出。一方面耕地人均量少，缺乏优质耕地，后备耕地资源不足；另一方面日益加快的城镇化和工业化发展占用了大量的耕地。同时农村建设用地土地利用形态破碎、零乱，土地利用粗放、利用率低，农村空心化日益突显，造成了土地资源的浪费。在这样的大环境下，涿鹿县各级干部深刻认识到，小城镇建设是农村统筹发展的核心和第一要务。涿鹿农村的整体发展急需整合土地资源进行合理开发利用，但不能以政府干预的形式推进改革，因此，涿鹿县积极探索了村企联建的"六堡模式"，即：采取市场化运作，企业提供资金、技术，村委会组织推动，实施"村企联建"，对条件成熟的行政村进行整体改造搬迁，将置换出的土地集中用于建设现代农村社区、高效农业园区，实现村企共赢。2015 年，六堡村以全村 400 公顷土地入股达华集团，借助达华公司人才、资金和技术优势，对六堡村进行整村改造搬迁，利用置换农户宅基地指标，在园区建设高档社区，吸纳园区内燕王沟、肖家堡、六堡等村近 500 多户村民入住，村民按原宅基地面积的 50% 置换楼房面积，超出部分按成本价补交，达华集团再将部分村民旧房建成市民农庄，发展乡村旅游产业，在改善贫困群众生活条件同时，实现了经济效益、社会效益的协调统一。目前，黄帝城小镇、六堡小镇、燕王沟小镇等多个小镇也在加快建设中。

（2）以绿色产业为主导，注重特色发展，深谋发展远景。绿色产业发展是实现农民持续稳定增收的根本。近年来，园区累计投资 3.98 亿元，对产业集聚区进行综合开发，建成了一大批绿色产业，走出了一条将"绿水青山"变成"金山银山"的致富路。首先，注重绿色产业发展理念。以现代农业龙头企业为抓手，采取"支部+公司+基地+农户""公司+合作社+基地+农户""公司+电商+基地+农户"

等形式，先后流转土地 1 200 公顷，实施新能源、文化旅游、农业体验等 5 大类 11 个项目。例如：过去园区周边村民主要以种植玉米为主，玉米种植在市场价格最高峰可达每亩 400 多元，村民将土地入股园区企业后集中种植火龙果科技大棚每亩可达 14 万元，即实现了土地增值，客观上又促使农民大幅增收，实现了村企共赢、民企共富。其次，注重高科技产业发展理念。将智能温室、喷滴灌等高新科技配套设施引入园区，加速园区产业科技化、现代化。建设沟壑智能阶梯大棚 15 座、温室微灌春秋大棚 230 栋；建成了全市首座 10 兆瓦上网光伏分布式发电站，目前已完成上网发电（可供黄帝泉养老中心及周边居民用电）；建成国家级跨季节储热科技实验项目；利用秸秆发酵技术建设日产 1 万立方米沼气项目，为全县秸秆焚烧污染大气问题找到了解决方案。第三，注重融合发展理念。将生态、绿色、环保、文化等元素融入园区建设的每一个环节，最大限度延长农业产业链，放大农业生态效应，实现农业和旅游有机融合。先后投资 5.7 亿元，建成了三祖帝都庄园、万亩葡萄园、果品采摘园、特色窑洞、观光小火车、黄帝城温泉养老小镇等项目，使"吃、住、行、游、购、娱"的旅游要素高度集聚。

（3）以生态建设为方向，注重强基惠民，增强发展后劲。作为首都水源涵养功能区，涿鹿县坚持一手抓生态建设与保护，一手抓生态扶贫，在全市率先出台了《关于深化农业供给侧结构性改革推进脱贫攻坚的实施办法》，特别是在矾山镇现代农业园区建设上精心谋划实施特色林果、生态补偿、绿化工程三大富民产业，引领农民走上生态致富路。一是特色林果富民。按照"生态建设产业化，产业发展生态化"的目标，精心谋划建设了杏扁、特色果品、葡萄三大林果基地，2017 年底，区域林果基地面积达 213.33 公顷，林果产业总产值达 260 万元，人均纯收入增长 2 370 元。二是生态补偿富民。借助京津风沙源治理、京冀生态水源林等生态治理工程，园区累计投入生态补偿资金 1 180 万元，大力推进生态建设，优先聘用当地农民群众开展生态管护，增加群众收入。龙珠葡萄酒公司租赁温泉屯镇杏园村土地 200 多公顷种植酒用葡萄，在农户获取土地租金基础上，辐射带动周边燕王沟、肖家堡等 8 个村村民来此务工，每年达 12 600 多人次，按每人每天务工收入 70~100 元、每年务工 7 个月估算，普通农户年人均收入 1.4 万元，技术工人均年收入 2.1 万元。三是生态建设富民。园区企业坚持优先雇用周边群众参与生态工程建设，仅 2016 年完成生态工程建设 66.67 公顷，共有 180 名本地农村劳动力参与工程建设，2017 年建设跨季节储热、田园综合体等工程，共有 380 名本地农村劳动力参与工程建设，男工工资最低 2 400 元/月，女工工资最低 2 100 元/月，农民"既不离土也不离乡"，实现了在家门口挣钱的愿望。

3."多模驱动"拓宽群众增收渠道

通过市场化运作，重组农村生产要素，实现资源变资本、资金变股金、农民变股东"三个转变"，让贫困户获得租金、股金、薪金多重收益。

（1）资金入园增收模式。村集体（农户）以政府扶贫专项资金、自筹资金或闲置资金为股本，实行户企联建，让贫困户"以钱生钱"。

（2）土地入园增收模式。村集体（农户）以土地作为股本或资本，以共同组建经营主体或出租给园区企业从事农业生产，农户享受利润分红或获得租金收益。

（3）资产入园增收模式。村集体（农户）以蔬菜大棚、水电设施等资产作为股本，与企业共建经营主体，实现资本联合。村集体（农户）作为股东，享受利润分红。

（4）劳务入园增收模式。园区企业与村集体（农户）签订劳务合作协议，企业主导经营，农户提供劳务参与企业生产，农户既可获得稳定的工资收入，园区又有长期的劳务人员。依托园区有效带动，2017 年全镇农民人均纯收入达到 10 600 元，首次突破万元大关。

4."改革实践"催生五大发展启示

涿鹿县依托现代农业园区建设统筹推进农村发展的成功实践，为今后全市农村改革发展积累了可复制、可推广的重要经验和启示：

（1）要整合农村分散的要素资源，形成集聚效应。正是通过对资本、土地、劳动力等要素进行合理的配置，实现了资源集中、人口集聚和产业发展，重新焕发了园区周边村的活力，特别是让农村和群众看到了致富的希望和发展的曙光，激发了村民经久不息的创富热情。

（2）要进行科学合理的规划布局，实施分类引导。实践证明，小城镇建设有助于解决农村建设用地利用粗放的问题，有助于改善农民居住环境，但必须要以科学合理的规划布局为前提。一方面要科学判断基础条件是否成熟，在条件成熟的情况下，政府应进行积极的引导和指导，因村因企制宜，探索村企合一、以企带村、捐建基金等多种形式的合作共建关系；另一方面要充分尊重民愿，妥善补偿，合理安置，坚决杜绝搞"一刀切"，力求一镇一业、一村一品，达到"政府推动、企业带动、农民主动"的理想效果。

（3）要实现多元要素的统筹推进，补齐发展短板。实践证明，坚持多元要素的统筹推进脱贫模式，可以有效破解资金、技术、土地等难题，实现园区整体功能的综合提升和经济效益、生态效益、社会效益的共赢发展，让企业与农民互依、互利、互惠，共享园区建设成果。

（4）要坚持村企自主的市场化运作，实现无缝对接。涿鹿现代农业园区在建设过程中，紧紧围绕推进农业供给侧结构性改革要求，顺应市场需求，培育了三祖帝都庄园、派派食品等6家龙头企业，成为带动园区发展，促进农民增收的主导产业。同时应充分尊重群众的意愿和选择，力戒以行政命令来搞"合作风"，只有这样才能使农民合作经济组织成为一个维护农民利益的有效载体，从而获得广大农民的普遍欢迎。

（5）要真正与农民建立利益联动机制，共享发展成果。涿鹿现代农业园区在建设过程中，发动群众积极参与土地流转，用土地参股分红，让农民的土地资源变成参与企业经营的资产，让农民流转土地的收益变成股金，形成利益共同体，实现了农民与入园企业的深度融合，带动了园区贫困群众脱贫致富。

五、一个产业带动半数农民脱贫

河北省承德平泉市食用菌产业发展案例

"通过租赁大棚种食用菌，4年时间我就还清了为治病落下的18万元欠款。"河北平泉市卧龙镇八家村村民王占成说。

2013年，王占成因突发脑出血，不但失去了有收入的工作，还因治病欠账反倒成了贫困户。自从2015起，他在当地的产业园区开始种植食用菌，从不到2万菌棒的小棚做起，到今年租赁3.7万菌棒的大棚，收入直线上升，很快摆脱了贫困的阴影。

产业兴旺是乡村振兴的基础和前提。从这方面讲，平泉绝对有自豪之处。自20世纪80年代末该市开始发展食用菌产业，历经30余年，该产业综合实力位居全国第一，全市食用菌基地面积达4 000公顷，0.67公顷以上园区1 500个，产量达到52万吨，产值达到54亿元。

然而，前几年有一组数字与这个主导产业并不匹配。平泉是国家扶贫开发重点县，也是燕山-太行山连片特殊困难地区扶贫县，全县农村人口30万，到2015年底，建档立卡贫困村 84 个、贫困户 32 795 户，共 57 993 人，脱贫攻坚任务艰巨。

如何让优势产业与扶贫攻坚结合？如何让贫困户参与产业脱贫？"平泉围绕自身资源优势，积极创新产业扶贫模式，将贫困群众紧密联结在主导产业之上，取得了产业与扶贫互促共赢的效果。"平泉市委常委、副市长邢晓光告诉记者。

平泉探索创造了"三零"精准扶贫模式，即由政府整合政策资金、金融部门提供贷款资金作为贫困户入股入园本金，使贫困户投入"零成本"；通过坚实的产业基础和利益联结机制以及科学防控措施，使贫困户经营"零风险"；通过实施现代农业产业园区和易地扶贫搬迁社区"两区同建"，或引导龙头企业、合作社在贫困村周边建设产业园区，让贫困户参与产业发展"零距离"。

该市通过一家一户摸底，因户因人施策。像王占成一样"具备劳动能力并有一定业务接受能力"的贫困户，可以符合进园区领养领种条件；针对"无资金、无劳力、无力承担风险"的贫困户采取入股分红方式；针对"具备一定劳动能力、生产经营能力差"的贫困户采取务工取酬等扶贫模式。

这种扶贫模式不仅有效解决了贫困户在资金、技术、风险承担能力等方面的困难，也把贫困户深度嵌入到产业发展的链条中去，使贫困户能够参与、分享产业链的增值收益。

2017 年，全市食用菌总量达到 6 亿棒，产量 56 万吨，食用菌产业从业人数达到 12 万人，带动 9 800 名贫困人口增收，占全市脱贫人数的 51.18%，其中建设百亩以上"三零"精准扶贫园区 100 多个，直接吸纳 8 000 多户贫困户入驻，户均年增收 2.7 万元以上。

既然是利益联结，就得让参与方都有利益，这样才能持久。平泉着力整合各种要素发展农业产业，5 年投入产业扶贫资金 1 亿多元，支持园区建设，让企业、园区带动贫困户，把企业、园区、合作社与农户紧密连接起来，形成利益共同体。同时，把股份制改革和金融体制机制改革作为脱贫攻坚突破的重点，积极推动园区、企业建立股份合作社，形成"政府搭台＋银行参与＋保险兜底＋企户受益"的政银企户保"五位一体"的金融扶贫模式，累计发放涉农贷款 1.8 亿元，其中"政银企户保"增信平台贷款 4 455 万元，支持建档立卡贫困户 620 户，新增食用菌、设施菜、果品园区 3 000 个。

"今年，预计实现 1.8 万户 3.3 万人脱贫，其中有劳动能力的 13 815 人，通过产业脱贫的农民占到全体扶贫对象的 90% 以上。按照一个贫困户领养 2 万棒食用菌或一个设施菜棚的标准，今年全县还将拿出 5 000 个棚让 1.5 万人通过产业脱贫。"
邢晓光说。

六、牵紧"牛鼻子"实现五个"必须"

陕西省延安市洛川县产业扶贫案例

洛川县把做大做强苹果产业作为扶贫开发的根本之策，走出了一条稳固长效的产业扶贫之路，为脱贫攻坚提供了可推广的宝贵经验。现将洛川县实施产业扶贫的主要做法刊发，供各地参考。

产业扶贫是精准扶贫精准脱贫的关键举措。洛川县委县政府始终把做大做强苹果产业作为扶贫开发的根本之策，走出了一条稳固长效的产业扶贫之路，为脱贫攻坚提供了可复制可推广的宝贵经验。

1. 主要做法

洛川县地处渭北黄土高原沟壑区，属延安革命老区县，是中国著名的苹果之乡。这些年，全县上下着力厚植特色优势，强化产业支撑，推动县域经济进入了发

展的快车道。但全县平均的高收入掩盖着部分的低收入、总体富裕掩盖着区域性贫困、塬面果区的繁荣兴旺掩盖着峡谷川道的落后凋敝，农村内部的二元结构问题十分突出。2015年以来，洛川县坚持把产业扶贫作为精准扶贫精准脱贫的核心，探索出依托苹果产业扶贫的"五大效应"，下功夫解决现有5 400户、15 903人脱贫攻坚最难啃的硬骨头。

（1）聚焦主业、提质增效，发挥苹果产业在扶贫中的支撑效应。洛川县苹果栽植面积高达50多万亩，占全县64万亩耕地的78%。围绕苹果产业，洛川县已建立起完备的标准体系，是陕西省"一县一业"示范县。苹果产业覆盖全县95%以上农户，2015年全县农民人均纯收入12 987元，其中95%来源于苹果产业。2014年全县有果园的贫困户共2 437户，占贫困户总数的80.4%。但由于管理技能水平低下，亩均收入不到3 000元。针对现状，县财政每年列支产业发展专项资金1 000万元，按照新建乔化园每亩补贴300元、矮化园每亩补贴800元的额度，新建333.33公顷高标准扶贫果园；按照每亩500元补贴标准，改造提升贫困户低水平果园。贫困户果园平均亩产量由2014年1 034千克增长到2015年的1 928.5千克，每0.07公顷均收入增加到7 200多元。如杨舒乡南湾村有果园面积57.33公顷，但长期低产低效，守着果园受穷。在包村干部的帮扶下，分析原因，找准症结，采取改土施肥、技术培训等针对性措施，使该村果园收益大幅度提升，亩均产量由1 000千克提高到2 250千克，亩均收入由不足4 000元增加到7 800元。

（2）果畜结合、循环发展，发挥苹果产业在扶贫中的拓展效应。为拓展扶贫覆盖面，早在2009年，县政府按照"以果带畜、以畜促果，果畜结合、循环发展"的思路，广泛推行果畜结合生态发展模式。2015年县政府深入调研论证，结合移民搬迁、治沟造地、荒山确权，采用"公司+基地+农户"的发展模式，在洛河峡谷为主的川道地区，规划建设10万只养羊基地，变洛河峡谷贫困带为洛河峡谷经济带。县财政列支1 080万元，采取以奖代补、分类补助的办法，支持建成规模化养羊场12个，羊只存栏达到25 346只，扶持贫困户488户1 415人。如交口河镇水渭村引进的水渭川牧业有限公司，通过种草，实行订单合同收购；通过分羊，扩大养殖规模；通过有机肥厂、纯净水厂，解决剩余劳动力；通过土地流转，实现"租金+工资"两份收入等产业扶贫模式，全村43户75人实现了充分就业。

（3）三产融合、做优品牌，发挥苹果产业在扶贫中的延伸效应。"洛川苹果"相继荣获中国驰名商标，强大的品牌效应，有效推动了三次产业的融合发展，促进了贫困人口增收致富。依托产业优势，兴办了果袋、果网、果箱、有机肥加工等配套企业，引进开发了果汁果醋、苹果脆片、果酒等系列化产品，每年仅消化贫困户残次果达 500 000 千克；全县建成气调库（冷库）622 座，吸纳 2 700 多贫困户参与贮藏、营销、物流等服务。建成了阿里巴巴农村淘宝县级运营中心和 50 个村级服务站、56 家邮政农村便民服务站、150 家农资直营店，贫困人口 300 多人实现创业就业。如洛川县交口河镇身患脆骨病的屈万平，完全丧失劳动能力，在县上有关部门的支持下开设苹果网店、微店，实现年收入 3 万多元，支撑起了一个老弱病残的 6 口之家，由社保兜底户变成了创业脱贫的示范户。在屈万平等从事电商脱贫致富典型的带动下，全县 48 名残疾人参与到苹果电商当中，电商日趋成为改变贫困残疾人生产生活的有效途径。

（4）培育龙头、强筋健骨，发挥苹果产业在扶贫中的带动效应。洛川大力实施"龙头+"工程，先后探索出"企业+合作组织+农户+基地""合作社+农户""园区+企业+农户"等模式，以多种形式广泛吸纳贫困户参与到产业开发中，目前全县共培育形成龙头企业 102 家、专业合作社 293 家、现代农业园区 19 个，仅专业合作社就带动贫困户 1 453 户。通过统一生产标准、统一技术培训、统一物资供应、统一产品销售，提高了产业组织化、专业化、市场化程度，实现了"单家独户""小群体""弱群体"与"大市场"的有效对接。如菩堤乡民丰果业专业合作社在自身发展壮大的同时，积极开展扶贫帮困工作，让贫困户免费使用农业机械，免费提供抽水机、猪仔、有机肥、果袋等生产资料，高于市场 10% 的价格收购苹果等方式，每年为贫困户让利 13 万元；采取提供贷款担保、入股分红、技术培训等方式，增加了贫困户收入，提高了自我发展能力。

（5）搭建平台、提升技能，发挥苹果产业在扶贫中的吸纳效应。苹果产业是劳动密集型产业，用工高峰季节多达 12 万人，每年吸纳外地务工人员 4 万多人。以往由于缺组织、缺平台，当地人往往是想干活的找不到活，想找人干活的又找不到人。针对洛河峡谷地带群众整体搬迁后的后续发展问题，县上坚持搞好"农村劳动力转移培训计划""阳光工程""雨露计划"等重点工程，开展果树修剪、果品分级、包装运输等技能培训。引导成立了 5 家劳务中介服务公司，为贫困群众免费提供中介服务。2015 年帮助 556 名贫困人口实现务工增收，年均工资性收入达到 1.8 万元。如槐柏镇仙姑河村，是典型的洛河峡谷地带贫困村，整体搬迁进镇建社区后，在包扶干部的指导下，成立了北川劳务中介公司培育职业农民，目前吸纳本村及周边群众 256 人从事苹果产业服务，年创收 300 多万元。通过发挥五大效应，2015 年全县贫困人口较上年减少了 2 369 户 7 258 人。

2. **基本经验**

实施产业扶贫是一项颇具创新性的工作。洛川县按照精准扶贫精准脱贫的要求，紧扣摸底分类、目标重点、政策措施、督查考核四个环节，在"精准"二字上下足功夫，坚持"四个不动摇"，在全力推进产业扶贫工作中探索出了新路径，积累了新经验。

（1）坚持产业扶贫理念不动摇。洛川苹果作为当地的当家产业，对于精准扶贫精准脱贫作用巨大、意义深远。全县上下切实做到"三个不变"：即始终把苹果产业放在经济工作之首的位置不变，增强县乡党委政府抓苹果就是抓发展的自觉性；始终把苹果产业作为"一把手"工程的职责不变，切实做到层层传导压力增强动力；始终坚持对苹果产业投入只增不减的要求不变，捆绑项目、整合资源、集中使用，充分发挥苹果大产业在扶贫开发中的基石作用。

（2）坚持用同步小康倒逼扶贫开发不动摇。按照省市规划，县上提出了"三年脱贫、五年小康"的目标要求，制订了脱贫攻坚的"路线图""时间表""任务书"，围绕打造百亿元苹果产业和构建洛河峡谷经济带，确定了以果畜为主的产业扶贫、产业与"挪窝"同步的搬迁扶贫、提高贫困群众自我发展能力的教育扶贫、扶持贫困残疾人的电商扶贫等工作重点，推动了精准扶贫精准脱贫的有力有序有效开展。

（3）坚持集中资源办大事不动摇。县上针对不同对象、不同致贫原因和区域分布，制定了产业扶贫、移民搬迁、教育扶贫、健康扶贫、兜底保障等政策规定，出台了"统一标准、全县平衡，多口进、一口出，封闭运行"的资金整合管理办法。在扩大 46 个互助资金协会规模的同时，县财政投入 300 万元作为金融信贷储备金，为贫困户、能人大户、农民专业合作社、龙头企业提供放大十倍的扶贫贷款，对贫困户给予全额贴息，支持产业发展，确保群众"搬得出、稳得住、能致富"，推动扶贫工作由"输血式"向"造血式"转变。

（4）坚持真考实评不动摇。为深入推进全县以产业扶贫为主的精准扶贫工作，确保如期完成脱贫攻坚任务，县上根据中央和省里扶贫考核督查问责有关规定，出台《精准扶贫工作考核办法》，层层签订目标任务书，界定考核范围，明确考核对象，加大考核权重，实行"一票否决"，考核结果直接与干部评优树模、提拔使用挂钩，真抓实考、奖优罚劣、严格问责。2015 年 26 个乡镇部门、20 名先进个人受到奖励，问责 16 名科级干部，处分 1 名乡镇领导，对 2 个单位实行"一票否决"，充分发挥了考核在产业扶贫中的"风向标""指挥棒"作用。

3. 几点启示

（1）实施产业扶贫，必须做大做强区域特色产业。产业是区域经济的"发动机"，也是精准脱贫的"铁抓手"。洛川县依托得天独厚的自然资源禀赋，突出特色，精准发力，不断发展壮大具有区域明显优势的苹果产业，培育品牌，规模化发展，实现了产业由小到大、由弱到强、由强到精的跃升。实践证明，只有立足区位优势，做足特色文章，大力发展优势产业，才能持续增加农民收入，切实增强产业扶贫的广泛性、带动性和持久性。

（2）实施产业扶贫，必须持续发力久久为功。产业培育壮大考验的是定力，需要的是耐力。洛川历届县委县政府在优势特色产业发展上，咬定苹果不放松，一任接着一任干，一张蓝图绘到底，向着"果业强、果农富、果乡美"的目标扎实迈进。实践证明，只有牢固树立功成不必在我的理念，正确处理潜绩与显绩的辩证关系，持之以恒、矢志不移、久久为功，才能真正把产业扶贫落到实处。

（3）实施产业扶贫，必须发挥群众主体作用。群众是产业扶贫的受益者，更是产业扶贫的主体。面对繁重的扶贫开发任务，洛川县自始至终把调动贫困群众积极性、主动性作为产业扶贫开发的力量源泉，扶志扶智扶技并举，坚定脱贫信心，从根本上激发了贫困群众脱贫致富的内生动力。实践证明，只有坚持因户因人制宜、分类施策、靶向发力，才能把产业扶贫工作不断推向前进。

（4）实施产业扶贫，必须深化改革锐意创新。改革创新是推进产业扶贫的"金钥匙"。洛川县打破惯性思维，摒弃老套老法，改资金"撒胡椒面"式分散使用为集中资源办大事，探索创新普惠性金融扶贫新路径，变扶贫部门单打独斗为全社会共同参与，凝聚起脱贫攻坚的强大合力。实践证明，只有坚持问题导向、深化改革，聚焦发展、大胆创新，才能为产业扶贫注入源源不断的生机活力。

（5）实施产业扶贫，必须夯实基层组织基础。筑牢基层基础是推动产业扶贫的坚强保障。洛川县将脱贫攻坚工作与创新推行党员积分制管理有机结合，把脱贫任务量化明确到每名党员身上，精心选派第一书记驻村，落实部门包村干部联户工作机制，有效发挥基层党组织、党员干部在脱贫攻坚中的战斗堡垒和先锋模范作用。实践证明，只有多措并举，切实增强基层党组织引领发展的能力，有效激发党员干部干事创业、创先争优的热情，才能在产业扶贫上取得让群众看得见、感受得到的实惠。

七、打工不再往外走　足不出村能致富

河北省邯郸市"扶贫微工厂"就业扶贫案例

邯郸市魏县沙口集乡刘屯村村民牛合印患有慢性关节炎，几年前老伴又摔伤了腰和锁骨，生活着实困难。可日前记者在村里遇见老牛时，他却挺乐呵："自从去年我们老两口在村里的'扶贫微工厂'上了班，做点剪线头儿、拧螺丝的零活儿，一天就能挣几十块钱呢。"老牛向记者翘起大拇指："县里为我们办了慢性病证、签约了家庭医生，还参与村光伏扶贫电站收益分红，终于过上了好日子！"

牛合印夫妇能到村里厂子工作，得益于邯郸市在全国首创的"扶贫微工厂"就业扶贫模式。据了解，目前该市已发展"扶贫微工厂"360余家，带动就业2.5万余人，其中贫困人口1万余人。

牛合印家距该村"扶贫微工厂"只有几分钟路程。来到建有两座二层楼房、三个生产车间的"扶贫微工厂"，记者看到，生产车间里几十名村民正在缝纫机前忙碌。村党支部书记肖爱民介绍，"我们为4家加工企业解决了生产场地，吸纳了160多名村民就业，其中贫困人口50多人。"

"邯郸是农业大市，农村有大量留守妇女，如何让这部分人就地就业增收，是打赢脱贫攻坚战的重要一环。"邯郸市扶贫和农业开发办公室主任杨连海说，利用扶贫资金建设"扶贫微工厂"，把劳动密集型企业建到村上，把就业岗位送到门口，贫困群众就能就地就业增收。

"政府出台扶持政策、提供场地厂房、搞好服务保障，统筹使用财政扶贫资金、整合涉农资金和'政银企户保'金融扶贫资金，引导支持小型企业入驻和生产经营，鼓励社会各界支持参与。"杨连海介绍，为有序开展"扶贫微工厂"建设，邯郸还统一"扶贫微工厂"建设参照标准，实行规划、标识、验收、扶持"四统一"。

"扶贫微工厂"建设推动了多方受益：对贫困群众，"扶贫微工厂"在同等条件下优先安排就业，支持其用到户扶贫资金入股企业，如果自带缝纫机等加工设备到厂打工，还可享受设备购买价最多100%的补贴；对于入驻企业，每吸纳一名贫困群众，且连续用工1年以上，每年补贴500元，连续补贴3年；对于贫困村，村集体创建"扶贫微工厂"，由县财政全额补贴，所形成资产和租赁收入归村集体所有。

如今，"打工不再往外走、足不出村能致富"成为邯郸多个贫困村的顺口溜。在"扶贫微工厂"发展较早的魏县沙口集乡，先后引进了箱包、灯饰、服装、电子元件等加工项目 31 个，新建、改建"扶贫微工厂"4 000 余平方米，初步形成了"一村一品"扶贫产业格局。

八、那达慕大会推进文旅融合

新疆维吾尔自治区巴音郭楞蒙古自治州和静县旅游精准扶贫案例

2018 年 7 月 21 日，数万名游客和当地牧民一同见证了和静 2018 年第二十一届东归那达慕大会暨新疆西域马会马术耐力巡回赛（巴音布鲁克站）的开幕。在开幕式上，17 个独具特色的方队聚集了大家的目光，而其中"扶贫方队"的出现，让和静县的旅游精准扶贫模式引起了大家关注。

方队中的所有成员都是当地农牧民，经过专业技能培训后，他们有的开起了牧家乐，有的到景区当了导游，有人加入了村里的合作社，还有人拉着自己家的马匹参与了《东归·印象》实景剧的演出。如今，他们都已逐渐摆脱了贫困，过上了安

居乐业的好日子。

1.家庭主妇撑起半边天

和静县旅游资源丰富，有巴音布鲁克大草原、九曲十八弯、天山石林、巩乃斯国家森林公园等著名景区（景点），每年接待大批游客。

和静县委副书记王瑞华告诉记者，和静县把旅游业、设施农业等与扶贫开发结合起来，启动了"旅游扶贫行动"，鼓励支持农牧民特别是贫困牧民参与宾馆酒店、牧家乐、马匹租赁、旅游纪念品销售等经营活动，把全域旅游作为富民产业大力推进。

7月22日，在那达慕大会的分会场巴音郭楞乡，一望无际的大草原上设立了一个特色产品交易市场。有一半以上的摊位卖奶制品，摊主是清一色的女性，她们都是来自该乡各村的家庭主妇。近年来，她们凭借家传的手艺，撑起了家庭收入的半边天。

35岁的阿力腾是苏力间村牧民，在她的摊位上摆满了奶酒、奶豆腐、奶酪等各种奶制品，光奶酪就有5种口味。她说，奶制品是家里的日常零食，通过它赚钱还是近几年的事。

巴音郭楞乡位于大龙池和巴音布鲁克镇之间，近年来，过往217国道（独库公路）旅游的车辆一年比一年多，很多游客到这里会停下来歇歇脚，这就给巴音郭楞乡的牧民带来了商机。

平时在家照顾老人孩子的阿力腾跟村里其他妇女一样，拿出自家做的奶制品向游客兜售。她说："以前只做一点，除了自家吃，剩余的卖给游客；现在游客的需求量越来越大，我做的奶制品渐渐开始以销售为主了。"

除了自己售卖，乡里、村里的工作人员也经常会带来游客的需求信息，为牧民们销售奶制品牵线搭桥。现在，阿力腾每年光卖奶制品的收入就有二三万元。"以前一家人的生活全靠丈夫放牧，现在有了我挣的这些钱，家里的日子一天比一天好了。"她自豪地说。

目前，巴音郭楞乡正打算成立奶制品合作社，由合作社集中进行奶制品销售，改变以往牧民"单打独斗"的状况，增强市场竞争力。乡里还计划对奶制品进行精包装，除了线下销售，还将通过电商销售。

和静县委原常委、宣传部部长秦龙说："从乳制品热销带动扶贫上受启发，我们正在形成一个以旅游带动精准扶贫的模式，将在民俗工艺品、肉制品和其他类型的旅游商品销售中进行推广。"

2. 农牧民合作社大显身手

那达慕大会上，除了各具特色的方队展示，精彩的文艺演出、扣人心弦的马术比赛，还有巴音布鲁克镇内一条热闹的美食街都吸引了八方来客。游客们可以在这里品尝民族美食，购买民族工艺品等。这些摊位由和静县免费提供给各乡镇的牧民经营，帮助和鼓励他们探索市场经营。

和静县著名的"额吉锅盔"也在美食街上亮相。额勒再特乌鲁乡察汗乌苏村的额吉锅盔合作社第一次参加那达慕大会，仅 7 月 20 日当天就卖了 150 个锅盔。"3 天下来我们预计能卖掉 300 个，一个 10 元，就有 3 000 元的收入。"合作社负责人乌仁其米克说，合作社目前有十几个人，为了这次那达慕大会，大家都拿出了看家本领，制作出了酸奶、牛奶等 5 种口味的锅盔。

来自巴轮台镇的沙歌是第一次参加那达慕大会，她这次带来了 50 多件刺绣作品，有刺绣抱枕、枕套、衣服等。"是合作社给了我走出家门的机会。"她说。村子里每家妇女都会刺绣，今年村里把 30 多位擅长刺绣的妇女组织起来，成立了刺绣合作社。以前只在家里用的绣品变成了商品，增加了收入，去年沙歌光靠绣品就挣了 1 万多元，今年还会增加。

德尔比勒金牧场的乃道尔吉从 2008 年 5 月开始，在合作社学习石雕。本次那达慕大会，他带着自己的石雕作品展销，7 月 21 日、22 日两天的销售额就超过 4 000 元。

巴音布鲁克镇副镇长占更加甫告诉记者，巴音布鲁克镇目前共有 23 个专业合作社，依托巴音布鲁克景区，重点开展旅游服务方面的培训与旅游商品开发，2017 年一年镇上合作社分红 80 多万元，今年有望突破 150 万元。

和静县旅游局局长敖云说，举办展销会的最终目的就是让农牧民的手工艺品、特色产品能够打开销路，多卖些钱。和静县委副书记、县长阿尔特表示，和静县深入贯彻落实乡村振兴战略，希望通过那达慕大会让贫困户受益增收，达到脱贫致富的目的。

3. 推进文化旅游深度融合

7 月 21 日晚，大型实景剧《东归·印象》在巴音布鲁克镇土尔扈特民俗文化村激情上演，成为那达慕大会中浓墨重彩的一笔，引起了各地游客的浓厚兴趣。

《东归·印象》大型实景剧是和静县首次将文化和旅游融合发展的尝试。和静县组织了 300 多位当地牧民担当实景剧中的演员，是希望通过这台剧目帮助当地牧民扩大就业渠道。

目前，《东归·印象》大型实景剧已经实现夏季常态化演出，极大地提升了巴音布鲁克景区的美誉度和知名度。如今，景区平均每天吸引游客近 1 万人次，景区附近的宾馆一床难求。《东归·印象》已成为当地旅游搭台、文化唱戏、融合发展的成功模式。

7 月 22 日，和静县巴音郭楞民俗文化协会的会员们，在巴音郭楞乡首届少数民族传统文化展示大会上唱响传统蒙古长调。当日，除了当地牧民之外，活动现场还吸引了千余位自驾游客参观；免费参展的 60 户牧民，平均每户当日收入近 2 000 元，其中 70%的摊主为当地贫困户。

阿尔特说，一年一度的东归那达慕大会的举办不仅推进了文化旅游的融合发展，更是要让农牧民从活动中受益。钱袋子鼓了，精气神足了，百姓的日子越来越好了。